职业教育综合素养系列教材

安全教育

主　编　许曙青

副主编　冉　磊　曾文诗　王　猛　郑张清

電子工業出版社

Publishing House of Electronics Industry

北京・BEIJING

内容简介

《安全教育》根据职业院校学生安全健康方面发生的新情况、新问题，从学生安全概述、学生公共安全、学生心理健康与安全、学生校园日常安全、学生意外伤害与应急救护5个方面进行系统设计。可以帮助职业院校学生有效应对学习、生活、未来工作中可能出现的安全问题，避免出现意外伤害。

本书在贴近社会、贴近校园、贴近职业的同时，注重贴近职业院校学生实际，全书图文并茂、案例新颖、体例活泼、文字浅显，融知识性与实用性、趣味性与教育性于一体，每一模块首先明确学习目标，引出知识点，通过"案例事故"设置"情境导入"，贯穿"探究与实践——知识拓展——综合演练——综合评价"环节，帮助学习者学习安全健康普适性知识，强化安全健康意识，提升安全技能水平，提高实际应用能力，形成良好的安全健康素养。

本书适合职业院校安全教育使用，同时也可作为社会培训用书。

图书在版编目（CIP）数据

安全教育 / 许曙青主编. —北京：电子工业出版社，2018.8

ISBN 978-7-121-34123-6

Ⅰ. ①安… Ⅱ. ①许… Ⅲ. ①安全教育—高等学校—教材 Ⅳ. ①G641

中国版本图书馆CIP数据核字（2018）第083039号

策划编辑：柯　彤
责任编辑：裴　杰
印　　刷：三河市鑫金马印装有限公司
装　　订：三河市鑫金马印装有限公司
出版发行：电子工业出版社
　　　　　北京市海淀区万寿路173信箱　邮编　100036
开　　本：787×1 092　1/16　印张：11.25　字数：288千字
版　　次：2018年8月第1版
印　　次：2018年8月第1次印刷
定　　价：27.00元

凡所购买电子工业出版社图书有缺损问题，请向购买书店调换。若书店售缺，请与本社发行部联系，联系及邮购电话：（010）88254888，88258888。

质量投诉请发邮件至zlts@phei.com.cn，盗版侵权举报请发邮件至dbqq@phei.com.cn。

本书咨询联系方式：（010）88254576。

前　言

安全是指没有危险，不受威胁，不出事故。安全需求伴随着人类历史发展的全过程，是人类个体生存和发展的保障，也是社会发展的前提。职业院校学生是国家宝贵的人才资源，是民族的希望，祖国的未来。维护学生安全健康，事关学生成长成才，普及安全知识，掌握安全技能，弘扬安全文化，提升安全健康素养，维护安全稳定，给学生一个平安、和谐的学习成长环境，是学校、家庭、社会的共同责任。

当前，由于国际国内的安全形势日趋复杂，职业院校学生安全面临新的考验，为此，根据国际国内职业院校学生安全方面发生的新情况、新问题，基于职业院校学生安全实际，构建了新形势下职业院校学生安全健康教育体系。

本体系内容由 5 个单元构成。

第一单元：学生安全概述，包括学生安全的内涵概述、学生安全教育的必要性两个模块。

第二单元：学生公共安全，包括维护国家安全、人身安全的预防与处置、交通事故的预防与处置、消防安全的预防与应对、财产安全的预防与应对、卫生安全的预防与处置、网络侵害的预防与应对、灾害及意外伤害事故的防范与应对 8 个模块。

第三单元：学生心理健康与安全，包括学生心理问题与调适、心理障碍的预防、学生心理危机预防与干扰 3 个模块。

第四单元：学生校园日常安全，包括校园教学安全、校园公共卫生安全、校园住宿安全、体育娱乐活动安全、校园生活安全、实习与就业安全、职业安全健康 7 个模块。

第五单元：学生意外伤害与应急救护，包括意外伤害与紧急救护概述、心肺复苏应急救护、骨折应急救护、止血应急救护、触电事故的防护与应对、溺水事故的防护与应对、烧伤烫伤事故的防护与应对、逃生与自救 8 个模块。通过安全健康教育体系构建与实施，可以帮助职业院校学生有效应对学习、生活、未来工作中可能出现的安全问题，避免出现意外伤害。

本书力求集多年潜心研究成果和丰富教学经验，以翔实可靠的案例，多角度、全方位地向职业院校学生讲解如何保护自身的安全，如何树立安全防范意识，传授具体可行的操作方法，从而树立“以人为本、观念预防”理念，维护学生安全。

本书在贴近社会、贴近校园、贴近职业的同时，注重贴近职业院校学生实际，全书图文并茂、案例新颖、体例活泼、文字浅显，融知识性与实用性、趣味性与教育性于一体，每一模块首先明确学习目标，引出知识点，通过“案例事故”设置“情境导入”，贯穿“探究与实践——知识拓展——综合演练——综合评价”环节，帮助学习者学习安全健康普适性知识，强化安全健康意识，提升安全技能水平，提高实际应用能力，形成良好的安全健康素养。

在本书的编辑过程中，笔者多次将目录和书稿发给职业院校专家、在校师生、行业企业专家阅读，听取他们意见，并认真修改完善，几易其稿。在本书的编写过程中，我们还参阅了部分专家、学者和同仁们的教材、专著和论文，吸取了诸多精粹，在此表示深深的谢意！由于本书涉及内容广泛，加之才疏学浅，书中错误和不足之处在所难免，请广大读者朋友不吝赐教。

编　者

目　录

扫一扫，学微课

▲ 学生安全的内涵概述

第一单元　学生安全概述

模块一

学生安全的内涵概述

学习目标

1. 了解安全的基本内涵；
2. 掌握安全的主要特征。

安全是人类生存与发展活动中永恒的主题，也是当今乃至未来人类社会重点关注的主要问题之一。中国人一向以安心、安身为基本人生观，并以居安思危的态度促其实现。因而视安全为教育的一个重要环节。由于社会的进步，人类生活方式愈趋复杂，可能危害身体甚至生命安全的情况随之增加。因此，各级学校须加强实施安全教育，并增设安全教育课程，并与有关课程及课外活动配合实施。

一、安全的定义

安全，泛指没有危险、不出事故的状态。安全（Safety），顾名思义，“无危则安，无缺则全”，即安全意味着没有危险且尽善尽美。

人们对安全所下的几种定义如下。

（1）安全是指客观事物的危险程度能够为人们普遍接受的状态。

（2）安全是指没有引起死亡、伤害、职业病或财产、设备的损坏或环境危害的条件。

（3）安全是指不因人、机、媒介的相互作用而导致系统损失、人员伤害、任务受影响或造成损失。

二、安全的基本特征

（一）安全的必要性

安全是人类生产的必要前提，安全作为人的身心状态及其保障条件是绝对必要的。而人和物遭到人为的或天然的危害或损坏极为常见。因此，不安全因素是客观存在的。人类生存的必要条件首先是安全，如果生命安全不能保障，生存就不能维持，繁衍也不能进行。

（二）安全的普遍性

实现人的安全又是普遍需要的。在人类活动的一切领域内，人类必须尽量减少失误、降低风险、尽量使物趋向本质安全化，使人能控制和减少灾害，维持人与物、人与人、物与物相互间协调运转，为生产活动提供必要的基础条件，发挥人和物的生产力作用。

（三）安全的随机性

安全取决于人、物、环境及其关系协调，如果失调就会出现危害或损伤。安全状态的存在和维持时间、地点及其动态平衡的方式等都带有随机性。因而保障安全的条件是相对的、限于某个时空，条件变了，安全状态也会发生变化。故实现安全有其局限性和风险性。

（四）安全的相对性

安全标准是相对的。因为人们总是逐步揭示安全的运动规律，提高安全本质的认识，向安全的本质化逐渐逼近。影响安全的因素很多，以明显和潜隐形式表征客观（宏观）安全。

（五）安全的局部稳定性

无条件地追求绝对安全是不可能的，但有条件地实现人的局部安全或追求物的本质安全化，则是可能的、必需的。只要利用系统工程原理调节、控制安全的要素，就能实现局部稳定的安全。

（六）安全的经济性

安全与否，直接与经济效益的增长或损失相关。保障安全的必要经济投入是维护劳动者的生产流动能力的基本条件，包括安全装置、安全技能培训、防护设施、改善安全与卫生作业条件、防护用品等方面的投入，是保障和再生生产力的前提。

（七）安全的复杂性

在安全活动中，由于人的主导作用和本质属性，包括人的思维、心理、生理等因素，以及人与社会的关系，即人的生物性和社会性，使安全问题具有极大的复杂性。

（八）安全的社会性

安全与社会的稳定直接相关。无论人为的或自然的灾害，生产中出现的伤亡事故，交通运输中的车祸、空难，家庭中的伤害及火灾，产品对消费者的危害，药物与化学产品对人体健康的影响，甚至旅行、娱乐中的意外伤害等都给国际民生（包括个人、家庭、企事业单位或社会群体）带来心灵上和物质上的危害，成为影响社会安定的重要因素。“安全第一，预防为主”为基本国策，反映在国家的法令、各部门的法规及职业安全与卫生的规范、标准中。

（九）安全的潜隐性

安全的潜隐性指控制多因素、多媒介、多时空、交混综合效应产生的潜隐性的安全程度。人们总是努力使安全的潜隐性转为明显性。因为现如今存在的各种产品（特别是化工产品）、医药、人工合成材料、生物工程产品、遗传工程产品等都有潜在的危害。

思考与探究

1. 安全是什么？
2. 安全的主要特征有哪些？

模块二

学生安全教育的必要性

学习目标

1. 明确安全教育的重要性；
2. 提升安全意识；
3. 学会自我保护。

在职业院校开展安全教育是促进学生成长的需要。职业院校学生既是祖国未来的建设者，又是他们自己今后幸福人生与美好生活的开创者。加强学生的安全教育，提升其安全素养、法律意识及自护自救、帮助他人的意识与能力，保障学生生命财产安全，是学校安定、社会稳定和谐的基础。学生安全教育有入学教育、课程教育和日常教育等多种途径，以安全意识、安全责任、安全知识及防范技能等为主要内容。

一、加强安全教育的必要性

（一）安全教育的内涵

安全教育分为社会安全教育和个体安全教育两部分。而学生安全教育应当侧重于个体安全教育，主要包括如下几个方面的含义：一是教育理念要做到以人为本，切实扭转只重视国家和社会安全意识的培养而忽视个体安全防范的情况；二是学生是安全教育的直接受益者，学校和政府作为安全教育的主办方，除了进行社会安全教育外，更多地应当以学校及相关社区为主要场所，进行个体安全教育；三是在教育内容上，不仅要有社会安全教育，而且要将个体安全教育在各个层面充实起来，再上升到社会安全的高度。相应的社会安全方面与法律和思想修养相关的内容可以适当削减，留待相关课程进行专门的讲解；四是在教育目的上，不能仅仅关注学生的国家和社会安全意识的培育，而且要切实将个体安全教育的内容充实和深化下去，从而为社会安全教育打下坚实的思想基础。

（二）安全教育的内容

1．校内校外的安全

学校内外的安全环境是学生安全学习生活的基础。在校内须教育学生严格遵守校园及宿舍“安全用电”的相关制度，注意用电安全。教育学生谨防火灾，当发生火灾后，须头脑冷静，理性逃生。平时谨防扒窃、入室盗窃、网络盗窃等。在校外应提高安全意识，注重安全。如在公交车上注意安全，夜间行路注意安全，晚上按时回宿舍等，提醒学生注意自己的生命财产安全。

2．心理的安全

良好的心理素质是学生身心健康、人格健全的基础。中国教育网的研究报告表明，近年来职业院校学生出现心理障碍率达到30%。33%的人认为引起的心理障碍是由于学习、生活与就业的压力。而 35%的人认为应试教育致使家长、学校的过度呵护，学生缺乏应对学习、生活中困难与挫折的心理承受力等原因引起学生心理障碍。新形势下学校应重视学生的心理安全教育，建立科学的学生心理健康教育与管理体系。通过开设心理教育课程、专家讲座、建立心理健康档案及创造和谐良好的校园文化氛围，以及融洽的人际关系，促进学生心理健康发展。同时要求学生在日常生活中应注意合理饮食和加强身体锻炼，陶冶自己的情操，开阔自己的心胸，避免长时间处于紧张情绪之中。

3．网络学习的安全

网络是当今职业院校学生了解社会信息、学习知识的重要工具和途径，当代学生的教育离不开网络技术。网络信息技术的发展给意识形态安全带来了新的挑战。网络安全问题关系到国家意识形态的安全、也关系到学生学习的安全。因此，为防止不良的破坏性的网络行为发生，学校须强化网络安全责任感，引导学生提高网络信息辨别能力。同时要把安全知识、法规知识、有关法律等在网上公开宣传，进行网上教育，普及安全知识，充分利用网络信息技术的优越性，以保障学生的网络学习的安全。

4．恋爱的安全

爱情是一个古老而常青的话题，爱情像一件高超的艺术作品，无论怎么研究也难穷尽其奥秘。处于青春期的学生，其性生理、性心理日渐成熟。对于学生而言，须树立科学的无产阶级的恋爱观，端正恋爱动机，发展适当的恋爱关系。具体有以下内容：建立志同道合的恋爱关系；摆正爱情与事业的关系；懂得爱情是一种责任和奉献。由于校园里恋爱受到许多因素的影响和制约，在追求爱情的过程中，学生难免遇到如单恋、失恋、爱情挫折等情况，其中失恋是极严重的一种挫折。因此，应培养学生具有一定的承受能力，使其受到挫折能够合理疏导情绪，将对自己的伤害降到最低。

（三）安全教育的途径与方法

1. 建立、完善相应的安全教育课程体系

安全教育须结合学生身心特点，从教学大纲、课程设置、课程实施、评价考核等方面构建完整课程体系，使学生的安全教育规范化、制度化。教学大纲要遵循现代高等教育的规律和要求，符合高等教育要求，具有可操作性。安全教育计划要考虑不同年龄不同时段完成的教育内容及学生整个在校期间应接受的安全知识。对于课堂教学，让安全教育有系统、有计划地进行须针对不同时期学生的倾向性问题，安排课程实践活动。在安全教育内容上，根据有限的教学资源、教学时间，有针对性地进行科学选择。在考核上，安全教育课在期末应同其他非专业课的考核一样，进行考试考评并将结果纳入学生综合成绩测评系统。学校应在科学设备等方面加大财力投入，针对不同时期学生特点及学校内发现的一些心理不安全的个体建立心理安全防控机制。进行早发现、合理调控，合理干预并进行相应的心理救助，如做好学生心理咨询工作，为学生的心理安全保驾护航。

2. 加强师资队伍建设、保证教学效果

在加强学校安全教育工作队伍建设中，须打造专职团队。通过提高专职队伍的政治素质，增强他们的政治敏锐性，正确对待国际国内的热点、焦点、难点问题。通过定期对安全教育队伍的业务培训，使其熟练掌握文化安全教育，网络技术，心理健康教育知识，防火、防盗、防身等知识。在安全教育过程中，应让安全教育知识进网络、进社团、进宿舍。适当加大校园安全教育管理的科技化、网络化。立足影响学生安全的不同因素，通过制定不同的安全教育途径、方式、方法，科学引导学生进行安全教育学习。

3. 建立并完善安全教育的管理制度

安全管理制度是实现依法办学、依法治校的依据和保障，是校园安全防范体系的重要组成部分。完善相关的安全管理制度，充分发挥学生自我教育、自我管理及自我服务的作用。完善校园秩序管理、危险品安全管理，以及化学生物实验室管理等，不断完善安全教育制度。按照有关规章制度，把安全责任落实到个人，落实责任人的相关责任，让人人关心安全问题。让学生直接参与学校安全管理，使学生切实感受安全的重要。在具体安全教育管理过程中，应依据社会治安形势变化发展，通过张贴标语或海报的方式，警示学生，提高安全意识。为了帮助学生掌握安全防范技能，可结合学生自身特点，举办校园安全月等活动，积极营造校园安全文化，提高学生的心理素质。创办与安全知识和防范技能有关的刊物，定期通过网络、电视、广播等媒介向学生宣传防范技能等安全知识，从而调动他们自觉参与安全教育的积极性，增强安全防范意识和技能。

（四）安全教育的重要意义

1．孩子安全，全家幸福

孩子是一个家庭的希望，孩子们的生命安全与健康成长是涉及亿万家庭幸福的大事，是家庭、学校和社会共同的责任，是构建社会主义和谐社会的重要基础。

2．学生安康，学校稳定

职业院校学生应遵纪守法，严格遵守学校规章制度，认真学习文化知识，钻研专业理论，强化专业技能，自觉参加安全教育活动，努力提高安全素养，以实际行动践行社会主义荣辱观，成为创建和谐校园的优秀职业院校学生，成为有理想、有道德、有文化、有纪律的社会主义建设者。

3．工作安全，企业发展

在实习的过程中，注意保护自己，牢记安全守则，遵守企业规章制度，促进个人与企业双发展。

4．国家安定，社会和谐

职业院校学生应时刻保持清醒的政治头脑，必须胸怀祖国，勇于承担起中华民族伟大复兴的历史重任，维护国家安全，维护国家荣誉。

二、牢固树立安全意识

目前职业院校学生存在的安全事件，一方面就是由于学生的安全意识淡薄造成的，因此提升安全意识刻不容缓。

（一）提高学生的认知能力

为了进一步加强学生的安全意识，首先要做的就是提高学生认识危险的能力，意识到当前社会中存在的各种安全隐患，明确校园并不安全，掌握一定的防范意识和辨别骗子的能力，这样才能防范安全问题的发生；其次，引导学生关注社会安全问题，了解社会治安与校园环境，掌握常见的校内安全设备的使用方法，如了解消防栓，消防管的使用方法，从而进一步保证学生的安全；最后，提高学生辨识社会人员的能力，遇见“口吐莲花”的陌生人怀有一定的警惕心理，防止上当受骗。

（二）树立“安全超前”意识

根据马斯洛需求层次理论，安全的需要是人的基本需要。培养职业院校学生“安全超前”的意识，就是通过了解典型案例，学习相关安全知识，从而增强危机防范意识，训练应对危机的方法和手段，最终达到提升安全素养的目的。

培养“安全超前”的意识对学生日常生活有直接帮助。社会治安形势严峻，一些犯罪的“黑手”已经伸入校园。例如，“高利贷”潜入校园就值得大家警惕，在校学生多数靠父母支付生活费用，没有稳定的收入，有些学生入不敷出时，就染指“高利贷”，去炒股、赌球，欠债后被逼还债引发犯罪。“高利贷”为学生提供了一种现金随意支付的可能性，滋长了挥霍的坏风气，危害性很大。另外，非法证券“黑手”也已伸入校园，要引起足够重视。

培养“安全超前”的意识对职业院校学生更具有现实意义。“以就业为导向”的职业教育理念，要求学生在学习专业知识、训练专业能力的同时，也要重视安全意识的培养。“条条制度血写成，不可用血去验证”。学生要认真学习安全生产知识，严格遵守操作规程，养成规范习惯，方能保障安全生产，杜绝生产事故的发生。

（三）增强主动应变的意识和能力

剖析典型案例，学习安全知识，增强防范意识，就是为了在危机发生的关键时刻，能够积极主动并善于应对侵害，自护、自救、援助他人，保障安全。职业院校学生首先要在日常生活中学会应对危机的方法与技巧。

典型案例

某市职业学校“校园霸王”沈某、许某在宿舍里对同学“动酷刑”——扇耳光、烫烟头，打人如儿戏。受害者林某声称自入学以来被打多次，具体次数已经记不清了。沈某、许某因涉嫌寻衅滋事被起诉。悲剧的发生不仅仅因为沈某、许某的残忍和对法律的无知，林某的软弱和纵容也是宿舍暴力步步升级的原因。

同时，“以服务为宗旨，以就业为导向”的职业安全教育必须贴近企业的实际和岗位的需要。例如，从事现代服务行业的职业院校学生在实际工作中不但要热情接待客户，还要照看好商品不丢失，并要尽可能地帮助顾客防范盗窃事件的发生。这其中不但需要具备高度的安全意识，更要讲究应对危机的技巧和方法。

（四）强化守法自律的意识和能力

职业院校学生的法律意识现状令人担忧。一项调查显示，我国学生对《未成年保护法》和《预防未成年人犯罪法》的基本了解率分别只为24.7%和16.4%。学生对其权利和义务密切相关的这两部法律尚且知之甚少，这从一个侧面反映出，目前青少年法律知识水平、法律意识和法律素质亟待提高。

典型案例

小松的父母是生意人，年收入在 300 万以上。父母生意太忙，没时间管他，有时一周才能见一次面。他感到“晚上一个人在家很寂寞，出去搞点事才觉得刺激”，于是半年内 7 次抢劫中学生。他被捕后还无知地说：“我好像听说，不满 18 岁的人就是犯了法也不要负刑事责任。”我国《刑法》第 17 条明确规定：“已满 16 周岁的人犯罪，应当负刑事责任。已满 14 周岁不满 16 周岁的人，犯故意杀人、故意伤害致人重伤或死亡、强奸、抢劫、贩卖毒品、放火、爆炸、投毒罪的，应当负刑事责任……”此案中，小松已满 16 岁，必须负刑事责任。

一份来自中国青少年犯罪研究会的调查资料表明：近年来，我国青少年犯罪总数已经在全国刑事犯罪总数中占到相当高的比例，其中 15 岁、16 岁少年犯罪案件又占了青少年犯罪案件总数的 70%。职业院校学生正处于这个危险的年龄段，有的地区职业院校学生犯罪率明显偏高。

职业院校学生守法自律意识的形成对培养良好职业道德具有深远意义。走入社会的职业院校学生面对光怪陆离、处处充满诱惑的现实，如果缺乏遵纪守法的意识，缺少必要的自我约束力，很容易走入“唯利是图”的歧途，走上犯罪的道路。

（五）提高心理调适的意识和能力

职业院校学生心理问题日渐增多，增强其心理安全教育的重要性日益显现。

典型案例

2004 年 12 月 27 日，河南省某美容美发学校学生丁某由于家中的事情正生着闷气，而同宿舍的两位同学在为庆祝元旦排练节目，欢声笑语打扰了她的休息，丁某十分烦躁。于是她买了“毒鼠强”投入两位同学的食物中，结果造成一死一伤。

2007 年 5 月 11 日广东某市两名女学生手绑手投水自杀。令人想不到的是杀死她们的竟是同学间流传甚烈的流言蜚语——最初传她们谈恋爱，随后传她们与高年级男生同居。在她们死后，谣言竟然升了级——两人自杀是因为与男生同居后怀孕了。感受不到家庭、学校的温暖及无法排解苦恼应是她们自杀的潜在因素。

因此，培育职业院校学生良好的心理素质，增强抗挫折能力及学会与他人交往，学会寻求自我救助的办法，有利于学生毕业后尽快适应社会，顺利步入新的人生阶段。

（六）引导学生参与安全实践

目前校园教育重视培养学生的理论知识，但缺少必要的实践能力和操作技能的教育。例如，学生都懂得灭火器是消防设备，但基本没有学生知道它的正确使用方法，这就导致了当前的安全教育未能达到其应有的效果。安全教育应该注重理论教育与实践相结合，在日常生活中不仅教会学生什么是安全，还要培养学生应对风险的能力，可以通过消防演习等方法模拟危险的情况，以考验学生的应变能力。

思考与探究

1. 进行安全教育的意义是什么？
2. 可以通过哪些方式来宣传安全教育？
3. 生活中可以从哪些方面进行安全防范？

▲ 维护国家安全的概念与做法

扫一扫，学微课

第二单元　学生公共安全

模块一

维护国家安全

学习目标

1. 了解国家安全的定义；
2. 认识危害国家安全的行为和法律责任；
3. 理解国家安全教育的重要性；
4. 掌握维护国家安全的做法。

国家安全是国家的根本所在，国家利益高于一切，维护国家的利益和安全，是每个公民的神圣义务，任何情况下都不得做出有损国家安全的事情，并自觉与一切损害国家安全的行为作斗争。国家安全不仅关乎国家的兴亡，还关乎每个公民的切身利益。2016 年 4 月 15 日，是《中华人民共和国国家安全法》确立的首个全民国家安全教育日。维护国家安全，需要每个公民关注和参与。职业院校学生，维护国家安全是义不容辞的责任，是党和国家对每个职业院校学生的基本要求。

一、国家安全的概念

国家安全一般是指国家政权、主权统一和领土完整，人民福祉、经济社会可持续发展和国家其他重大利益相对处于没有危险和不受内外威胁的状态，以及保障持续安全状态的能力。国家安全不是模糊遥远的概念，而是明确具体的，它与每个人都息息相关。

《国家安全学》对“国家安全”概念的解释如下：国家安全就是一个国家处于没有危险的客观状态，也就是国家既没有外部的威胁和侵害又没有内部的混乱和疾患的客观状态。这是国家安全的基本含义。但无论是“没有外部威胁”，还是“没有内部混乱”，都不是国家安全的特有属性，由此并不能把国家安全与国家不安全完全区别开来，单独从这两方面的任何一方面来定义国家安全，都是片面的、无效的。只有在同时没有内外两方面的危害的条件下，国家才安全。

二、危害国家安全的行为与法律责任

（一）危害国家安全的行为

《中华人民共和国国家安全法》明确规定：危害国家安全的行为，是指境外机构、组织、个人实施或者指使、资助他人实施的，或者境内组织、个人与境外机构、组织、个人相勾结实施的危害中华人民共和国国家安全的行为。具体有如下几方面。

（1）阴谋颠覆政府，分裂国家，推翻社会主义制度的；

（2）参加间谍组织或者接受间谍组织及其代理人任务的；

（3）窃取、刺探、收买、非法提供国家秘密的；

（4）策动、勾引、收买国家工作人员叛变的；

（5）进行危害国家安全的其他破坏活动的。

典型案例

北京某重点大学国际政治系四年级学生李某在毕业前夕，被在校任教的美籍英语教师、美国中央情报局间谍约翰·德雷克斯策反，参加了美国情报组织，并为该组织收集我国的各类情报。约翰以帮助李毕业后找工作，担保出国，物质、金钱引诱，个人感情（二人同居）等手段将其拉下水，被发展为情报人员。

毕业后找到一份理想的工作，或者能够继续出国深造，是每一个毕业生的梦想，而对国内日益严峻的就业形势，学生难免会想出一些极端的办法。国外间谍组织也正是利用了这种需求心理，许以各种诱惑，用各种手段进行腐蚀、拉拢，把一些意志薄弱、经不起诱惑的同学“拉下水”成为谍报组织服务的工具。

知识拓展

《中华人民共和国国家安全法实施细则》对“资助”“勾结”和“其他破坏活动”危害国家安全行为的界定。

1. 对“资助”的界定

所谓“资助”实施危害国家安全的行为，是指境外机构、组织、个人的下列行为。

（1）向有危害国家安全行为的境内组织、个人提供经费、场所和物资的;

（2）向境内组织、个人提供用于进行危害国家安全活动的经费、场所和物资的。

2. 对“勾结”的界定

所谓“勾结”实施危害国家安全的行为，是指境内组织、个人的下列行为。

（1）与境外机构、组织、个人共同策划或者进行危害国家安全活动的;

（2）接受境外机构、组织、个人的资助或指使，进行危害国家安全活动的;

（3）与境外机构、组织、个人建立联系，取得支持、帮助，进行危害国家安全活动的。

3. 对“危害国家安全的其他破坏活动”的界定

所谓“危害国家安全的其他破坏活动”包括以下几方面。

（1）组织、策划或者实施危害国家安全的恐怖活动的;

（2）捏造、歪曲事实，发表、散布文字或言论，或者制作、传播音像制品，危害国家安全的;

（3）利用设立社会团体或者企业事业组织进行危害国家活动的;

（4）利用宗教进行危害国家安全活动的;

（5）制造民族纠纷，煽动民族分裂，危害国家安全的;

（6）境外个人违反有关规定，不听劝阻，擅自会见境内有危害国家行为或者有危害国家安全行为重大嫌疑的人员的。

（二）危害国家安全的法律责任

危害国家安全的，要承担刑事法律责任或者行政法律责任。根据其危害的结果进行处罚，具体有：管制、拘役、判刑（有期、无期、死刑或死缓）、罚金、剥夺政治权利、没收财产、行政处分（警告至开除等）、行政拘留、没收（如非法持有的属于国家秘密的文件等）、限期离境和驱逐出境（对境外人员的行政处罚）。

《中华人民共和国国家安全法》规定：境外机构、组织、个人实施或者指使、资助他人实施，或者境内组织、个人与境外机构、组织、个人相勾结实施危害中华人民共和国国家安全的行为，构成犯罪的，依法追究刑事责任。

明知他人有间谍犯罪行为，在国家安全机关向其调查有关情况、收集有关证据时，拒绝提供的，由其所在单位或者上级主管部门予以行政处分，或者由国家安全机关处 15 日以下拘留；情节严重的，处 3 年以下有期徒刑、拘役或者管制。

以暴力、威胁方法阻碍国家安全机关依法执行国家安全工作任务的，处 3 年以下有期徒刑、拘役、管制或者罚金。

故意阻碍国家安全机关依法执行国家安全工作任务，未使用暴力、威胁方法，造成严重后果的，处 3 年以下有期徒刑、拘役、管制或者罚金。情节较轻的，由国家安全机关处 15 日以下拘留。

对非法持有属于国家秘密文件、资料和其他物品的，以及非法持有、使用专用间谍器材的，国家安全机关可以依法对其人身、物品、住处和其他有关的地方进行搜查；对非法持有属于国家秘密的文件、资料和其他物品，以及非法持有、使用的专用间谍器材予以没收。

非法持有属于国家秘密的文件、资料和其他物品，构成泄露国家秘密的，依法追究刑事责任。

境外人员违反国家安全法的，可以限期离境或者驱逐出境。

三、职业院校学生与国家安全

（一）国家安全教育

国家安全教育主要包括向学生介绍国家安全的责任、危害国家安全的行为、危害国家安全时应承担的法律责任、职业院校学生如何维护自己祖国的安全及维护国家安全时受到的保护和奖励等内容。加强国家安全意识和保密观念教育，提高学生的国家安全意识，能使其正确认识改革开放条件下隐蔽斗争的新形式和新特点，自觉抵御境内外敌对势力的渗透活动，并在涉外工作中保守国家秘密，防止国家机密外泄，维护国家利益和荣誉，保障国家安全。

（二）职业院校学生应如何维护国家安全

1．要始终树立国家利益高于一切的观念

邓小平指出："国家的主权、国家的安全要始终放在第一位。"不论处于什么社会形态，实行什么样的社会制度，都视国家利益为最高、最根本的利益，把维护国家安全作为首要任务。国家安全涉及国家社会生活的方方面面，是国家、民族生存与发展的首要保障。所以，维护国家安全既是国家利益的需要，又是个人安全的需要。

2．要掌握、遵守有关国家安全的法规

要认真学习、掌握有关国家安全的法律知识，特别应重点学习《中华人民共和国宪法》《中华人民共和国国家安全法》《中华人民共和国保守国家秘密法》等。懂得什么是合法，什么是违法，应该怎么做，不能怎么做，把自己的行为建立在自觉依法维护国家利益的基础上。

3．始终保持警惕，提高鉴别力

隐蔽战线的斗争是极其复杂的。境外间谍情报人员常以友好使者、交朋友、学术交流、经济援助、出国担保、旅游观光、新闻采访等手段搜集情报。特别是在我国对外开放的情况下，隐蔽战线斗争的情况更加复杂。因此，只有保持高度的警惕性，提高鉴别力，才能在对外交往中，做到既热情友好，又内外有别；既珍惜个人友谊，又牢记国家利益；既能争取外援，又不失国格、人格。相反，如果丧失警惕，缺乏鉴别力，就难免上当受骗，甚至违法犯罪。

4．要坚持自尊自爱，克服见利忘义的行为

在隐蔽战线斗争中，敌对势力为达到其目的，总是不择手段，以利诱之。因此，在对外交往中，必须自尊自爱，淡泊名利，自觉抵制各种诱惑，就能在维护国家安全上立于不败之地。

5．积极配合国家安全机关的工作

国家安全机关是《中华人民共和国国家安全法》规定的国家安全工作的主管机关。国家安全机关和公安机关按照国家规定的职权划分，各司其职，密切配合，维护国家安全。

当国家安全机关需要职业院校学生配合工作时，在国家安全机关工作的人员表明身份和来意后，每个学生都应当按照《中华人民共和国国家安全法》赋予的义务，认真履行职责，尽力提供便利条件或其他协助，如实提供情况和证据，避免出现暴力、威胁等事件阻碍执行公务。

在今天这个信息全球化、经济一体化日益深化的时代，国家安全所面临的挑战呈现出前所未有的复杂性、多样性和艰巨性，身处其中的国家公民，尤其是当代职业院校学生，不管在校学习期间，还是以后走上工作岗位，都要时刻面对国家荣誉、国家安全、国家利益对自身道德水准的考验。因此，要时刻加强对自己的价值观、道德观和民族自豪感的培养，把自己的行为建立在自觉依法维护国家利益的基础上。

在职业院校学习期间是世界观、价值观、人生观形成的重要时期，也是国家安全意识养成的最重要时期。学生是国家建设的中坚力量，也是国家的未来和希望。学生的国家安全意识如何，将直接关系到国家的稳定和社会主义社会建设的成败。“国家利益高于一切”，珍惜祖国荣誉，维护国家的安全和利益，是每个职业院校学生的神圣职责。

小贴士

维护国家安全，职业院校学生应做到以下几方面。

（1）要始终树立国家利益高于一切的观念。

（2）要努力熟悉有关国家安全的活动、法规。

（3）要善于识别各种伪装。在对外交往中，既要热情友好，又要内外有别、不卑不亢；既要珍惜个人友谊，又要牢记国家利益；既可争取各种帮助、资助，又不失国格、人格。识别伪装既难又易，关键就在淡泊名利，对发现的别有用心者，依法及时举报，进行斗争，决不准其恣意妄行。

（4）要克服妄自菲薄等不正确思想。

（5）要积极配合国家安全机关的工作。

思考与探究

1．什么是国家安全？

2．哪些行为是危害国家安全的？

3．作为职业院校学生，应该怎样维护国家安全？

扫一扫，学微课

▲ 人身安全的概念与遭受人身伤害的原因

模块二

人身安全的预防与处置

学习目标

1. 了解人身安全的定义；
2. 认识职业院校学生遭受伤害的原因；
3. 掌握人身伤害事故的预防与处理方法。

一、人身安全的概念

人身安全有广义和狭义两种解释。从广义范畴来看，包括人的生命、健康、行动自由、住宅、人格、名誉等安全。而从狭义范畴来看，则是指如刑法上人身安全的本义，是作为自然人的身体本身的安全。

二、职业院校学生遭受人身伤害的原因

（一）什么是学生人身安全

学生的人身安全是指学生个人的生命、健康、行动等与人的身体直接相关的平安和健康，不受到威胁，不出事故。

人身伤害根据造成损害的原因，分为四种类型：一是由自然灾害造成的人身伤害，如台风、地震、水灾等；二是由意外事故造成的人身伤害，如溺水、烧（烫）伤、运动损伤、触电等；三是社会或人为因素造成的人身伤害，如打架斗殴、食物中毒、传染性疾病等；四是不法侵害造成的人身伤害，如抢劫、滋扰、性侵害等。

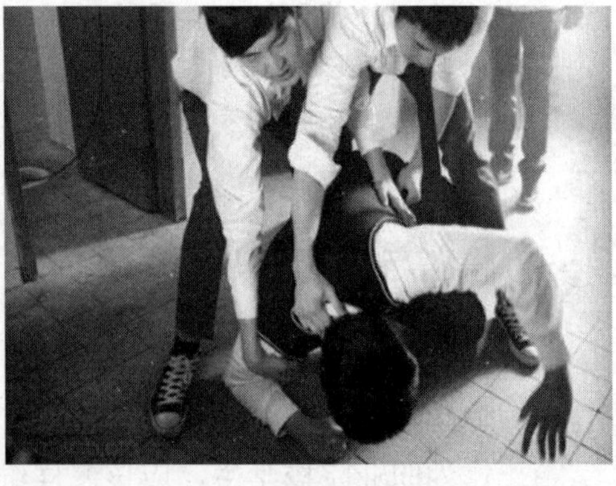

（二）学生遭受伤害的原因

（1）在校园的周边，环境比较复杂，如餐厅、网吧、酒吧等，其中有的场所治安管理十分不到位，经常会有不法分子寻衅滋事。学生进出这种场所，容易受到意外伤害。

典型案例

某校学生陈某与朋友钱某及韩某在校外一家KTV消费时，因与他人发生口角，韩某被两名歹徒用水果刀砍了数刀，造成十分严重的人身伤害。

在一所大学外的酒吧里，一名社会青年醉酒邀请某女生跳舞，女生拒绝无果之后，反抗呼叫，当男生出面制止时，几名社会青年与其大打出手，打伤十几名学生后逃跑。

职业院校学生，尤其是女生尽量减少到鱼龙混杂的社会场所去活动，避免遭受意外。如果要出门最好带上几个朋友，在玩的过程中要时刻提高警惕，如感觉不安全最好及时返校，遇到意外情况时及时向公安机关或老师求助。

（2）在校园里，学生与校内人员或校外人员等发生纠纷，不能及时处理，导致人身受到伤害；也有部分外来人员在校园内寻衅滋事，使学生受到伤害。

（3）学生之间也会产生矛盾而发生口角、谩骂，有些学生不能保持冷静，常常发展到打架斗殴，造成他人或自身受到伤害。

（4）一些学生在面对爱情失败时，不能理智对待，会采用极端的方式报复对方，以致走上违法犯罪的不归路。

（三）学生遭受伤害的两种特殊形式

1．校园暴力

近年来，许多职业院校都出现了极为严重的校园暴力，造成学生的人身伤害。学校中出现打架斗殴，绝大部分是因为同学之间一些小的矛盾纠纷没有得到及时化解而造成的。

校园暴力（欺凌）是指发生在校园内、学生上学或放学途中、学校的教育活动中，由老师、同学或校外人员，蓄意滥用语言、躯体力量、网络、器械等，针对师生的生理、心理、名誉、权利、财产等实施的达到某种程度的侵害行为。

典型案例

和平共处才是福

某校学生小李未经小韩同意就用了他的洗衣液，两人为此吵了一架。虽然是一件小事，却在新生小韩心中埋下了仇恨的种子。一学期下来，小韩有意结交了一帮“混得好”的同学，策划在假前报复小李。一天下午，小韩纠集同学小赵等几个人冲到小李班上，将正欲参加考试的小李暴打一顿，打得他鼻青脸肿。小李被打后，没有参加考试就冲往校外，随后纠集了本校及邻校的20多名学生返回学校欲行报复，行至校门口，见小赵与女友出校，立即用石头将小赵砸倒在地，致使小赵头部三处头皮裂伤，缝合8针。

在校内的小韩听到小赵被打，立即又纠集了10多名学生要为小赵“报仇”，在校门口见到刚刚回校的小李及另外6名同学，小韩等人对这7人大打出手，幸被及

时赶到的民警和教师拉开。这起报复性聚众斗殴案件，导致多名学生不同程度受伤，校园秩序遭到严重破坏，事发后警方介入调查。

小矛盾埋下了“仇恨”的种子，连环聚众斗殴事件的根本原因是什么呢？

十几、二十岁是血气方刚的青春期，由于一时冲动，有时会犯低级错误，步入歧途。刚刚开始人生旅途的职业院校学生，特别是男生，在面对问题时，一定要克服冲动，增强自律意识，保护自身安全及他人的安全。

2．性骚扰

（1）什么是性骚扰。性暴力近年来也在社会上引起了极大的关注，性暴力更多发生在女学生中，女学生正值花季，容易受到性骚扰和性侵害。“性骚扰”是一种不受欢迎或不被接受的语言或带有性意识的接触，也就是说当某一方用各种方法去接近或尝试接近另一方，而另一方没有兴趣或不喜欢或不愿意或不想要这些带有性意识的接近时，便可说是性骚扰。

广义的性骚扰并不限于异性间，对象亦不单指妇女而言，同性间也会构成性骚扰。

（2）性骚扰常见的表现方式有以下几种。

① 肢体的接触。不需要的接触或抚摸他人的身体，有意触摸或强行勾住他人肩膀或者手臂，故意贴紧他人等，这些行为都可以被定义为性骚扰。

② 语言上的骚扰。没有需要的谈论有关性的话题，询问个人的有关性方面的隐私和生活，故意讲色情笑话等。

③ 非语言的行为。身体或语言动作具有一定的性暗示，用异样的眼光打量他人，展现与性有关的物件。

由此可见性骚扰并不单单指身体上的接触，一些不合适的带有性的语言、动作甚至声音等都属于性骚扰。

典型案例

很长一段时间，陈萍（化名）都害怕接到导师的电话。这名正在某校读研的女孩说，自己的导师是系领导，平时应酬多。有时，自己也会被叫出去喝酒应酬。尽管很反感，但陈萍始终不敢说出拒绝的话。“你可以找理由拒绝一次两次，但没办法次次都拒绝吧。”陈萍担心，如果跟导师撕破脸，自己毕不了业怎么办？无奈之下，陈萍选择了忍。但让她难以接受的是，一次应酬中，席上某领导竟然对她动手动脚，不但乱摸，还强吻了她。“我不敢告诉爸妈，怕他们担心。我就觉得屈辱，无比屈辱。”陈萍带着哭腔说，自己明明是来做研究的，但感觉跟陪酒小姐一样。

典型案例

深圳的某校大二学生韩语（化名）曾遭遇过三次性骚扰，最早的一次竟然发生在小学六年级。“我发育得比较好，12 岁时身高已接近 1.6 米，经常被人当成高中生。或许是因为这个原因，我老是遭遇‘变态佬’。”她说，第一次遭遇性骚扰发生在公园一间位置比较偏僻的公厕。一个猥琐的中年男人尾随她进了公厕，当她觉得不对劲，疑惑地回头时，惊恐地发现那男人对着她撩开衣服，露出了下体。

“那时年纪小，不懂得大声叫人来，也不知道逃跑，只是呆站在原地，害怕地捂住眼。”等她再睁眼时，那人已经狂笑着奔出厕所。小韩说，这恶心的一幕时常在她眼前晃动。很长时间内，她不敢一个人上光线不好或人少的公厕。有时，走在路上听到跟那个变态男人声音相似的笑声，自己都会控制不住地反胃、呕吐。

第二次和第三次都是在公交车上遭遇“咸猪手”。前一次发生在高二，“被摸时感到非常震惊、愤怒，事后觉得委屈和沮丧。”她不敢向同学诉苦，因为担心人家会说“是不是你不好，所以倒霉的事都出现在你身上？”由于心理压力太大，小韩从那时开始深受失眠的困扰。

上大学后，为缓解自己的心理压力，也为了了解那些曾给自己带来痛苦的人的扭曲心理，她选修了心理学，试着抚平心中的伤痕。

去年十月，当再次遭遇公车性骚扰时，她已经可以镇定地用力拍掉那人的“咸猪手”，当面痛斥“你想干什么？光天化日做这种事，你不怕被警察抓吗？”骚扰者灰溜溜地下车逃走了。

那么面对性骚扰，该如何自救？

首先，要对实施性骚扰的人说“不”，要及时报警或向周边的人寻求帮助。这会对侵犯者造成压力，避免事态变得更加严重，最大限度地保护自己。

其次，尽可能保留受骚扰的证据。有条件的同学可以将手机拍照等功能设为快捷键，方便快速不被人察觉地保留证据，使其受到应有的惩罚。

最后，不要自卑，不要认为“是我做得不够好，别人才来侵犯我”受惩罚的应该是骚扰者，而非被骚扰者。

3．如何应对性骚扰

在面对骚扰时，要确定自己是否受到骚扰，保持冷静。要相信自己的直观感觉，千万不要抱着无所谓或置之不理的态度，忍耐和躲避是解决不了任何问题的。无论男女遇到性骚扰一定要慎重表明自己的立场，很坚定地告诉对方你的不快并请对方自重。

三、对人身伤害事故的预防与处理

（一）避免人身受到伤害

（1）要遵守学校的规章制度，尊重学校保安人员。规章制度是大家都要遵守的准则，如果大家都遵守，生活中就有许多共同点，可以减少许多纠纷产生的可能。

（2）要支持各级政府和学校整顿校园周边秩序的各项措施，尽量少去或者不去治安复杂场所，避免与不法分子发生矛盾。

（3）要自爱、自律、避免不良风气侵蚀，预防黄、赌、毒的侵害和烟酒造成的人身危害。

（4）同学间要互相关心、互相照顾、相互谅解、求同存异。

（5）要学会用文明幽默的语言化解矛盾。

（二）预防校园暴力

（1）做个好学生，主要精力放在校园正常活动和学习上。在和同学日常交往中，不讲脏话、礼貌待人、安分守己、乐于助人、不沾染坏习气。不去网吧，也不上街乱逛。

（2）得知自己可能会遭到暴力行为时应及时告诉老师、家长，防患于未然，将可能出现的暴力事件消灭在萌芽之中。

（3）在遭遇同学暴力侵犯的时候，有时要采取必要的忍耐，避免矛盾激化。同时要严正指出其错误性，给予警告，保护好自身的安全。过后再考虑合适的解决方法，向学校投诉是一种正确的做法。采取报复性手段，只能激化矛盾，“冤冤相报何时了”，最终的结果只能是两败俱伤。

（4）明白“伤害他人就是伤害自己”“赠人玫瑰手留余香”的道理，做到公正、平等、富有同情心地对待他人。平时要自尊自爱、友爱同学、正确做人，努力为自己营造和谐的人际关系氛围，这样才能尽可能地避免被暴力侵犯。

（5）和别人发生矛盾后，别人邀请你到一个偏僻地方谈判解决问题时，不要冲动前往，不要离开可能为你提供帮助的人及场所。

（三）沉着应对危机

（1）克服恐惧心理，要保持头脑清醒，冷静分析形势，积极想办法，麻痹对方，寻找机会逃走，摆脱纠缠。要想脱离危机，跑到安全地点最重要。

（2）“以牙还牙、以暴制暴”的观念是错误的。在遭遇暴力侵犯时，应暂时采取必要的忍耐，避免矛盾激化。如果激烈反抗，很有可能会遭到更严重的殴打。

（3）跑不掉、打不过，那就大声呼救，引起其他人注意，请求围观的人报警。

（4）记住施暴人的外貌特征，尽量多的记住一些细节。事后立刻报告老师或公安机关。

（5）决不要受到威胁也不将实情告诉老师、家长或公安机关。事实证明私下解决或找人寻仇报复解决不了矛盾的根本。

（6）在自身安全受到严重威胁而无其他更好办法时，就行使法律赋予的正当防卫权利。

（四）人身伤害事故保险

1．学生平安保险

学生平安保险是专为在校学生设计的带有公益性质的险种，具有保费低、保障高的特点，可以使学生在发生意外事故后得到更充足、更全面的赔偿，是学生健康成长的重要保障。推行学生平安保险，可以有效防范和转移风险，对保护学生合法权益、维护社会稳定发挥着重要作用。

被保险人在保险单有效期间，不论单次或多次发生意外伤害事故，保险公司均按规定给付保险金，但累计给付总数不能超过保险金额全数。累计给付总数达到保险金额全数时，保险责任即行终止。

基础保障责任包括意外伤害身故、残疾，疾病身故，意外伤害门（急）诊医疗，意外和疾病住院医疗，校园意外伤害医疗/残疾/身故。

2．学生人身伤害与校方责任保险

学生自我安全保护能力有限，安全隐患难以根除，尤其是复杂的社会治安状况给教育教学的安全添加了潜在的威胁。学校和学生的安全事件时有发生，影响了正常的教育教学秩序和社会的稳定。开展校方责任保险，对于积极预防、妥善处理学生事故，保障学生和学校的合法权益，维护正常的教育教学秩序，具有重要意义。

校方责任保险是在校学生在校园内或者在学校组织的活动中发生意外事故时，以学校对学生依法应负的赔偿责任为保险标的的保险。学校对学生依法应负的赔偿责任，通常指在学校活动中或由学校统一组织或安排的活动过程中，因校方疏忽或过失导致注册学员的人身伤亡，依法应由学校承担的全部或部分直接经济损失赔偿责任。

当然，只有真正加强校园的安全管理工作，才是所有教育工作者和社会各界人士关注和落实的着眼点。只有这样，才能为学生提供良好的学习环境，保证他们健康成长。

小贴士

人身安全保护的一般知识：

(1) 要有防范意识，保持良好的防护习惯。

(2) 留心观察身边的人和事，及时规避可能针对自己的侵害。

(3) 发生案件、发现危险时要快速、准确、实事求是地报警求助。

(4) 用法律维护自己的人身财产安全。特别是面对暴力犯罪，要坚决制止不法侵害。对正在进行行凶、杀人、抢劫、强奸、绑架及其他严重侵犯人身安全的暴力犯罪，采取防卫行为，造成不法侵害人伤亡的，属于正当防卫，不负刑事责任。

(5) 主动积极维护校园及周边治安秩序，创造和谐有序的环境。

思考与探究

1．与同学相处时，发生矛盾后应该怎样去化解？

2．面对校园暴力，应该怎么应对？

3．面对性骚扰，应该怎样做？

模块三

交通事故的预防与处置

学习目标

1. 了解交通安全的定义；
2. 理解交通安全的重要性；
3. 掌握意外交通事故紧急处理的办法。

衣、食、住、行是人们生活中最基本的内容，其中的“行”涉及交通问题。随着城镇化的迅速推进，我国汽车保有量的增加，人们在享受交通带来出行方便的同时，也不得不面对与日俱增的交通事故问题。交通事故已成为人们生活中的最大的社会问题，作为一名在校学生遵守交通法规是最起码的要求。

人们常说，“交通事故猛于虎”。可是老虎再凶，也只能一口吃掉一个人，而交通事故一次可吞噬几个甚至几十个人的生命。请看下面一组数据。

据统计，世界交通事故死亡人数年均达 50 万人。而我国交通事故死亡人数世界排名第一。我国每年交通事故死亡人数都在 10 万人以上，平均每天死亡达 300 人，这真是一组比战争还要无情、还残酷的数字。

是什么原因导致道路交通事故频频发生？据交通警察调查统计，在所有的交通事故中，除极少数属意外原因造成外，75%以上的事故是驾驶员或行人的人为因素造成的。引发事故的主要原因有无证驾车、超载、超速行驶、疲劳驾车、酒后驾车、强行超车、行人不守交通规则等。

综观各类交通事故，不难发现，我国交通事故频发的根本原因，就是人们不珍惜生命，不遵守规则。生命对于每个人来说，都只有一次，应该爱护，应该珍惜。出入平安，这是大家都希望的。然而，很多人却为图“方便”或为了眼前的利益而违反交通法规。殊不知，许多交通事故的发生往往源于某些不经意的违法行为。在他们当中，有一部分人是对交通法规不甚了解，对安全常识掌握不多，另一部分人是抱着侥幸心理，明知故犯的。所以学习和遵守交通法规是每一个人珍惜自己和他人生命，使交通秩序安全有序必须履行的义务。有人比喻，道路交通法规是用“亲人的泪水，死者的血泊，伤者的呻吟和肇事者的悔恨”换来的。

一、交通安全的概念

交通是总称，包括天上飞行的航空运输、水上的船舶运输、铁路上的铁路运输、公路上的道路运输等。交通安全，是指人或物从一地点移动到另一地点的全过程中，不被碰撞、翻倒及受到其他损害，安全、完整地到达目的地的状态。学生交通安全是指学生在校园内和校园外的道路上行走、驾驶、乘坐交通工具时不发生人员伤亡和交通工具、财产损失的状态。

二、学生交通安全事故处理预案

（一）目的

为认真做好学校交通安全事故防范处置工作，增强应急处理能力，最大限度地减少师生人员伤亡和经济损失，维护学校正常的教学工作和生活秩序，依据《中华人民共和国道路交通安全法》、国务院《关于特大安全事故行政责任追究的决定》和上级部门有关规定，制定交通安全事故处理预案。

（1）成立学校交通安全事故应急处理工作领导小组。

（2）领导小组对全校交通安全事故应急处理统一领导、统一组织、统一指挥，领导小组组长是应急预案的总指挥，根据事故等级启动应急预案和发布解除救援行动的信息。

（3）领导小组具体负责以下工作：根据实际情况和工作预案制定应急处理工作方案；调集校内外人力、物力，组织实施突发事故的应急救援；讨论决定应急处理工作中的重大问题，向上级汇报时间情况及应急措施，必要时向有关单位发出救援请求；调查核实事故原因及性质，及时做好善后工作；总结经验与教训，并对相关人员进行奖惩。

（二）应急处理过程和应急处理程序

1．接警与通知

事故发生后，在场人员（包括行政、教职工、学生）应争取在第一时间通过各种形式报警，重大交通事故和人员伤害可直拨“110”报警电话、“120”急救电话、“122”交通事故处置电话（并记住肇事车的车型、颜色、车牌）。

在场人员应立即将所发生的事故情况报告学校相关部门。学校办公室、党委宣传部、学生处、保卫处等部门必须掌握的情况有：事故发生的时间、地点、种类、强度与危害。在掌握基本事故情况后，立即向学校交通安全事故应急处理领导小组组长汇报，领导小组应立即启动应急预案，迅速赶赴现场组织抢救。同时协同公安机关、医疗、消防等部门参与现场救护。

2．现场应急抢救与现场保护

现场应急抢救措施原则：先人后物，先重后轻，就近求救。

在场人员（包括行政、教职工、学生）应首先检查师生受伤情况，先抢救人员，后抢救财物。如果有师生受伤，根据先重后轻的原则立即对受伤师生进行应急救护处置。同时向公安机关、交通管理部门报案并配合公安部门开展工作，还应根据需要及时通知急救、医疗、消防等部门参与现场救护。就近向附近单位、居民紧急求救，拦截过往车辆求救。

医护人员到达现场后，应马上接替在场教师对受伤师生进行救护处置，尽快确认伤者中哪些需要送医院救治。如需送医院救治，应确定送到哪一所医院。在急救车到达前，医生负责受伤师生的救护处置。

学生受伤，学校要及时告知家长事故情况和学生被送往医院的地址，请家长快速到医院。如果教师受伤，要通知教师家属发生什么事故和被送往医院的地址，请家属到医院参与救护。

抢救小组应组织在场人员、事发现场人员简单调查事故发生的过程，采用分隔式调查，并实事求是的做好书面记录，被调查人员要签名。严格保护事故现场，因抢救伤员、防止事故扩大等原因需要移动现场重要痕迹、物证等，待公安交警部门赶到后及时移交现场保护，防止人为破坏和其他突发事件的再发生。

稳定师生情绪，保障救援工作顺利进行，安全有序地进行疏散撤离。

3．事故处理的报告与报道

（1）对事故处理要在 24 小时内写出书面报告，报告内容包括：发生事故的时间、地点；事故的简要经过、伤亡人数；事故原因、性质的初步判断；事故抢救处理的情况和采取的措施；需要有关部门和单位协助事故抢救和处理的有关事宜；事故报告负责人和报告人。报告内容经学校领导审查同意后送交有关部门。属校方责任保险内的事故还要及时报知保险公司。之后随时将事故应急处理情况报上级主管部门。

（2）人事处、学生处和相关部门要分别做好教师和学生的思想教育工作，稳定师生情绪，要求各类人员绝对不能以个人名义向外扩散消息，以免引起不必要的混乱；对情绪反应较大者安排专人进行安慰；如有新闻媒体要求采访，必须经过学校领导和上级主管部门同意，由学校宣传部统一对外发布消息。

4．家长接待和后勤支援

（1）事故发生后，要立即安排人员看管，防止肇事车辆逃逸。

（2）成立专门接待组，及时做好学生及家长安抚工作，维持学校正常教育教学秩序。根据实际需要，在有关部门的领导下，做好善后处置工作。

（3）看望、援助、救助伤亡师生。

（4）要依法调解安抚，按照“合法、合理、合情”的原则一次性解决问题。学校在无力调解学生意外伤害事故处理时，要报请上级部门介入解决。

（5）事故处理结尾阶段：整理病历卡复印件、医药费发票原件和复印件报医保中心理赔。医保中心理赔后余下部分确需赔偿的，由学校起草《协议书》。《协议书》要写清协议双方的身份，事故的简要经过，包括事发时间、地点、双方达成的补偿协议，双方签名等内容。

（6）学校门卫要严格核查外来人员身份，不准非当事人进入校园，保证校园稳定。根据教育部《学生伤害事故的处理办法》有关条款规定，在事故处理过程中，受伤害学生的监护人、亲属或其他有关人员，在事故处理过程中无理取闹，扰乱学校正常教育教学秩序，或者侵犯学校、教师或者其他工作人员的权益的，应当报告公安机关依法处理。

三、意外交通事故紧急处理办法

交通事故是指车辆在道路上因过错或者意外造成人身伤亡或者财产损失的事件。交通事故不仅是由人员违反交通管理法规造成的，也可以是由于地震、台风、山洪、雷击等不可抗拒的自然灾害造成的。当发生一些不可抗力的交通事故时，就需要做到以下意外交通事故紧急处理办法。

（一）马上停车

在汽车运行安全的情况下马上停车，关掉引擎（以免汽车起火）并打开紧急灯让其闪亮；立即记下对方的车牌号（车上应随时备有笔和纸，甚至照相机），以防对方在发生交通事故后开车逃跑。

（二）发出警示

保护好现场；向其他车辆发出警告，亮起危险警告灯；在路上摆放三角形警告牌；如有需要，再用其他方式示警。

（三）估计情况

迅速估计现场情况：事故涉及多少人?受伤人员数量及状况。涉及多少辆车?漏出的燃油是否会着火?现场是否有人受过急救训练?

（四）护理伤者

切勿移动受伤者，除非伤者面临危险（如着火、有毒物体渗漏），因为你的移动可能会造成对伤者更大的伤害。如果伤者仍在呼吸，且流血不多，则旁人不可做任何事情，除非确实懂得怎样护理伤者；不可给伤者喂任何食物或饮料。

（五）防止危险

关掉所有交通肇事车辆的发动机；禁止吸烟；当心其他易燃物品；尽可能防止燃油泄漏；当心危险物品，慎防危险性液体、尘埃及气体积聚。

（六）马上求救

需要求救时，派人去求救或使用身边的移动电话，在高速公路上可使用路边的求救电话。求救时详细说明发生意外的地点及人员伤亡情况。

（七）报案

轻微交通事故可进行快速处理或自行前往交通事故报案中心报案。如遇有伤亡或较大损失，应立即报警，详细说明事故发生地点及伤亡人数。在警察查完现场后一定要求警察给你事故报告，及该警员的姓名、编号、所属分局及电话号码。

思考与探究

1．构成交通安全的要素有哪些？

2．在遇到交通事故时，应如何处理？

扫一扫，学微课

▲ 消防安全的预防与应对

消防安全

学习目标

1. 了解火灾的定义及特点；
2. 了解校园火灾处理预案；
3. 掌握火灾处理的方法；
4. 掌握火灾急救常识。

火灾是世界上多发性灾害中发生频率较高的一种灾害，它给人类社会造成了生命、财产的严重损失。在大学校园里，火灾也是威胁校园安全的重要因素。资料显示，校园里因火灾而造成的经济损失较之盗窃高出十几倍乃至几十倍。

职业院校消防工作的任务是“预防火灾和减少危害，维护师生安全，维护公共财产和私有财产安全，维护公共安全，保障学校教学科研工作的顺利进行。”做好消防工作是学校建设的需要，也是全体师生的共同责任，任何部门和个人都有维护消防安全、预防火灾和有组织地参加扑救火灾的义务。

一、火灾的定义及特点

（一）什么是火灾

火灾是指在时间或空间上失去控制的燃烧所造成的灾害。在各种灾害中，火灾是最经常、最普遍的威胁公众安全和社会发展的主要灾害之一。人类能够对火进行利用和控制，是文明进步的一个重要标志。所以说人类使用火的历史与同火灾作斗争的历史是相伴相生的，人们在用火的同时，不断总结火灾发生的规律，尽可能地减少火灾及其对人类造成的危害。在火灾时需要安全、尽快地逃离现场。

（二）火灾的分类

火灾分为A、B、C、D四类（GB4968—1985）

A 类火灾。指固体物质火灾。这种物质往往具有有机物性质，一般在燃烧时能产生灼热的余烬，如木材、棉、毛、麻、纸张火灾等。

B类火灾。指液体火灾和可熔化的固体火灾，如汽油、煤油、原油、甲醇、乙醇、沥青、石蜡火灾等。

C类火灾。指气体火灾，如煤气、天然气、甲烷、乙烷、丙烷、氢气火灾等。

D类火灾。指金属火灾。指钾、钠、镁、钛、锆、锂、铝镁合金火灾等。

（三）火灾的特点

一般来说，火灾具有以下三个特点。

1．突发性

一类火灾，往往是在人们意想不到的时候突然发生的，如自燃、电线短路起火、雷击起火等，这些突发性火灾是人们难以预料的。另一类火灾，虽然存在事故征兆，但由于目前对火灾事故的预测、报警手段等还不够成熟，加之人们的消防意识淡薄，对火灾事故的规律和征兆了解掌握不够，直至火灾发生才引起重视。

2．严重性

火灾事故与其他事故相比，其后果往往更为严重，极易造成重大伤亡和财产损失。

3．复杂性

火灾事故的复杂性包括起火原因的复杂性和火灾事故处理的复杂性两方面。

二、校园火灾预案

（一）目的

为积极防御和应对可能发生的校园火灾事故，高效、有序地组织事故抢险、救灾工作，按照相关校园突发公共事件应急预案的要求，结合学校实际，制定学校火灾事故应急处理预案。

（二）成立应急处理领导小组

应急处理领导小组的工作职责如下。

（1）安排相关部门做好相关火灾避险知识、技能的宣传、培训和应急演练。

（2）初步研究确定事件性质、类型和级别，负责统一决策、组织、指挥学校火灾突发时的应急响应行动。

（3）下达应急处置工作任务。小组成员负责现场指挥救援、实施医疗救治等应急处理工作，并协调、协助相关部门和单位开展应急处置工作。

（4）配合相关部门进行事故调查处理工作，组织专家组进行事件后果评估。

（5）做好伤亡人员的善后及安抚工作，稳定校园正常秩序。

（三）事故应急处置预案

（1）事故发生初期，现场人员应视火势情况立即拨打火警电话“119”和医疗救助电话“120”。同时，积极采取自救措施，防止事故的扩大。在可能的情况下，尽快报告学校应急领导小组。

（2）应急处理领导小组接到报告后，有关负责人应迅速到位履行职责，按预案组织人员疏散和抢救工作，协助消防部门迅速组织抢救救灾，并尽快报告上级主管部门值班室。

（3）迅速发出紧急警报，组织仍滞留在事故现场的人员按照规定线路撤离现场。

（4）迅速关闭、切断输电、燃气系统和各种明火，防止滋生其他灾害。迅速开展以抢救人员为主的现场救护工作，及时将受伤人员转移并送至附近的医院或救护所抢救。

（5）组织人员加强对重要设备、重要物品的救护和保护，加强对现场的巡逻，防止其他事故的发生。

（6）校办、宣传部门及相关部门必须及时做好宣传、沟通和协调工作，全力维护校园安全稳定。

（7）迅速了解、掌握受灾情况，及时汇总上报。

（8）采取措施尽快恢复学校正常的教学、生活秩序。

（四）现场保护和事故报告

火灾事故发生后，有关部门必须严格保护事故现场，并迅速采取必要措施抢救人员和财产。因抢救伤员、防止事故扩大及疏通交通等原因需要移动现场物件时，必须做出标志、拍照、详细记录和绘制事故现场图，并妥善保存现场重要痕迹、物证等。

学校火灾事故发生后，学校在 1 小时内将所发生事故的情况电话报告到教育厅，24 小时内送达书面报告。事故报告应包括以下内容。

（1）发生火灾事故的单位、岗位、时间、地点；

（2）火灾事故的简要经过、伤亡人数、直接经济损失的初步估计；

（3）火灾事故原因、性质的初步判断；

（4）火灾事故抢救处理的情况和采取的措施；

（5）需要有关部门和单位协助事故抢救和处理的有关事宜。

（五）工作要求

（1）提高认识，加强领导。各部门要从“讲政治、保稳定、促发展”的高度来认识这项工作的重要性，切实加强领导，做好学校火灾事故预防和应急处置工作。

（2）熟悉预案，组织演练。各部门要认真学习应急预案，并定期组织师生训练和演练。

（3）学校相关部门要按照要求配置消防设施，并定期维护。建立义务消防员队伍，确保应急行动顺利展开。

（4）各有关人员要对师生生命、学校财产高度负责，参加应急处理工作；凡无故、借故不参加或拖延参加事故应急处理工作或不服从统一指挥者，将追究其行政责任，情节严重的，追究法律责任。

三、火灾处理

（一）火情处理三要素

第一步，紧急处理不惊慌。发现起火，要大声呼救，要果断扑救，扑救越早扑灭火灾越容易。

处理电器起火首先要切断电源；遇到燃气火灾首先要切断气源。各种不同类型的火灾，扑救方法也不同。电器、燃气、油类着火，不能用水浇灭，要用湿衣物、棉被覆盖，阻绝空气。必须遵循“先控制后扑救，先重点后一般”的原则。若无力扑灭，要呼救及请求众人帮助，迅速报警的同时，也要积极控制火势。

第二步，报警求救表述清楚。拨打消防中心火警电话“119”，报告险情时语速不要太快，应该强调“四个清楚”：一说清单位、地址、门牌号；二说清着火的具体地点（部位），防止单位大不能直接找到着火点；三说清火灾原因，火势大小；四说清报警人姓名和电话。说完后要待对方放下电话后再挂机。要派专人在主要路口等候消防车，争取时间，减少损失。

学校一旦发生火情时，同学们不要惊慌失措、自作主张，要在最快时间内迅速报告值班教师和学校安全保卫人员，越早报告越容易把火灾消灭在萌芽状态。同时，要积极服从现场教师的指挥，及时疏散撤离到安全地带。学生及无关人员要远离火场和校园内的道路，以便于消防车辆驶入。

第三步，火场自救与逃生。

（1）当发现楼内失火时，切忌慌张、乱跑，要冷静地探明着火方位，确定风向，并在火势未蔓延前，朝逆风方向快速离开火灾区域。

（2）起火时，如果楼道被烟火封死，应该立即关闭房门和室内通风孔，防止进烟；随后用湿毛巾堵住口鼻，防止吸入毒气；并要将身上的衣服浇湿，以免引火烧身。身上着火不要奔跑，可以就地打滚或用湿衣物压灭火苗。如果楼道中只有烟没有着火，可在头上套一个较大的透明塑料袋，防止烟气刺激眼睛和吸入呼吸道，然后采用弯腰的低姿势逃离烟火区。

（3）千万不要从窗口往下跳。如果楼层不高，可用绳子从窗口降到安全地区。

（4）发生火灾时，不能乘电梯，因为电梯随时可能发生故障或被火烧坏。应沿防火安全通道朝底层跑。如果中途防火楼梯被堵死，应该向楼顶跑。同时尽可能将楼梯间窗户玻璃打破，向外高声呼救，让救援人员知道你的确切位置，以便营救。

（5）若室外着火，门已发烫，千万不要开门。可用湿衣被堵住门窗缝隙，并泼水降温。

典型案例

不会逃生，反而丧生

一次某小区大火后，消防队员发现楼梯间躺着一名女子，身上没有任何被灼烧的痕迹，但已经停止了呼吸。而其他住户均安然无恙。原来是火起后产生大量浓烟将楼梯过道封闭，此时住在5楼的该名女子惊慌失措，拉开房门顺着楼梯往下跑，因没有采取防护措施，没跑几步便被烟熏倒导致死亡。而其他住户，包括最靠近起火点的二楼住户，则因用湿毛巾将门缝堵住，躲在家中没有出门，反而没有出事。

火灾发生时你会逃生吗？逃生关键的要点有哪些？

（二）常用灭火方法

1．灭火器使用方法

（1）拔下保险销；

（2）一手握紧喷管；

（3）另一手握紧压把；

（4）喷嘴对准火焰根部扫射。

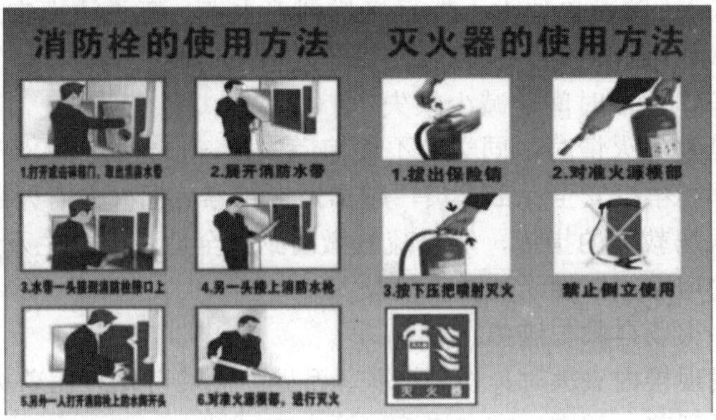

2．喷淋系统工作原理

（1）感温式消防喷淋系统。平时屋顶消防水箱装满水，当发生火灾时，喷头在达到一定温度后（一般是 68℃）会自动爆裂，管内的水在屋顶消防水箱的作用下自动喷射，这时感温式报警阀会自动打开，阀门的压力开关也会自动打开，而这个压力开关有根信号线和消防泵连接，泵就自动启动了，然后消防泵把水池的水通过管道提供到消防栓，整个消防系统开始工作。

（2）感烟式消防喷淋系统。有的是系统装有感烟探测探头对烟气进行侦测，当烟气达到一定浓度时，感烟探头报警，被主机确认后反馈到声光报警器，发出声音或闪烁灯光警告人们，并联动防排烟风机启动，开始排烟，同时启动水泵向主干管道供水，喷淋头开始喷水工作。

知识拓展

火场逃生“十三诀”

第一诀，逃生预演，临危不乱。

每个人对自己工作、学习或居住所在的建筑物的结构及逃生路径要做到了然于胸，必要时可集中组织应急逃生预演。请记住：事前预演，将会事半功倍。

第二诀，熟悉环境，暗记出口。

当自己处在陌生的环境时，如入住酒店、到商场购物、进入娱乐场所时，为了自身安全，务必留心疏散通道、安全出口及楼梯方位等，以便关键时候能尽快逃离现场。请记住：在安全无事时，一定要居安思危，给自己预留一条通路。

第三诀，通道出口，畅通无阻。

楼梯、通道、安全出口等是火灾发生时最重要的逃生之路，应保证畅通无阻，切不可堆放杂物或设闸上锁，以便紧急时能安全迅速地通过。请记住：自断后路，必死无疑。

第四诀，扑灭小火，惠及他人。

当发生火灾时，如果发现火势并不大，且尚未对人造成很大威胁时，当周围有足够的消防器材，如灭火器、消防栓等，应奋力将小火控制、扑灭；千万不要惊慌失措地乱叫乱窜，置小火于不顾而酿成大灾。请记住：争分夺秒扑灭“初期火灾”。

第五诀，保持镇静，明辨方向，迅速撤离。

突遇火灾，面对浓烟和烈火，首先要强令自己保持镇静，迅速判断危险地点和安全地点，决定逃生的办法，尽快撤离险地。撤离时要注意，朝明亮处或外面空旷地方跑，要尽量往楼层下面跑，若通道已被烟火封阻，则应背向烟火方向离开，通过阳台、气窗、天台等往室外逃生。请记住：人只有沉着镇静，才能想出好办法。

第六诀，不入险地，不贪财物。

身处险境，应尽快撤离，不要因害羞或顾及贵重物品，而把宝贵的逃生时间浪费在穿衣或寻找、搬离贵重物品上。已经逃离险境的人员，切莫重返险地，自投罗网。请记住：留得青山在，不怕没柴烧。

第七诀，简易防护，蒙鼻匍匐。

逃生时经过充满烟雾的路线，要防止烟雾中毒、预防窒息。为了防止火场浓烟呛入，可采用毛巾、口罩蒙鼻，匍匐撤离的办法。烟气较空气轻而飘于上部，贴近地面撤离是避免烟气吸入、滤去毒气的最佳方法。穿过烟火封锁区，应配戴防毒面具、头盔、阻燃隔热服等护具，如果没有这些护具，那么可向头部、身上浇冷水或用湿毛巾、湿棉被、湿毯子等将头、身裹好，再冲出去。请记住：多件防护工具在手，总比赤手空拳好。

第八诀，善用通道，莫入电梯。

发生火灾时，要根据情况选择进入相对较为安全的楼梯通道。除可以利用楼梯外，还可以利用建筑物的阳台、窗台、屋顶天窗等攀到周围的安全地点沿着排水管、避雷线等建筑结构中凸出物滑下楼也可脱险。请记住：逃生的时候，乘电梯极危险。

第九诀，缓降逃生，滑绳自救。

高层、多层公共建筑内一般都设有高空缓降器或救生绳，人员可以通过这些设施安全地离开危险的楼层。如果没有这些专门设施，而安全通道又已被堵，救援人员不能及时赶到的情况下，可以迅速利用自己身边的绳索或床单、窗帘、衣服等自制简易救生绳，并用水打湿从窗台或阳台沿绳缓滑到下面楼层或地面，安全逃生。请记住：胆大心细 救命绳就在身边。

第十诀，避难场所，固守待援。

假如用手摸房门已感到烫手，此时一旦开门，火焰与浓烟势必迎面扑来。逃生通道被切断且短时间内无人救援。这时候，可采取创造避难场所、固守待援的办法。首先应关紧迎火的门窗，打开背火的门窗，用湿毛巾或湿布塞堵门缝或用水浸湿棉被蒙上门窗，然后不停用水淋透，防止烟火渗入，固守在房内，直到救援人员到达。请记住：坚盾何惧利矛？

第十一诀，缓晃轻抛，寻求援助。

被烟火围困暂时无法逃离的人员，应尽量待在阳台、窗口等易于被人发现和能避免烟火近身的地方。在白天，可以向窗外晃动鲜艳衣物，或外抛轻而晃眼的东西；

在晚上可以用手电筒不停地在窗口闪动或者敲击东西，及时发出有效的求救信号，引起救援者的注意。因为消防人员进入室内都是沿墙壁摸索行进的，所以在被烟气窒息失去自救能力时，应努力滚到墙边或门边，便于消防人员寻找、营救；此外，滚到墙边也可防止房屋结构塌落砸伤自己。请记住：充分暴露自己，才能争取有效拯救自己。

第十二诀，火已及身，切勿惊跑。

火场上的人如果发现身上着了火，千万不可惊跑或用手拍打，因为奔跑或拍打时会形成风势，加速氧气的补充，促旺火势。当身上衣服着火时，应赶紧设法脱掉衣服或就地打滚，压灭火苗；能及时跳进水中或让人向身上浇水、喷灭火剂就更有效了。请记住：就地打滚虽狼狈，烈火焚身可免除。

第十三诀，跳楼有术，虽损求生。

身处火灾烟气中的人，精神上往往陷于极端恐惧和接近崩溃之中，惊慌的心理极易导致伤害性行为。如跳楼逃生，应该注意的是只有消防队员准备好救生气垫并指挥跳楼时或楼层不高（一般 4 层以下），非跳楼即烧死的情况下，才采取跳楼的方法。跳楼也要讲技巧，跳楼时应尽量往救生气垫中部跳或选择有水池、软雨篷、草地等的方向跳；如有可能，要尽量抱些棉被、沙发垫等松软物品或打开大雨伞跳下，以减缓冲击力。如果徒手跳楼一定要扒窗台或阳台使身体自然下垂跳下，以尽量降低垂直距离，落地前要双手抱紧头部身体弯曲卷成一团，以减少伤害。请记住：跳楼不等于自杀，关键是要有办法。

思考与探究

1. 仔细思考校园中可能发生火灾的地方和原因。
2. 遇到火灾时，拨打“119”要注意什么？
3. 请说出安全逃生自救的方法。

模块五

财产安全的预防与处置

学习目标

1. 加强对财产安全的认识；
2. 了解并掌握预防盗窃的方法；
3. 了解并掌握预防抢劫、抢夺的方法；
4. 了解并掌握预防诈骗的方法。

调查显示，近几年来，在我国发生的刑事犯罪中，侵犯他人财产的犯罪一直占有比较大的比例，这类犯罪不但造成了巨大的经济损失，而且还对社会治安环境产生了非常恶劣的影响。随着社会的不断发展，校园及其周边的环境日趋复杂，盗窃、抢劫、抢夺案件频频发生，影响了学校正常的工作和生活秩序。尤其是职业院校学生，由于年纪轻，缺乏社会生活的经验，而且安全防范意识薄弱，这些案件的发生，让他们深陷危险境地。为了创造安定和谐的校园秩序和育人环境，保障学校各项工作有序、正常、安全地进行，学校管理人员和学生自身必须加强财产安全意识，与此同时，应该教育广大学生增强安全防范技能，避免和减少危害安全事故的发生。

一、对财产安全的认识

（一）概述

1．财产

财产指的是拥有金钱、物资、房屋、土地等物质财富。财产按所有权可分为：公有财产（国家财产是公有财产的一种）、私人财产，具有金钱价值并受到法律保护的权利的总称。大体上，私人财产有三种，即动产、不动产和知识财产（即知识产权）。

2．财产安全

财产安全指拥有的金钱、物资、房屋、土地等物质财富受到法律保护的权利的总称。

（二）财产安全的类型

在当今的校园里，盗窃、诈骗、抢劫已成为危害学生财产安全的三大隐患。据不完全统计，盗窃、诈骗与抢劫案件占校园治安刑事案件的 80%以上，严重影响了学生的学习和生活。

（三）当前财产安全问题存在的原因

1．内部原因

（1）个人财产安全意识淡薄。处于社会转型期的职业院校学生，自身的安全意识较为淡薄，这其中也包括个人财产安全意识。主要表现在以下几个方面：首先学生的主要生活圈为学校和家庭，真正接触社会环境的机会很少，对社会的认知也较少，对社会现象大多仅停留在感性认识上，没有实际经历，也没有防盗窃、防抢劫、防诈骗等观念，缺乏实用性强的个人财产安全防范意识；其次大多数学生对法律知识知道得较少，在个人利益受到侵害时不知如何运用法律，不知如何寻求法律保护、社会保护，甚至对法律缺乏信心；最后也是最重要的是绝大多数学生从未从事过勤工助学、社会兼职等工作，所有钱物均来自家庭的无偿供给，他们本身并不知道挣钱的辛苦及生活的不易，甚至有人还十分认同“旧的不去，新的不来”这样错误的观念，对个人财产缺乏必要的自觉保护意识。

（2）家庭财产安全教育缺失。在独生子女的社会背景下，家长对“望子成龙，望女成凤”更加渴望。一方面，大多数父母对于子女的教育存在较大的局限性。在父母看来，孩子的学习成绩往往高于一切，也因此，他们往往忽略了对孩子社会认知和适应方面的教育，忽视甚至无视包括财产安全在内的子女安全教育。另一方面，为了给子女创造更好的学习环境和更多的学习时间，限制其生活空间，家长们常常会人为地封堵孩子外出接触社会、认知社会、适应社会的机会，使年轻人在真正步入社会前丧失了自我养成财务安全保护意识的机会。

（3）学校对财产安全教育不重视。目前，多数学校针对学生的安全教育主要集中在人身安全和心理健康教育等方面，普遍欠缺财产安全教育。学校普遍重视“三防”（防火、防盗、防骗）硬件设施建设，但对财产安全的防范教育力度有限，甚至有些学校这方面的教育内容几乎是空白。就是在防范措施上，也有部分学校对防范规章的施行缺乏长期性、持续性，只在新生入学教育时“一笔带过”，使防范教育流于形式。

2．外部原因

诚然，随着社会的发展进步，社会治安状况令人满意，各类偷盗案件大大减少，人民财产得到了更为有效的保护。但同时，社会上还有那么一小部分人或多或少干着偷盗的事情，甚至有些是职业偷盗分子。

二、积极预防盗窃造成的财产损失

盗窃案件在学校发生的各类案件中是最多的，占 90%以上，是危害学生财产安全的隐患之首。学生应当掌握一些防范盗窃的知识，避免自身、他人和学校财产的损失。

（一）校园盗窃案件发生的重点场所

学生宿舍、食堂、图书馆、运动场所等都是盗窃案件发案的重点场所。

典型案例

2012 年夏季，天气闷热，某校学生宿舍楼窗户都打开了，同学们都在宿舍内午休，有 9 个宿舍被人从窗户盗走物品。有的放在桌面的手机被盗走，有的衣服被勾出来，有的钱包被盗走等。

该案件发生在学生宿舍，宿舍是同学们摆放私人物品的地方，大家应树立防范意识，妥善保管好自己的物品，尽量将物品放在能上锁的抽屉里，尤其是计算机、手机、钱包等贵重物品。离开宿舍时，记得要随手关门，以免给不法分子钻了空子。

典型案例

2015 年 10 月，江苏某校学生食堂就餐高峰时连续发生学生手机被盗事件，被盗者多为女生。接到报案后，当地派出所经过查看录像、现场蹲守等方法终于将一犯罪团伙抓获。经审讯，这一团伙经常利用中午学生吃饭的时间流窜到各校作案，在学生就餐的高峰时段，利用身体阻挡等方式偷窃学生放置在口袋和背包里的手机财物等。

该案犯作案的地点选在食堂，作案时机选在同学排队买饭时，人多拥挤，且大家比较专注于买饭，易忽视其他与自己无关的事情。很多同学随意将手机搁置于书包外侧袋或衣服口袋中，给犯罪分子提供了作案机会。该案件告诉我们，在拥挤的公共场合，应该提高自身的防范意识，在有人推拥时尤其要提高警惕，将自己的财物妥善放置，不给犯罪分子以可乘之机。

（二）校园被盗的常见方式

1．顺手牵羊

是指作案人员趁主人不备将放在桌上、走廊、阳台等处的钱物占为己有。

2．乘虚而入

是指作案人员趁着主人不在的时候，伺机进入房内，然后将房内的现金、存折、信用卡等贵重物品带走。

3．翻窗入室

是指作案人员翻越没有牢固防范设施的窗户、气窗等入室行窃。入室窃得所要钱物后，常又堂而皇之地从大门离去，因此窃贼不易被发现。

4．撬门扭锁

是指作案分子使用各种工具撬开门锁，入室行窃。

5．用同学的钥匙开同学的锁

是指作案分子用同学随手乱丢的钥匙，趁同学不在宿舍时打开同学的锁（包括门锁，抽屉锁、箱子上的锁），从而盗走现金和贵重物品等。这类作案者都是与该同学比较熟悉的人。

（三）校园被盗的常见财物类型

典型案例

2015 年夏天一个闷热的深夜，上海某校男生宿舍门敞开着，大约凌晨 3 点，一个黑影蹿进该寝室。第二天，同学们发现物品被盗，经清点，被盗的物品有两部手机、现金、银行卡、饭卡等，价值在 3000 多元。

从这个案件发生的情况看，该宿舍同学的安全防范意识缺乏：夜间休息门窗不关，又未采取必要的安全措施。几个人同住一室，相互间有很大的依赖性，存在着麻痹心理，给犯罪分子行窃创造了可乘之机。

1．现金

现金是一切盗窃分子图谋不轨的首选对象。宿舍内不宜放大量的现金，最好的保管现金的办法是将其存入银行。密码应该选择容易记忆且又不易解密的数字，千万不要选用自己的出生日期作密码。特别要注意的是，存折、信用卡等不要与自己的身份证、学生证等证件放在一起。在银行存取款或在自动取款机取款时要注意密码的保密。发现存折、信用卡丢失后，应立即到银行挂失。

2．各类有价证卡

目前，学校已广泛使用各种有价证卡，如饭卡、月票卡等。这些有价券卡应当妥善保管，最好是放在自己贴身的衣袋内，袋口应配有纽扣或拉链。所有的密码一定要注意保密。在参加体育锻炼或沐浴时，应将各类有价证券锁在自己的箱子里，同时保管好自己的钥匙，千万不要怕麻烦。

3．贵重物品

贵重物品，如手表、黄金饰品、手机、平板电脑等，较长时间不用的应该带回家中或托可靠的人代为保管，不要放在明处。暂不用时，最好锁在抽屉或箱（柜）子里，以防被人“顺手牵羊”、乘机盗走。寝室的门锁最好是能防撬的，易于翻越的窗户要加防盗网，门锁钥匙不要随便乱放。在价值较高的贵重物品、衣服上，最好有意地做上一些特殊的记号，即使被偷走，将来找回的可能性也会大一些。

（四）校园被盗的应对措施

典型案例

某日下午 4 时左右，安徽某大学的一栋宿舍楼里，学生小孙回来后，发现宿舍门是反锁的，以为是哪个室友在里面，于是就敲门。待小孙进门后，发现里面并没有室友，只有一个陌生的、学生模样的男子，便询问其是干什么的。那名男子谎称是来这个宿舍找某人的，小孙说这里根本没有这个人，他觉得这名男子非常可疑。联想到周围宿舍近期丢了两台计算机，小孙便不让他走。趁小孙不备，那名男子还是逃走了。接到报警后，派出所的民警迅速赶到现场，在该校老校区内搜索，终于将这名小偷抓获。在其随身携带的物品中，民警发现了自制的开锁工具和部分现金。经审查，这名小偷竟然是在校学生，曾流窜到多所学校，作案多起，涉案金额 2 万多元。

当我们发现可疑人物的时候，要沉着冷静，切勿急躁害怕，及时采取有效的措施来应对突发情况，能够帮助我们解决问题。

以下的一些措施，可以帮助我们更好地应对财物被盗的问题。

（1）立即报告楼栋管理员，并及时向学校保卫人员报案，同时封锁和保护现场，不准任何人进入。

（2）发现物品被盗时要迅速叫上他人，寻找和围堵嫌疑人，力争将其抓获并扭送公安机关处理。

（3）积极配合调查，实事求是地回答公安部门和保卫人员提出的问题。

（4）如果发现存折、银行卡、校园卡被盗，应当尽快到银行挂失。

（5）保护盗窃现场，切勿出入和翻动现场物品。

（五）预防校园被盗的注意事项

（1）妥善保管好现金、银行卡等；不要随身携带大量的现金，大量现金最好存入银行。

（2）保管好自己的贵重物品，不要随便放在桌上、床上，要放在抽屉、柜子里，并且锁好。寒、暑假时应将贵重物品带走，或托可靠人保管。

（3）养成随手关窗、锁门的习惯。上课、参加集会、出操、锻炼身体等外出离开宿舍时，要关好窗、锁好门。

（4）在教室、图书馆、食堂等公共场所，不用书包占座，以免丢失。

（5）不要违反学校规定，留宿他人，更不能丧失警惕，引狼入室。

（6）发现形迹可疑的人员应保持警惕，及时向值班人员报告。

（7）做到换人换锁，不把钥匙随便借给他人，防止宿舍被盗。

小贴士

防盗术七字歌

离开房间锁好门，睡前要把窗户闭。
私人物品勿乱放，切勿随意留宿他。
宿舍钥匙慎借人，贵重物品随身带。
不要露富给人看，以免他人起歪念。

三、积极预防抢劫、抢夺造成的财产损失

学生抢劫案件是指以占有为目的，以学生为侵害目标，使用暴力、胁迫或以其他方法强行截取财物的行为。掠夺，则是以非法占有为目的、乘人不备公然夺取学生财物的行为。学生涉世不深，缺乏社会经验，且在遇险后大多不敢反抗，往往成为犯罪分子下手的对象。学生在夜间尽量不要单独到偏僻的地方行走，不断提高自我保护能力，才能有效防止人身伤害和财产损失，才能在遇到危险时采取恰当的防范措施，以减少不必要的伤害。

典型案例

2014 年 9 月，某校一名新生对学校和周围环境觉得很新鲜，还未报到就到周边到处转，转眼天色已晚，该同学迷路了，便操着外地口音向人询问学校的方向，被几名不良社会青年盯上，当该生走到偏僻处时，被这几人抢走身上的学费 6000 余元。

抢劫常发生在行人稀少或夜深人静时，这种情况下要外出应结伴而行，走灯光明亮的道路，避开昏暗地段。新生对学校周边的情况不熟悉，不要夜出，更不要随身携带大量现金。

（一）校园抢劫案件的特点

1．抢劫对象

抢劫的主要对象是单身行走的学生，特别是单身行走的女生。

2．作案地点

有不少学校的校园很大，有些学校位置偏僻、远离闹市，在这些校园内可能发生抢劫案件。另外，在比较偏僻、人少的地方，如树林、小山、无路灯的小道和正在施工的建筑物内，都比较容易发生抢劫案件。

典型案例

某校学生与女友准备回校，途经校外某村。当时村庄内没有路灯，昏暗一片。突然，冲出四五个持刀的男青年，其中一人将刀架在江某的脖子上让其跟他走，江某及女友只好顺从。歹徒将二人挟持到村庄后面的山坡上，用绳子将二人双手反绑，搜走他们身上的钱包、手机、银行卡等财物，并逼迫他们说出银行卡密码。之后，一歹徒到银行ATM上取款，得手后，歹徒才放江某及女友一条生路。

3．作案时间

抢劫发生的时间往往是在夜深人静或中午休息，校园内行人稀少的时候。

4．作案形式

校园抢劫的形式比较多样，归纳起来，主要有以下几种。

（1）一般均是团体作案，有两三个甚至更多的成员。

（2）早已选择好了地点（偏僻或昏暗处），往往采用“守株待兔”的形式。

（3）成员之间对“望风、断后路、实施抢劫”等均有明确的提前分工。

（4）提前计划好了得手后的逃跑路线，且一般都有摩托车等可以迅速逃逸的交通工具。

（5）他们基本上已经判断出目标防范意识差或防范能力弱。

典型案例

2013年5月17日晚上，江苏某校学生柳某一人行走在回学校的路上，此时路上已经鲜有人迹。“往哪里走？”就在柳某埋头往学校赶的时候，两名男子突然从路边跳了出来。“你在外面得罪人了，对方出3000元，要我们来卸掉你的胳膊。”两名男子恶狠狠地对他说。“我没有得罪什么人啊！”“我们不管，拿别人的钱，就要替别人办事情。”两名男子丝毫没有放走柳某的意思。“别伤害我，我身上有500元，全部都给你们，”柳某主动妥协了。“跟我们走，让你的朋友和亲戚再打点钱。”晚上11点30分左右，两名男子将柳某挟持至一家宾馆。在宾馆内，柳某通过亲朋好友，最终筹足了2000元，并将钱汇进了两名男子指定的账户。两天后，两名男子又用相同的方法抢劫了另一名学生江某1500元。经过警方缜密侦查，终于将这两个90后“网虫”抓获。

（二）发生抢劫抢夺时，应采取的措施

遭到抢劫、抢夺时，应当沉着冷静，仔细分析所处环境，采取适当的策略。

（1）案发时要尽力周旋。冷静观察身边的环境，利用砖头、木棍等与犯罪分子对峙，使其在短时间内无法近身，争取时间或对犯罪分子造成心理压力，以便伺机逃脱。

（2）巧妙麻痹作案人。当处于作案人的控制下而无法反抗时，可按照作案人的要求交出部分财物，并采取说服教育、晓以利害，与作案人说笑斗口，采取幽默方式表明自己已交出全部财物并无反抗的意图，使作案人放松警惕，以便自己看准时机进行反抗或逃脱。

（3）采用间接反抗法。要注意观察和记住作案人的特征（包括身高、年龄、体态、衣着、伤疤等），或趁其不备时在作案人身上留下记号，如在衣服上擦点泥土、血迹，在其口袋中放点有标记的小物件。在作案人得逞后注意其逃脱的方向。

（4）及时向公安机关、学校保卫部门报案，以利于案件侦破，追回损失。作案人得逞后，很有可能继续寻找下一个抢劫目标，甚至可能正在作案。及时向相关的部门报案提供有用的线索，可帮助他们更好地开展工作，早日将犯罪分子绳之以法。

（三）预防校园抢劫、抢夺案件的方法

（1）外出时不要携带大量的现金和贵重物品，必须携带时，应请同学随行。

（2）不外露或向人炫耀贵重物品。提取较大数额现金时，尽量在柜面点清楚，避免在大厅反复清点。

（3）夜间外出尽量向有人、有灯光的地方走。发现可疑人员跟踪，不要害怕，可以大声呼叫同学、老师的名字。

（4）不要将装有贵重物品的包随便放在自行车筐里，车筐不是保险箱，物品很容易被夺走。有些歹徒盯上目标后，还常常会在目标的自行车轮上缠绕麻绳、铁丝等，一旦车主埋头清理时，就飞快下手将车筐里的物品抢走。

（5）歹徒作案时通常会使用摩托车等交通工具，得手后会迅速逃离。靠内侧行走无疑会增加歹徒作案的难度。最好将包斜挎，如果靠右行走，包最好也在右边，如果是两人并行，则包最好在两人中间比较安全。

四、积极预防诈骗造成的财产损失

学生诈骗案件是指以在校学生为作案目标，以非法占有为目的，用虚构事实或隐瞒真相的方法骗取数额较大财物行为的案件。诈骗案件由于一般不使用暴力，是在一派平静甚至“愉快”的气氛下进行的，因此学生往往更容易上当。

诈骗方式有合同诈骗、假金元宝诈骗、利用求财心理诈骗、在特定场所如银行门前诈骗、中大奖骗局、利用公话诈骗、碰撞丢钱诈骗等。针对学生诈骗主要是职场陷阱，包括试用期陷阱、工资陷阱、智力陷阱等。

（一）校内诈骗易得手的原因

（1）思想单纯，防范意识较差。

（2）爱慕虚荣，遇事不够理智。

（3）有求于人，交友行事草率。

（4）贪图小便宜，急功近利。

（二）校内诈骗作案的主要手段

1．假冒身份，流窜作案

诈骗分子往往利用假名片、假身份证与学生进行交往，有的还利用捡到的身份证等在银行设立账号提取骗款。骗子为了既能骗得财物又不暴露自己，通常采用游击方式流窜作案，财物到手后即逃离。还有人以骗到的钱财、名片、身份证、信誉等为资本，再去诈骗其他人、重复作案。

2．投其所好，引诱上钩

一些诈骗分子往往利用学生急于就业的心理，投其所好，应其所急，施展诡计，骗取财物。

3．真实身份，虚假合同

利用假合同或无效合同诈骗的案件，近几年有所增加。一些骗子利用学生经验少，法律意识差，急于赚钱贴补生活的心理，常以公司的名义、真实的身份让学生为其推销产品，事后却不兑现承诺和酬金而使学生上当受骗。对于类似的案件，由于事先没有完备的合同手续，处理起来比较困难，往往时间拖得比较长，花费了许多精力却得不到应有的回报。

4．借贷为名，骗钱为实

有的骗子利用学生贪图便宜的心理，以高利集资为诱饵，使学生上当受骗。个别学生常以“急于用钱”为借口向其他同学借钱，然后却挥霍一空，要债的追紧了就再向其他同学借款补洞，拖到毕业一走了之。

5．以次充好，恶意行骗

一些骗子利用学生“识货”经验少，又苛求物美价廉的特点，上门推销各种产品而使学生上当受骗。更有一些到办公室、学生宿舍推销产品的人，一旦发现室内无人，就会“顺手牵羊”，然后溜之大吉。

6．招聘为名，设置骗局

诈骗分子常利用一切机会与学生拉关系、套近乎，或表现出相见恨晚而故作热情，或表现得十分感慨以朋友相称，骗取信任后寻求机会作案。

学生为了减轻家里的负担，很希望有勤工俭学的机会，在求职时，急于求成，有时病急乱投医。诈骗分子往往用招聘的名义，对一些“无知”的学生设置骗局，骗取介绍费、押金、报名费。

知识拓展

花样百出的招聘骗局

招聘骗局花样百出，仅招聘广告中设的陷阱就有多种。毕业生要特别注意防止一下几种招聘广告。

（1）垃圾式招聘。招聘广告贴在马路边、电线杆、私人民宅及劳动市场的外墙上，大多数是为了捞取报名费。

（2）中介式招聘。招聘条件低，不透露公司细节，先交咨询费。以中介公司为名义，张贴各种求职信息，并以管吃管住等优惠条件骗取信任，让求职者信以为真。一旦交了报名费和押金，便人去楼空。或以著名企业的名义招工行骗，由于著名企业影响较大，等交了报名费，去报到的时候，企业被搞得莫名其妙。

（3）永久式招聘。广告长期有效，长年招聘，且报名不受任何限制者。

（4）爆炸式招聘。一次招人过百，岗位从总经理到属下员工一线贯穿，除非新建公司，否则大多数都是恶意炒作。

（5）单线式招聘。联系方式模糊，仅有手机，大多数都是私人作坊，侥幸进去后自身利益很难得到保证。

（6）色情式招聘。打着急招“公关先生”、“公关小姐”字样，或发廊急招小工等，对求职心切的毕业生骗财骗色，以高工资、优惠待遇骗取年轻女性信任后，使这些涉世不深的学生财色双失。

（7）无收入招聘。一些小店长年在门口竖着“急聘”广告，可能是真的要人，不过却无工资，需要靠你揽钱提成，自己给自己发工资。有的骗子承包了某项目，招工后却不签订劳动合同，项目完成时，骗子拿着承包款失踪，应聘者不但拿不到工资，甚至骗子是谁都不清楚。

（8）拔高式招聘。打出招聘领班、主管的旗号，多数不能兑现，需要经过漫长的考核期，是“高招低用”。

（9）错位式招聘。公司简介多而精，招聘人员少而稀，大多是公司借招聘之名行广告之实。

（10）补偿式招聘。刚在内部大幅裁员，却又跑到人才市场扯起横幅大规模招人，是这些公司为了裁人转移视线。

（三）预防校内诈骗的方法

（1）观察学习，提高防范意识。

（2）交友需谨慎，避免以感情代替理智。

（3）与同学和老师之间多沟通，相互帮助。

（4）服从校园管理，自觉遵守校纪校规。

（5）不贪钱财，不图便宜，慎重对待他人的财物请求。

（6）学会自我保护，保护自身信息秘密。

总之，做老实人，不贪横财，要坚信“馅饼不会从天上掉下来”。

思考与探究

1．什么是财产安全？财产安全问题存在的原因是什么？

2．如何预防盗窃造成的财产损失？

3．如何预防抢劫、抢夺造成的财产损失？

4．如何预防诈骗造成的财产损失？

卫生安全的预防与处置

学习目标

1. 加强对公共卫生安全的认识;
2. 了解并掌握典型疾病的预防与处置措施。

在日常生活中，人们时常会遭遇到饮食及各类疾病的侵袭，给人身安全造成侵害，轻则导致身体不适，重则损害身体，甚至导致人的伤残和死亡。如果发生在学校，将会影响学生的学习、生活。因此在学校应积极做好卫生安全和疾病防控工作，有效保护自身安全和权益，保障学生学习顺利进行及身体健康。

一、认识公共卫生安全

（一）公共卫生安全概念

传统的公共卫生概念指的是大庭广众之下的卫生，包括不随地大小便，不随地吐痰这样的行为。随着社会的发展，这些现象已经不存在了。但公共卫生问题却没有彻底解决，现在公共卫生的概念指的是防治疾病、延长寿命、改善身体健康的功能。狭义的公共卫生安全指的是控制传染病、食品安全、职业卫生、学校卫生、放射卫生和环境卫生。而公共卫生安全是公共卫生产生的后果，像传染病、食物中毒都是公共卫生没做好引起的不良后果。我国正进入城镇化建设，人口密度越来越高，一旦有传染病出现，不加以防范，就会迅速蔓延，影响更多的人；食品安全包括粮食和加工两方面，粮食安全指的是粮食原材料，如大米、小麦，一旦在种植中被污染是无法洗净的，如镉大米；加工安全指的是在加工过程中以次充好，将有病毒的食物提供给消费者，像用病猪肉加工的香肠，用病禽肉加工成的烤鸡烤鸭及“羊肉串”之类，都会影响大众健康。放射卫生和科技发展有关，一些新兴的科技产品报废后处理不当会引起放射方面的污染；现在的空气污染包括空气、汽车尾气及房屋装修中的甲醛等。职业院校中的公共卫生安全主要是传染病控制、食品安全和放射卫生及环境卫生。

（二）学校公共卫生安全存在的问题

目前，很多职业院校学生对于公共卫生安全知识没有完全了解，有的人心目中的公共卫生知识还是传统的不随地吐痰、不随地大小便、饭前洗手这样的内容，对于一些新增的公共卫生知识不太在意，如吸二手烟，上网过度对身体的影响等。当前职业院校公共卫生安全方面所存在的问题主要包括三类：①对疾病认识存在的问题；②对食品安全认识存在问题；③生活习惯造成的卫生安全。

此外，最近几年，一些学生有严重的心理疾病，为一点小事就持刀伤人、投毒，这也是公共卫生安全中的问题。这些问题还要从心理疏导上入手。对于和学生公共卫生有直接关系的后勤部门，如食堂、宿舍管理部门，学校监管工作也有待提高。有些学校后勤部门过分追求经济效益，在食材采购上不讲究质量，只图便宜，一些学校食堂发生集体食物中毒事件就是这个原因。在医疗方面，一些学校医疗室重医疗轻预防，对于一些常见的、通过预防就能阻止的小毛病没有做好事先预防。

二、各类典型疾病的预防与处置

（一）猝死

猝死的诱因主要分为心脏性和非心脏性两大类，预防猝死的主要措施包括要积极治疗原有的疾病，如高血压，冠心病等，戒烟限酒合理膳食，防止肥胖，避免精神过度紧张，适当运动，生活要有规律等。

典型案例

近年来，全国发生多起学生猝死事件，2012 年 11 月 27 日早上，广东某校信息系一名学生被发现猝死在寝室中，其同学认为熬夜是导致其猝死的主要原因；2012 年 6 月，山东某校 20 岁女生猝死，因为考试及找工作的压力，猝死前两个月长期熬夜；2012 年 11 月，四川某校学生张某参加校园活动时猝死；2013 年 6 月，江苏某校学生在打篮球时突然倒地猝死；2014 年 3 月江苏某校学生与同学在校外聚餐返回途中，突然感觉胸闷，倒地后，不省人事经抢救无效猝死。

1．猝死

（1）猝死。猝死是指自然发生、出乎意料的突然死亡，是指貌似健康而无明显症状的人由于潜在某种疾病或功能障碍，所引起的突然意外的非暴力性死亡，其完整术语为“急速的意外的自然性疾病死亡”。

（2）特点。猝死有 3 个特点：一是从发病到死亡非常快；二是猝死常发生在看似健康的人身上，通常具有不可预测性；三是均为自然死亡或非暴力死亡。目前流行的定义有 1 小时内、6 小时内和 24 小时内死亡 3 种说法。世界卫生组织定义急性症状发生后 6 小时内死亡为猝死。心、脑血管疾病、胰腺炎、剧烈运动、某些药物等，都可以造成猝死。猝死 90%以上的是心因性死亡。

（3）原因与诱因。猝死可分为心脏性和非心脏性两大类，而心脏性猝死是突然自然发生死亡的最常见的原因，占 70%左右；而心脏性猝死中，冠心病约占 70%，其他心脏病约占 20%，如心肌病、心肌炎等，另外约 10%心脏无器质性改变，而是交感神经过度兴奋导致儿茶酚胺大量释放的结果。这些心脏疾病都会导致心脏突然停止有效收缩，造成全身供血严重不足。因时间较短，患者一般得不到及时抢救，以致死亡。

心脏性猝死的主要原因有争吵、过度兴奋、紧张、运动、过度疲劳、压力过大、炎热、大量饮酒、大量抽烟、生活不规律等不健康的生活方式，原有冠心病、心肌病、高血压性心脏病、慢性心瓣膜病、先天性心脏病等疾病患者属高危人群，亚健康群体也在此列——在猝死的案例中，有很多人是没有任何症状的，甚至也没有高血压、高血脂的危险因素，这个群体平均年龄不大，因此并不是很重视自身的健康问题，而且他们长期处于紧张工作和巨大的心理压力下，身心俱疲，在运动、兴奋的诱因之下成为猝死的高危群体。

非心脏性猝死的诱因主要包括脑出血、肺栓塞、急性坏死性胰腺炎、哮喘、过敏、猝死症候群、葡萄球菌性暴发性紫癜、毒品和某些药品过量也易造成猝死。

2．防范措施

（1）积极治疗原有疾病。患有高血压、冠心病的患者注意心血管疾病的“魔鬼时间”：从凌晨至早上 10 点这段时间都是心血管疾病的高发时段，被医学界称为“魔鬼时间”。

（2）戒烟限酒。吸烟者的冠心病发病率较不吸烟者高 3.6 倍，吸烟与其他危险因素如高血压、高胆固醇有协同作用，可以使冠心病的发病危险性成倍增加；尼古丁可使冠状动脉痉挛，加重猝死的风险。

（3）合理膳食。选择高蛋白质、易消化的食物，如鱼、牛奶、大豆等。宜吃植物食用油如橄榄油、花生油、玉米油、豆油等。选择清淡饮食，多食富含食物纤维的粗粮、蔬菜，增加维生素的摄入。多食新鲜瓜果，控制甜食。低盐饮食，少吃煎、炸、熏、烤和腌制的食物。用餐不宜过饱。

（4）防止肥胖。肥胖给心血管系统带来不利的负担，体重超过 5 千克，心脏的负担即增加 10%。

（二）艾滋病

1．艾滋病

（1）艾滋病。艾滋病是一种危害性极大的传染病，由感染艾滋病病毒（HIV 病毒）引起。HIV 是一种能攻击人体免疫系统的病毒。它把人体免疫系统中最重要的 T 淋巴细胞作为主要攻击目标，大量破坏该细胞，使人体丧失免疫功能。因此，人体易于感染各种疾病，并可发生恶性肿瘤，病死率较高。HIV 在人体内的潜伏期平均为 8～9 年，患艾滋病以前，可以没有任何症状地生活和工作多年。

（2）临床表现。发病以青壮年较多，发病年龄 80%在 18～45 岁，即性生活较活跃的年龄段。在感染艾滋病后往往患者会患有一些罕见的疾病如肺孢子虫肺炎、弓形体病、非典型性分枝杆菌与真菌感染等。

HIV 感染后，最开始的数年至 10 余年可无任何临床表现。一旦发展为艾滋病，病人就会出现各种临床表现。一般初期的症状如同普通感冒、流感样，可有全身疲劳无力、食欲减退、发热等，随着病情的加重，症状日见增多，如皮肤、黏膜出现白色念球菌感染，出现单纯疱疹、带状疱疹、紫斑、血疱、淤血斑等；以后渐渐侵犯内脏器官，出现原因不明的持续性发热，可长达 3～4 个月；还可出现咳嗽、气促、呼吸困难、持续性腹泻、便血、肝脾肿大、并发恶性肿瘤等。临床症状复杂多变，但每个患者并非上述所有症状全都出现。侵犯肺部时常出现呼吸困难、胸痛、咳嗽等症状；侵犯胃肠可引起持续性腹泻、腹痛、消瘦无力等症状；还可侵犯神经系统和心血管系统。

① 一般症状：持续发烧、虚弱、盗汗，持续广泛性全身淋巴结肿大。特别是颈

部、腋窝和腹股沟淋巴结肿大更明显。淋巴结直径在 1 厘米以上，质地坚实，可活动，无疼痛。体重下降在 3 个月之内可达 10%以上，最多可降低 40%，病人消瘦特别明显。

② 呼吸道症状：长期咳嗽、胸痛、呼吸困难、严重时痰中带血。

③ 消化道症状：食欲下降、厌食、恶心、呕吐、腹泻、严重时可便血。通常用于治疗消化道感染的药物对这种腹泻无效。

④ 神经系统症状：头晕、头痛、反应迟钝、智力减退、精神异常、抽搐、偏瘫、痴呆等。

⑤ 皮肤和黏膜损害：单纯疱疹、带状疱疹、口腔和咽部黏膜炎症及溃烂。

⑥ 肿瘤：可出现多种恶性肿瘤，位于体表的卡波济肉瘤可见红色或紫红色的斑疹、丘疹和浸润性肿块。

（3）治疗。目前在全世界范围内仍缺乏根治 HIV 感染的有效药物。现阶段的治疗目标是：最大限度和持久的降低病毒载量；获得免疫功能重建和维持免疫功能；提高生活质量；降低 HIV 相关的发病率和死亡率。本病的治疗强调综合治疗，包括一般治疗、抗病毒治疗、恢复或改善免疫功能的治疗及机会性感染和恶性肿瘤的治疗。

① 一般治疗：对 HIV 感染者或获得性免疫缺陷综合征患者均无须隔离治疗。对无症状 HIV 感染者，仍可保持正常的工作和生活。应根据具体病情进行抗病毒治疗，并密切监测病情的变化。对艾滋病前期或已发展为艾滋病的患者，应根据病情注意休息，给予高热量、多维生素饮食。不能进食者，应静脉输液补充营养。加强支持疗法，包括输血及营养支持疗法，维持水及电解质平衡。

② 抗病毒治疗：抗病毒治疗是艾滋病治疗的关键。随着采用高效抗逆转录病毒联合疗法的应用，大大提高了抗 HIV 的疗效，显著改善了患者的生活质量。

2. 防范措施

目前尚无预防艾滋病的有效疫苗，因此最重要的是采取预防措施。其方法如下。

（1）坚持洁身自爱，不卖淫、嫖娼，避免婚前、婚外性行为；

（2）严禁吸毒，不与他人共用注射器；

（3）不要擅自输血和使用血制品，要在医生的指导下使用；

（4）不要借用或共用牙刷、剃须刀、刮脸刀等个人用品；

（5）使用安全套是性生活中最有效地预防性病和艾滋病的措施之一；

（6）要避免直接与艾滋病患者的血液、精液、乳汁和尿液接触，切断其传播途径。

（三）癌症

1. 癌症

（1）概念。在医学上，“癌”是指起源于上皮组织的恶性肿瘤，是恶性肿瘤中最常见的一类。相对应的，起源于间叶组织的恶性肿瘤统称为肉瘤。有少数恶性肿瘤不按上述原则命名，如肾母细胞瘤、恶性畸胎瘤等。一般人们所说的“癌症”习惯上泛指所有恶性肿瘤。

（2）原因。

① 外界因素。

第一，化学因素：如烷化剂、多环芳香烃类化合物、氨基偶氮类、亚硝胺类、真菌毒素和植物毒素等，可诱发肺癌、皮肤癌、膀胱癌、肝癌、食管癌和胃癌等。

第二，物理因素：电离辐射，如 X 线可引起皮肤癌、白血病等，紫外线可引起皮肤癌，石棉纤维与肺癌有关，滑石粉与胃癌有关，烧伤深瘢痕和皮肤慢性溃疡均可能发生癌变等。

第三，生物因素：主要为病毒，其中 1/3 为 DNA 病毒，2/3 为 RNA 病毒。DNA 病毒如 EB 病毒与鼻咽癌、伯基特淋巴瘤有关，人类乳头状病毒感染与宫颈癌有关，乙型肝炎病毒与肝癌有关。RNA 病毒如 T 细胞白血病/淋巴瘤病毒与 T 细胞白血病/淋巴瘤有关。此外，幽门螺杆菌感染与胃癌发生也有关系。

② 内在因素。

第一，遗传因素：真正直接遗传的肿瘤只是少数不常见的肿瘤，遗传因素在大多数肿瘤发生中的作用是增加了机体发生肿瘤的倾向性和对致癌因子的易感性，如结肠息肉病、乳腺癌、胃癌等。

第二，免疫因素：先天性或后天性免疫缺陷易发生恶性肿瘤，如丙种蛋白缺乏症患者易患白血病和淋巴造血系统肿瘤，肾移植后长期使用免疫抑制剂的患者，肿瘤发生率较高，但大多数恶性肿瘤发生于免疫功能“正常”的人群，主要原因在于肿瘤能逃脱免疫系统的监视并破坏机体免疫系统，机制尚不完全清楚。

第三，内分泌因素：如雌激素和催乳素与乳腺癌有关，生长激素可以刺激癌的发展。

2．防范措施

国际抗癌联盟认为，1/3 的癌症是可以预防的，1/3 的癌症如能早期诊断是可以治愈的，1/3 的癌症可以减轻痛苦，延长生命。据此提出了恶性肿瘤的三级预防概念：

一级预防是消除或减少可能致癌的因素，防止癌症的发生。约 80%的癌症与环境和生活习惯有关，改善生活习惯，如戒烟，注意环境保护较为重要。近年来的免疫预防和化学预防均属于一级预防，如乙型肝炎疫苗的大规模接种，选择性环氧化酶 2（COX-2）抑制剂对结直肠腺瘤进行化学预防等。

二级预防是指癌症一旦发生，如何在早期阶段发现并予以及时治疗。对高发区和高危人群定期检查，一方面从中发现癌前病变并及时治疗，另一方面尽可能发现较早期的恶性肿瘤进行治疗，可获得较好的治疗效果。

三级预防是治疗后的康复，提高生存质量，减轻痛苦，延长生命。包括各种姑息治疗和对症治疗。对癌痛的治疗，世界卫生组织提出三级止痛方案，基本原则为由非吗啡类药物过渡到吗啡类药物；由小剂量开始，根据止痛效果逐步增加剂量；以口服为主，无效时直肠给药，最后注射给药；定期给药。

思考与探究

1．职业院校学生公共卫生安全存在哪些问题？
2．如何预防各类典型的疾病，如猝死、艾滋病、癌症？
3．怎样从改变不良生活习惯做起，预防各种疾病？

模块七

网络侵害行为的预防与应对

学习目标

1. 加强对网络侵害行为的认识；
2. 掌握各类网络侵害行为的预防与应对措施。

互联网自 20 世纪 90 年代落户中国以来，以“世界触手可及”之优势，颠覆性地改变着人们传统的学习、工作、生活方式。通过网络，可以足不出户地购得自己中意的商品；通过网络，可以不需要见老师就可以享受面对面的辅导；通过网络，可以便捷地获取自己需要的信息。网络使人们的沟通更加便捷，生活愈发丰富多彩。但是，当感受到网络积极作用的同时，我们必须注意到，一些人特别是部分学生沉迷于虚幻的网络中，对网络信息缺乏必要的甄别能力，自我保护意识淡薄，给别有用心的人提供了可乘之机。一些不法分子利用网络的隐蔽性和少数学生对网络的轻信，发布虚假信息，实施骗钱害人的违法犯罪行为。现实生活中，因迷恋、轻信网络而上当受骗甚至酿成悲剧的事情屡屡发生，给部分学生及其家庭带来了严重危害，也影响了社会安定和谐。作为当代职业院校学生，了解网络活动中可能遇到的安全问题，掌握基本的防范方法和相关的法律知识，是避免在网络活动中受到伤害，保障个人健康成长的重要内容。

一、认识网络侵害行为

（一）概述

1．网络侵害行为

网络侵害行为就是指网络传播者、网络平台及网络接受者三者之间在传播互动中所产生的不利传播行为。

2．网络侵害行为的类型

网络侵害主要表现为计算机网络犯罪，包括技术性破坏行为，利用互联网制作、复制和传播有害信息，网络诈骗和窃密活动等。黑客攻击、计算机病毒等技术性破坏行为是典型的网络侵犯行为，这种侵犯行为很能体现网络侵犯行为的舆情内涵。

（二）影响

1．网络侵害行为对财产安全的威胁

随着互联网电商的快速发展，越来越多的人通过网络进行购物或者财产转移，更多人使用网上银行、手机银行。然而，在对利益的觊觎和驱动下，有些不法分子利用网络平台对他人的财产进行窃取，产生了网络侵害行为，严重侵犯了网民的财产安全权。

网络侵害行为对财产权安全的威胁表现在两个方面，一方面，网络侵害行为侵犯了人们的虚拟财产。所谓虚拟财产主要是指存储于网络空间的具有货币价值的金钱，能够进行网络交易的虚拟货币，在日常生活中较为常见的就是将银行卡里的金钱充值到支付宝平台中，利用网络交易的形式进行消费，再比如人们所说的“装备”“积分”等，都可以被称为虚拟财产。另一方面，通过网络平台进行欺诈行为，主要表现为受害者在并不知情的情况下损失财产。

2．网络侵害行为对人格权的威胁

在网络平台中，倡导网络面前人人平等的和谐精神，人们都追求网络言论自由化和平等化。虽然网络言论自由是每个公民的权力，但是很多公民没有意识到应该正确行驶言论自由权。当前社交网络非常发达，人们会通过社交网络传播自己的观点和想法，然而会有些思想较为极端并且带有侵害思想的人对他人进行恶意诋毁和故意中伤。这种行为已经构成了对他人人格权的网络侵害行为。

3．网络侵害行为对国家安全的威胁

随着办公无纸化越来越普及，我国政府部门都在广泛应用互联网进行办公。国家安全信息需要高度的互联网安全保障，那么国家信息的安全竞争就演变成了一场无声的“网络竞争”。据统计，世界上很多国家包括我国，每年都在遭受着网络侵害，我国境内公安系统的主服务器仍会被“木马程序”“僵尸程序”等恶意攻击。

（三）原因分析

1．网络安全意识较为淡薄

职业院校学生目前对于网络的利用多为娱乐和社交等，网络安全意识比较淡薄，对网络安全的威胁没有形成深刻的防范意识。这就为不法分子的不法行为制造了一个温床，使网络失范行为的发生率有所提高。

2．网络侵害行为相关法律存在漏洞

就我国目前的法律体系来看，没有很完整且很细致的法律法规是针对互联网侵害行为而制定的。由于网络侵害行为存在很多隐蔽性和非法性，使得法律无法估计到每个角落，网络侵害行为就钻法律的空子乘虚而入。

3．过于依赖网络软件技术

对于网络平台来说，网络能够应用起来，依靠的就是网络软件程序及硬件资源，因此在网络技术层面，软件技术的地位更为关键，网络运行要依靠软件技术支撑。如果软件受到攻击和破坏，就会受到网络侵害行为的侵犯，造成网络瘫痪，信息会大量泄露出去。

二、网络侵害行为的预防与应对

（一）加强法律意识，恪守网络道德

1．学习互联网法律法规，依法上网

为规范网民合法使用互联网，国家相关部门制定并出台了一系列法律法规。这些法律法规尽管规范的对象有所不同，但其价值取向都是一致的，那就是确保互联网信息高速公路的畅通，保障国家和网民利益免受损害。在使用互联网的时候，应当自觉地学习和了解相关的法律法规，做到依法上网。

（1）互联网相关法律法规概要。从 1994 年国务院颁布第一部计算机法规《中华人民共和国计算机信息系统安全保护条例》以来，我国已陆续出台 40 余部互联网法律法规，涉及国际联网、信息服务、著作权保护、域名管理等多个方面。

① 规范信息服务的法律法规《互联网信息服务管理办法》于 2000 年 9 月 25 日由国务院颁布。这是专门针对互联网信息服务出台的管理办法。管理办法确立了网站备案制度，对网站服务内容和信息发布内容作了相关限制规定。《互联网电子公告服务管理规定》于 2000 年 10 月 27 日由信息产业部颁布。这是一部针对 BBS、网络论坛、聊天室和留言板等用户参与公开发言的网络电子公告服务所指定的法规，对电子公告服务的开设和发布进行了相关规定，规范了电子公告服务系统中的信息发布。

② 互联网著作权保护方面的法律法规《互联网著作权行政保护办法》于 2005 年 4 月 30 日由信息产业部和国家版权局联合颁布，旨在加强互联网信息服务活动中信息网络传播的行政保护，规范行政执法能力。办法规定了互联网信息服务活动中的信息网络传播权的管辖部门、处罚所适用的法律，并对著作权人、互联网信息服务提供者、互联网内容提供者三方的权利义务进行较为详细的规定。

（2）重点法律条款解读。《中华人民共和国计算机信息网络国际联网管理暂行规定》第六条规定："计算机信息网络直接进行国际联网，必须使用邮电部国家公用电信网提供的国际出入口信道。任何单位和个人不得自行建立或者使用其他信道进行国际联网。"该条文规定了中国计算机网络的国际出口只能由邮电部国家公用电信提供，通过其他任何方式私自进行国际互联网都为非法。

2．恪守网络道德，做文明网民

说到网络道德，人们会误以为只是那些攻击计算机的黑客才需要遵守，其实每一个行走网络的人都需要遵守。打球有打球的规则，玩游戏有玩游戏的规则，各行有各行的规则，行走网络自然也要遵守网络的规则，那便是网络道德。网络道德是人性道德的折射。网络虽然是虚拟的，但也是现实存在的，每一个成员都要自觉遵守网络道德，才能让人们所喜爱的、丰富多彩的网络"天空更蓝，水更清，空气更清新"，才能优化网络环境，才能使我们的社会更加文明、和谐。

行走网络要尊重他人。聊天时要用文明语言，不要出口伤人；不要强人所难，不要侮辱他人人格，不要狂妄自大，自以为高人一等，这样是达不到与人交流的目的的，也不会有人愿意与你交流，你将变成孤家寡人，最终被淘汰出局。除此之外尊重别人的劳动成果，也是对他人的尊重，包括网络发表的文章、FLASH 作品，喜欢时要转载，应该注明原作者。抄袭或者复制并署上自己的姓名，这都是对他人的不尊重。面对求助者，要有爱心，尽力相助。尊重他人是现代文明的基石，尊重他人将得到他人的尊重。

网络交往是现实人际交往的延伸，在网络中不要随便制造、传播谣言，扰乱网络秩序；不进行行骗活动，不传播病毒。网络交往还要真诚，不要总把自己说得天花乱坠，诱骗那些涉世不深的少男少女，让他们受到情感的伤害。网络交往更多地反映在网聊上，网聊包括相熟朋友之间，也包括陌生人之间。为他人保密也是重要的网络道德之一。把别人不希望第三人知道的情况或是隐私透露给他人，是不道德的行为。

网络，使大容量的信息得以快速传递，为人们了解时事、学习知识、与人沟通、休闲娱乐等提供了便捷的条件，这无疑映射了人类文明的进步。网络是人们共同的生活空间，共负建设文明、健康的网络环境的责任。在网络世界，可以自由驰骋，可以潇洒无羁；在网络世界，可以娓娓细说，可以表达自己的心声，但我们要遵守网络的基本道德。每一位行走网络的职业院校学生，都应自觉遵守《全国青少年网络文明公约》，即“要善于网上学习，不浏览不良信息；要诚实友好交流，不侮辱诈骗他人；要增强自护意识，不随意约会网友；要维护网络安全，不破坏网络秩序；要有益身心健康，不沉溺虚拟时空”，共同营造一个文明、优雅的网络环境！

（二）远离网络诱惑，杜绝网络成瘾

网络、电信的发展使学生的交往面空前扩大，但同时也带来了信息安全的问题。网络信息具有及时性、虚拟性、交互性、共享性、多样性、开放性等特征；对用户来讲，使用时又具有匿名性；再加上职业院校学生心理具有不成熟性、不愿承担责任、好奇心强、追求刺激、自由时髦的特征，所以，上网成为学生最为时尚的学习、娱乐、休闲的方式。

一些学者在青少年网民中进行了一项调查，结果令人担忧：承认自己曾经浏览过色情网站的占 34.6%，承认经常去看的有 4.9%。其中，很多青少年因此而荒废学业，成为“电子海洛因”的吸食者，对身心造成了严重的损害。

典型案例

自从恋上网吧后，苏煜（化名）便走向了不归路。今年 6 月份，在与家里失联 4 个月后，他突然躺在了家门口的大街上，手、脚肿胀，不省人事。送到当地医院后，医生检查后发现，他的肺“全烂了”，被诊断为严重肺结核，病灶已经吞噬了他大部分的肺。

“都是作孽呀，现在花了快 10 万了，还没治好。”昨天，在省胸科医院病房内，苏煜的父亲向记者说，目前，他一方面奢望能有爱心人士帮帮他，另一方面也是想以儿子的惨痛经历给那些彻夜在网吧上网的孩子提个醒：别再拿命拼了。

1．网络成瘾概述

（1）概念。网络成瘾症（IAD）也称为病理性网络使用（PIU），主要表现为对网络有心理依赖感，不断增加上网时间；从上网行为中获得愉快和满足，下网后感到不快；在现实生活中花很少的时间参与社会活动和与他人交往；以上网来逃避现实生活中的烦恼和情感问题；倾向于否定过度上网给自己的学习、工作和生活造成的损害。

（2）原因。第一，青少年相对缺乏自我控制能力，希望通过网络游戏等方式来舒缓自己的压力，摆脱孤独，满足成就感。第二，家庭教育的失误，如一些家长除了关心孩子的成绩外，对于他们的其他方面并不太过问，因此，虚拟的网络世界成了他们释放压力，获得平等的好去处。

（3）危害。第一，生理危害。长期沉迷于网络会导致不能维持正常的睡眠周期，停止上网时出现失眠、头痛、注意力不集中、消化不良、恶心厌食、体重下降等问题。第二，心理危害。网瘾不仅会带来生理上的伤害，还会带来心理上的伤害。其具体表现为易出现注意力不能集中和持久，记忆力减退，对其他活动缺乏兴趣，为人冷漠，缺乏实践感，情绪低落等情况，严重的会出现人格障碍等问题。

2．网络成瘾的识别

（1）症状表现：极度恋网、不谙人际、身心疾病。

（2）网瘾自测表如下所示。

网瘾自测表

条　目	内　容
1	你是否对网络过于关注（如下网后还想着它）
2	你是否感觉需要不断增加上网时间才能感到满足
3	你是否难以减少或控制自己对网络的使用
4	当你准备下线或停止使用网络的时候，是否感到烦躁不安，无所适从
5	你是否将上网作为摆脱烦恼和环境不良情绪（如紧张、抑郁、无助）的方法
6	你是否对家人或朋友遮掩自己对网络的着迷程度
7	你是否由于上网影响了自己的工作状态或朋友关系
8	你是否常常为了上网花很多钱
9	你上网时间是否经常比预期的要长
10	你是否下网时觉得心情不好，只要上网就会来劲头

回答一个“是”得 1 分，你的总分为 5 分以上（包括 5 分）说明你的网瘾很大，得 8 分以上就需要诊断是否患了网络成瘾症。

3．网络成瘾症的治疗方法

（1）科学安排上网时间，合理利用互联网。首先，要明确上网的目标，上网之前应把具体要完成的工作列在纸上，有针对性地浏览信息，避免漫无目的地上网。其次，要控制上网操作时间。每天操作累计时间不应超过 1 小时，连续操作 1 小时后休息 30 分钟左右。再次，应设定强制关机时间，准时下网。

（2）培养健康、成熟的心理防御机制。研究表明，网络成瘾与人格因素（个性因素）有关，一定的人格倾向使个体易于成瘾，网络只是造成成瘾的外界刺激之一。因此，要不断完善自己的个性，培养广泛的兴趣爱好和较强的个人适应能力，学会合理宣泄，正确面对挫折，只有这样才会形成成熟的心理防御机制，不会一味地躲在虚拟世界中逃避失败与挫折。

（3）具体方法。

① 谈话法。家长、老师需要耐心的与学生进行交谈，让他们真正明白网络成瘾的不良影响，让他们心甘情愿去戒掉网瘾。另外，你必须设身处地地去跟学生谈心，让他感受到来自你的关心，感受到在你心目中他的重要性。

谈话的内容可以涉及以下几点内容：网络的利弊；什么是网络亚文化；你的优点和缺点；列举身边一些真实的例子（网络成瘾方面的）；成瘾与执着奋斗的区别；学习与娱乐的区别；自身的责任；等等。

② 药物法。戒网瘾也可以吃药，如百忧解、氟伏沙明（兰释）等西药都可以帮助戒除网瘾。据了解，未来的戒除网瘾药物主要包括抗抑郁剂和抗焦虑剂两种，这些药物全部都是处方药，由医生严格掌控。但大多数药物都具有很强的副作用，所以在使用的过程中要谨遵医生的叮嘱。

③ 强化训练法。强化训练法具体分为两个步骤：第一步是进行野外成长训练，在封闭环境中培养团队精神，学会与他人交流，转移对网络的依赖心理，这个阶段一般分为5～7天。第二步进行互动沟通，加强与学生的交流沟通，通过举行角色互换等活动体验学生的变化，最终帮助学生重塑价值观和人生目标，正确对待虚拟的网络世界，这一阶段大概持续两个月。

④ 代替法。要找到一种替代上网的活动，这种活动可以是健身、听音乐、交友、旅游等。用每个人所特有的爱好和休闲娱乐方式来转移注意力，使其暂时忘掉网络的诱惑。例如，喜欢体育运动的人可以通过打球等方式有效地转移注意力，以此来减少对网络的依赖。

小贴士

“网络诱惑”的方式主要有：

(1) 发送电子邮件，以虚假信息引诱用户中圈套；

(2) 建立假冒网上银行、网上证券网站，骗取用户账号和密码，实施盗窃；

(3) 利用虚假的电子商务进行诈骗；

(4) 利用“木马”和“黑客”技术等手段窃取用户信息后实施盗窃活动；

(5) 利用用户弱口令等漏洞破解、猜测用户的账号和密码。

（三）谨防信息陷阱，共享信息安全

随着信息技术的高速发展，无论是通信方式、管理系统，还是金融服务、网络传播，信息技术为各行各业工作效率的提高都奠定了基础。然而，有害程序、个人资料的泄露、信息陷阱等问题，成为信息安全的威胁；信息技术给人们带来种种便

利的同时，也潜藏着各种不安全的因素。

典型案例

2014 年年底，宁夏回族自治区银川市某公司的财务人员小王，在 QQ 上收到“公司老板张总”的消息。“张总”询问了小王公司账户的数额，随后发给他一个账号，要求小王将 96 万元工程款打入此账户。

小王去银行汇完款，回到公司正好碰到张总。就告诉张总，那笔工程款已经汇去了。张总纳闷，自己并没有让小王汇款啊！这时两人突然意识到遇到了骗子，便立即报警。

由于报警及时，警方马上冻结了骗子账户上的 30 万元。专案组经过两个多月的调查，抓获了犯罪嫌疑人，同时追回 10 万余元被骗款项。然而剩余的 50 余万元，早已被取走。

案发后，小王将自己的笔记本电脑拿到公安部门检查，警察发现，在小王的 QQ 邮箱里有一封携带病毒的陌生邮件，正是它盗取了小王的 QQ 信息。

骗子一般先在网上购买一款盗号木马，然后搜索各类财务人员的 QQ 群，以财务人员的名义加入群内，再给群成员群发以财务考试、会计师考试等为标题带有病毒的邮件，只要打开邮件点击链接，病毒便会进入计算机盗取 QQ 密码。

骗子顺利登录小王的 QQ，经过观察，找到了公司老板张总的 QQ 号。删掉张总的号，同时添加了一个和他 QQ 头像、昵称等完全一样的 QQ 号。就这样，骗子轻易骗取了 96 万元。

1．谨防信息陷阱

（1）信息陷阱。信息陷阱指的是不法分子利用可能的技术手段，违背法律、伦理道德，获取相关利益而导致的信息安全事件。不法分子充分利用了人们对能够获取利益、满足个人愿望的心灵期待，利用种种技巧，使人上当受骗。其类型包括病毒陷阱、色情陷阱、感情陷阱、钞票陷阱。

（2）预防方法。当前，网络陷阱花样繁多，新骗术的技术性很强，学生经常上当，对付网络陷阱防骗秘诀主要有三条。

① 戒贪，因为上当者大都是想贪小便宜的人。

② 戒黄，因为常见的“网络陷阱”很大一部分都是出自黄色网站。

③ 要做到“网通”，因为掌握了过硬的网络知识，才有可能识破各式各样的“网络陷阱”。

2．共享信息安全

1）概述

（1）信息安全：指的是信息网络的硬件、软件及其系统中的数据受到保护，不因偶然的或者恶意的因素而遭到破坏、更改、泄露，系统连续、可靠、正常地运行，信息服务不中断。信息安全的范围大到国家军事政治等机密安全，小到防范商业企业机密泄露，防范青少年对不良信息的浏览，防范个人信息的泄露等。

（2）类型。

① 窃取。非法用户通过数据窃听的手段获得敏感信息。

② 截取。非法用户首先获得信息，再将此信息发送给真实接收者。

③ 伪造。将伪造的信息发送给接收者。

④ 篡改。非法用户对合法用户之间的通信信息进行修改，再发送给接收者。

⑤ 拒绝服务攻击。攻击服务系统，造成系统瘫痪，阻止合法用户获得服务。

⑥ 行为否认。合法用户否认已经发生的行为。

⑦ 非授权访问。未经系统授权而使用网络或计算机资源。

⑧ 传播病毒。通过网络传播计算机病毒，其破坏性非常大，而且用户很难防范。

2）策略

信息安全策略，是指为保证提供一定级别的安全保护所必须遵守的规则。实现信息安全，不但要靠先进的技术，而且要靠严格的安全管理，完善的法律、法规及用户自身较高的安全意识。

（1）先进的信息安全技术。先进的信息安全技术是网络安全的根本保证。用户对自身面临的威胁进行风险评估，决定其所需要的安全服务种类，选择相应的安全机制，然后集成先进的安全技术，形成一个全方位的安全系统。

（2）严格的安全管理。各计算机网络使用机构、企业和单位应建立相应的网络安全管理办法，加强内部管理；建立合适的网络安全管理系统，加强用户管理和授权管理；建立安全审计和跟踪体系，提高整体网络安全意识。

（3）完善的法律、法规。目前，我国现行的法律、法规及规章中，与信息安全密切相关的有多部，它们涉及网络与信息系统安全、信息内容安全、信息安全系统与产品、保密及密码管理、计算机病毒与危害性程序防治、金融等特定领域的信息安全、信息安全犯罪制裁等多个领域，其中，还有多部全面规范信息安全的法律法规。依法处理危害信息安全的犯罪事件，震慑了违法犯罪分子，维护了计算机信息网络的正常秩序。

（四）警惕网络攻击，文明有序上网

典型案例

2014 年 1 月 21 日下午 3 点 10 分左右，国内通用顶级域的根服务器忽然出现异常，导致众多知名网站出现 DNS 解析故障，用户无法正常访问。虽然国内访问根服务器很快恢复，但由于 DNS 缓存问题，部分地区用户“断网”现象仍持续了数个小时，至少有 2/3 的国内网站受到影响。微博调查显示，“1•21 全国 DNS 大劫难”影响空前。事故发生期间，超过 85%的用户遭遇了 DNS 故障，引发网速变慢和打不开网站的情况。

2014 年 2 月，全球最大的比特币交易平台 Mt.Gox 由于交易系统出现漏洞，75 万个比特币及 Mt.Gox 自身账号中约 10 万个比特币被窃，损失估计达到 4.67 亿美元，被迫宣布破产。这一事件凸显了互联网金融在网络安全威胁面前的脆弱性。

1．概述

（1）网络攻击指的是利用网络存在的漏洞和安全缺陷对网络系统的硬件、软件及其系统中的数据进行的攻击。

（2）类型。

① 主动攻击。主动攻击会导致某些数据流的篡改和虚假数据流的产生。这类攻击可分为篡改、伪造消息数据和拒绝服务。

篡改消息。篡改消息是指一个合法消息的某些部分被改变、删除，消息被延迟或改变顺序，通常用以产生一个未授权的效果，如修改传输消息中的数据，将“允许甲执行操作”改为“允许乙执行操作”。

伪造消息数据指的是某个实体（人或系统）发出含有其他实体身份信息的数据信息，假扮成其他实体，从而以欺骗方式获取一些合法用户的权利和特权。

拒绝服务即常说的 DOS，会导致通信设备正常使用或管理被无条件地终端。通常是对整个网络实施破坏，以达到降低性能、终端服务的目的。这种攻击也可能有一个特定的目标，如到某一特定目的地（如安全审计服务）的所有数据包都被阻止。

② 被动攻击。被动攻击中攻击者不对数据信息做任何修改。通常包括窃听、流量分析、破解弱加密的数据流等攻击方式。

截取/窃听是指在未经用户同意和认可的情况下攻击者获得了用户信息或相关数据。

流量分析攻击方式适用于一些特殊场合，如敏感信息都是保密的，攻击者虽然从截获的消息中无法得到消息的真实内容，但攻击者能通过观察这些数据报的模式，分析确定出通信双方的位置、通信的次数及消息的长度，获知相关的敏感信息，这种攻击方式称为流量分析。

窃听是最常用的手段。目前应用最广泛的局域网上的数据传送是基于广播方式进行的，这就使一台主机有可能收到本子网上传送的所有信息。而计算机的网卡工作在杂收模式时，它就可以将网络上传送的所有信息传送到上层，以供进一步分析。如果没有采取加密措施，通过协议分析，可以完全掌握通信的全部内容，窃听还可以用无限截获方式得到信息，通过高灵敏接收装置接收网络站点辐射的电磁波或网络连接设备辐射的电磁波，通过对电磁信号的分析恢复原数据信号从而获得网络信息。尽管有时数据信息不能通过电磁信号全部恢复，但肯定能得到极有价值的情报。

由于被动攻击不会对被攻击的信息做任何修改，留下的痕迹隐避，或者根本不留下痕迹，因而非常难以检测，所以抗击这类攻击的重点在于预防，具体措施包括虚拟专用网 VPN，采用加密技术保护信息及使用交换式网络设备等。被动攻击不易被发现，因而常常是主动攻击的前奏。

被动攻击虽然难以检测，但可采取措施有效地预防，而要有效地防止攻击也是十分困难的，开销太大，抗击主动攻击的主要技术手段是检测，以及从攻击造成的破坏中及时地恢复。检测同时还具有某种威慑效应，在一定程度上也能起到防止攻击的作用。具体措施包括自动审计、入侵检测和完整性恢复等。

（3）危害。随着终端技术的迅速发展，特别是移动网络宽带的不断提高和手机智能化趋势的加强，手机的应用范围越来越广泛。手机的功能，也从最初的拨打电话，发展到现在的收发短信、微信、手机账户交易等。手机中的信息，不仅包括电话号码，还有网络交易账户、密码、个人财产资料甚至是公司商业机密等。而手机智能功能增强的同时，也比一般手机更容易受到“病毒”“流氓软件”“间谍软件”等的攻击和侵入。当机主用手机进行网游，使用手机购物、手机银行等功能时，如果机主没有对手机进行一些必要的防护，手机号码、机主姓名、消费习惯等一旦被不法分子利用，用户就会收到大量垃圾广告和无用信息。

2．应对方式

在对网络攻击进行上述分析和识别的基础上，我们应当认真制定有针对性的策略。明确安全对象，设置强有力的安全保障体系。有的放矢，在网络中层层设防，发挥网络的每层作用，使每一层都成为一道关卡，从而让攻击者无隙可钻、无计可施。还必须做到未雨绸缪，预防为主，将重要的数据备份并时刻注意系统运行状况。以下是针对众多令人担心的网络安全问题，提出的几点建议。

（1）提高安全意识。不要随意打开来历不明的电子邮件及文件，不要随便运行不太了解的人给的程序。尽量避免从 Internet 下载不知名的软件、游戏。即使从知名的网站下载的软件也要及时用最新的病毒和木马查杀软件对软件和系统进行扫描。

密码设置尽可能使用字母数字混排，单纯的英文或数字非常容易穷举。将常用的密码设置为不同，防止被人查出一个，连带到重要密码。重要密码最好经常更换。

及时下载安装系统补丁程式。

不随便运行黑客程序，不少这类程序运行时会发出自己的个人信息。

在支持 HTML 的论坛上，如发现提交警告，先看原始码，这类警告非常可能是骗取密码的陷阱。

（2）防火墙软件。使用防毒、防黑等防火墙软件。防火墙是用以阻止网络中的黑客访问某个机构网络的屏障，也可称为控制进、出两个方向通信的门槛。在网络边界上通过建立相应网络通信监视系统来隔离内部和外部网络，以阻挡外部网络的侵入。

（3）代理服务器。设置代理服务器，隐藏 IP 地址。保护自己的 IP 地址是非常重要的。事实上，即便你的机器上被安装了“木马”，若没有你的 IP 地址，攻击者也是没有办法的，而保护 IP 地址的最佳方法就是设置代理服务器。代理服务器能起到外部网络申请访问内部网络的中间转接作用，其功能类似于一个数据转发器，主要控制哪些用户能访问哪些服务类型。当外部网络向内部网络申请某种网络服务时，代理服务器接受申请，然后它根据其服务类型、服务内容、被服务的对象、服务者申请的时间、申请者的域名范围等来决定是否接受此项服务，如果接受，它就向内部网络转发这项请求。

（4）其他策略。将防毒、防黑当成日常例行工作，定时更新防毒软件，将防毒软件保持在常驻状态，以完全防毒；由于黑客经常会针对特定的日期发动攻击，计算机用户在此期间特别要提高警惕；对于重要的个人资料应做好严密的保护，并养成资料备份的习惯。

思考与探究

1．网络侵害产生的危害有哪些？
2．网络侵害出现的原因是什么？
3．网络侵害的预防与应对措施分别有哪些？

模块八

灾害及意外伤害事故的防范与应对

学习目标

1．加强对自然灾害的认识；
2．掌握各类自然灾害的防范与应对；
3．加强对人为灾害的认识；
4．掌握对各类人为灾害的防范与应对。

在日常生活中，职业院校学生可能会经历各种灾害事故的侵袭，如触电事故、爆炸事故、溺水事故及地震、洪水、台风、雷电、海啸、泥石流等。根据造成灾害的原因，可将灾害事故分为人为灾害和自然灾害。面对形式多样的灾害事故，许多学生不仅缺乏科学知识，也缺乏足够的防灾训练，极易出现集体恐慌。学生不仅应了解事故的危害，还应知晓应对事故的措施，加强防灾训练。防灾训练不仅可以提高国民公共素质，更是一种公共福利，通过系统的防灾训练，国家可增强抗打击力，人民的安全感也会大幅提高。若能意识到这些价值，也许会遇事不惊的应对各种灾害事故的发生。

一、自然灾害

（一）自然灾害概述

1．自然灾害

自然灾害是指由于自然异常变化造成的人员伤亡、财产损失、社会失稳、资源破坏等现象或一系列事件。它的形成必须具备两个条件：一是要有自然异变作为诱因，二是要有受到损害的人、财产、资源作为承受灾害的客体。

2．特征

（1）自然灾害具有广泛性与区域性。一方面，自然灾害的分布范围很广。不管是海洋还是陆地地上或者地下，城市还是农村，平原、丘陵还是山地、高原，只要有人类活动，自然灾害就有可能发生。另一方面，自然地理环境的区域性又决定了自然灾害的区域性。

（2）自然灾害具有频繁性和不确定性。全世界每年发生的大大小小的自然灾害非常多。近几十年来，自然灾害的发生次数还呈现出增加的趋势，而自然灾害的发生时间、地点和规模等的不确定性，又在很大程度上增加了人们抵御自然灾害的难度。

（3）自然灾害具有一定的周期性和不重复性。主要自然灾害中，无论是地震还是干旱、洪水，它们的发生都呈现出一定的周期性。人们常说的某种自然灾害“十年一遇、百年一遇”，实际上就是对自然灾害周期性的一种通俗描述，自然灾害的不重复性主要是指灾害过程、损害结果的不可重复性。

（4）自然灾害具有联系性。自然灾害的联系性表现在两个方面。一方面是区域之间具有联系性。例如，南美洲西海岸发生“厄尔尼诺”现象，有可能导致全球气象紊乱；美国排放的工业废气，常常在加拿大境内形成酸雨。另一方面是灾害之间具有联系性。也就是说，某些自然灾害可以互为条件，形成灾害群或灾害链。例如，火山活动就是一个灾害群或灾害链。火山活动可以导致火山爆发、冰雪融化、泥石流、大气污染等一系列灾害。

（5）各种自然灾害所造成的危害具有严重性。例如，全球每年发生可记录的地震约 500 万次，其中有感地震约 5 万次，造成破坏的近千次，而里氏 7 级以上足以造成惨重损失的强烈地震，每年约发生 15 次，干旱、洪涝两种灾害造成的经济损失也十分严重，全球每年可达数百亿美元。

（6）自然灾害具有不可避免性和可减轻性。由于人与自然之间始终充满着矛盾，只要地球在运动、物质在变化，只要有人类存在，自然灾害就不可能消失，从这一点看，自然灾害是不可避免的。然而，充满智慧的人类，可以在越来越广阔的范围内进行防灾减灾，通过采取避害趋利、除害兴利、化害为利、害中求利等措施，最大限度地减轻灾害损失，从这一点看，自然灾害又是可以减轻的。

3．影响

自然灾害会引起人焦虑、压抑及其他情绪和知觉问题。影响的时间及为什么有些人不能尽快适应仍然是未知数。在洪水、龙卷风、飓风及其他自然灾害过后，受害者会表现出恶念、焦虑、压抑和其他情绪问题，这些问题会持续一年左右。

一种极度的灾难的持续效果，称为创伤后应激障碍，即经历了创伤以后，持续的、不必要的、无法控制的无关事件的念头，强烈的避免提及事件的愿望，睡眠障碍，社会退缩及强烈警觉的焦虑障碍。

具体的影响表现如下：灾难会带来实质性的创伤和精神障碍；绝大多数的痛苦在灾后一两年内消失，人们能够自我调整；由灾难引起的慢性精神障碍非常少见；有些灾难的整体影响可能是正面的，因为它可能会增加社会的凝聚力；灾难扰乱了组织、家庭及个人生活。

（二）各类自然灾害的防范与应对

1．地震

（1）地震。地震又称地动、地振动，是地壳快速释放能量过程中造成振动，期间会产生地震波的一种自然现象。地球上板块与板块之间相互挤压碰撞，造成板块边缘及板块内部产生错动和破裂，是引起地震的主要原因。

（2）破坏。地震直接灾害是地震的原生现象，如地震断层错动，以及地震波引起地面振动，所造成的灾害，主要有地面的破坏，建筑物与构筑物的破坏，山体等自然物的破坏（如滑坡、泥石流等），海啸、地光烧伤等。地震次生灾害是直接灾害发生后，破坏了自然或社会原有的平衡或稳定状态，从而引发出的灾害，主要有火灾、水灾、毒气泄漏、瘟疫等。其中火灾是次生灾害中最常见、最严重的。

（3）防范与应对。

第一，身体应采取的姿势。伏而待定，蹲下或坐下，尽量蜷曲身体，降低身体重心。抓住桌腿等牢固的物体。用枕头、坐垫、毛衣外套等遮住自己的头颈、面部，遮住口鼻和耳朵，防止灰尘和泥沙灌入，避开人流，不要乱挤乱拥，不要随便使用明火，因为空气中可能有易燃易爆气体。

第二，家庭避震的方法。地震预警时间短暂，室内避震更具有现实性，而室内小构架房屋倒塌后形成的三角空间，往往是人们得以幸存的相对安全地点，可称其为避震空间，这主要是指大块倒塌体与支撑物构成的空间。室内易形成三角空间的地方是炕或结实的床沿下、坚固家具附近；内墙墙根、墙角；厨房、厕所、储藏室等空间小的地方。

第三，学校避震的方法。若正在上课时发生地震，可在教师指挥下躲在桌椅旁或靠墙根趴下避险。若教室是平房，座位离门较近的同学，可迅速从门窗逃到室外；离门窗较远的同学，可迅速抱头，闭眼，躲在各自的课桌下。在操场或室外时，可在原地不动蹲下，双手保护头部，注意避开高大建筑物或危险物。不要回到教室去。首震后，应立即有组织地撤离。在楼房里的学生，遇震时千万不要乘坐电梯！即便地震发生时已在电梯内，也应就近停下迅速撤离。不要乱挤乱拥，千万不要跳楼！不要站在窗外！不要到阳台上去！应迅速躲进跨度小的空间。

典型案例

2008 年 5 月 12 日（星期一）14 时 28 分 04 秒，震中位于中国四川省阿坝藏族羌族自治州汶川县映秀镇与漩口镇交界处。根据中国地震局的数据，此次地震的面波震级达 8.0Ms、矩震级达 8.3Mw（根据美国地质调查局的数据，矩震级为 7.9Mw），地震烈度达到 9 度。地震波及大半个中国及亚洲多个国家和地区，北至辽宁，东至上海，南至我国香港、澳门地区及泰国、越南等国家，西至巴基斯坦均有震感。

5・12 汶川地震严重破坏地区超过 10 万平方千米，其中，极重灾区共 10 个县（市），较重灾区共 41 个县（市），一般灾区共 186 个县（市）。截至 2008 年 9 月 18 日 12 时，5・12 汶川地震共造成 69227 人死亡，374643 人受伤，17923 人失踪，是中华人民共和国成立以来破坏力最强的地震，也是唐山大地震后伤亡最严重的一次地震。

2. 台风

（1）台风。台风是一种热带气旋，是指发生在热带或副热带洋面上急速旋转的低压涡轮，常伴有狂风暴雨和风暴潮。

世界气象组织把热带气旋按照中心附近最大平均风力大小划分为 4 个等级：风力 6～7 级的叫“热带低压”，8～9 级的叫“热带风暴”，10～11 级的叫“强热带风暴”，12 级及 12 级以上的就是“台风”了。台风的近中心最大风速在 32.6 米/秒以上。

气象台根据台风可能产生的影响，在预报时采取“消息”“警报”“紧急警报”三种形式向社会发布；同时，按台风可能造成的影响程度，从轻到重向社会发布蓝、黄、橙、红四色台风预警信号。公众应密切关注，媒体有关台风的报道，及时采取预防措施。

（2）防范与应对措施。台风来临前，应准备好手电筒、收音机、食物、饮用水及常用药品等，以备急需；关好门窗，检查门窗是否坚固；取下悬挂的东西；检查电路、炉火、煤气等设施是否安全；将养在室外的动植物及其他物品移至室内，特别是要将楼顶的杂物搬进室内；室外易被吹动的东西要加固；不要去台风经过的地区旅游，更不要在台风影响期间到海滩游泳或驾船出海；住在低洼地区和危房中的人员要及时转到安全住所；及时清理排水管道保持排水通畅；有关部门要做好户外广告牌的加固；建筑工地要做好临时用房的加固并整理、堆放好建筑器材和工具；园林部门要加固城区的行道树。

3. 雷电

（1）雷电。雷电是大气中的一种放电现象，雷、电、云在形成过程中，一部分积聚起正电荷，另一部分积聚起负电荷，当这些电荷积聚到一定程度时，就产生了放电现象。放电有的时候发生在云层与云层之间，有的则发生在云层与大地之间，这两种放电现象就是人们俗称的“打雷”。雷电全年都会发生，而强雷电多发生在春秋之交和夏季。

打雷造成的危害又称雷击，雷击分为直接雷击和间接雷击。它会破坏建筑物，电气设备，伤害人、畜。打雷放电时间极短，但电流异常强大。放电时产生的强光就是闪电。闪电时释放出大量的热能，能使空气温度瞬间升高 1 万～2 万℃。如此巨大的能量，具有极大的破坏力，可造成电线杆、房屋等被劈裂倒塌及人、畜伤亡，还会引起火灾及易爆物品爆炸。

（2）防范和应对的措施。

第一，室内避雷。雷雨天气时，要注意关好门窗，以防侧击雷和球状雷侵入。最好把家用电器的电源切断，并拔掉所有电源插头；不要使用带有外接天线的收音机或电视机；不要接打固定电话。雷雨天气时，不要接触天线、煤气管道、铁丝网、金属窗、建筑物外墙等；远离带电设备；不要赤脚站在水泥地上；不要在雷电交加时用喷头洗澡。

第二，户外避雷。选择装有避雷针、钢架或钢筋混凝土的建筑物等处避雷，但是注意不要靠近防雷装置的任何部分。若找不到合适的避雷场所，可以蹲下，两脚并拢，双手抱膝，尽量降低身体重心，减少人体与地面的接触面积。如能立即披上不透水的雨衣，防雷效果更好。

身处空旷地带必须关闭手机，更不能用手机通话。多人一起在野外时，应相互拉开距离，不要挤在一起。

要避免开摩托车、骑自行车，更不能开摩托车、骑自行车在雨中狂奔。乘坐汽车时遇到龙卷风，应下车躲避，不要留在车内。

高压电线遭雷击落地时，近旁的人要保持高度警觉，当心地面“跨步电压”的电击。逃离时的正确方法是：双脚并拢，跳着离开危险地带。

第三，被雷击人员的现场急救。受雷击而烧伤或严重休克的人，身体不带电，可以立即扑灭他身上的火，实施紧急抢救。如果伤者失去知觉，但有呼吸和心跳，则有可能自行恢复。应让他舒展平躺，安静休息后再送医院治疗。若伤者已停止呼吸和心跳，应迅速果断地交替进行口对口人工呼吸和胸外心脏按压，并及时送往医院抢救。

4．龙卷风

（1）龙卷风。龙卷风是强流积雨云中伸向地面的中小范围强烈旋风。它的上端与积雨云相接，下端有的悬在半空，有的直接延伸到地面或水面，一边旋转，一边向前移动。龙卷风出现时，往往有一个甚至几个像大象鼻子一样的漏斗状云柱从云底向下伸展，同时伴有狂风、暴雨、雷电或冰雹。龙卷风经过水面，能把水吸到空中形成水柱，俗称“龙吸水”。

（2）预防与应对措施。在野外遭遇龙卷风时要快跑而不乱跑，应以最快的速度朝龙卷风前进路线垂直的方向逃离，来不及逃离的要迅速找一个低洼地趴下，正确的姿势是，闭上嘴巴和眼睛用双手双臂保护住头部，一定要远离大树、电线杆、简易房等，以免被砸、被压或触电。

躲避龙卷风最安全的地方是混凝土建筑的地下室或半地下室，简易住房很不安全，千万不要待在楼顶上。如果人在室内要避开窗户、门和房子的外墙，躲到与龙卷风方向相反的小房间内面向墙壁抱头蹲下，用厚实的床垫或毯子罩在身上，以防被掉落的东西砸伤。在电线杆或房屋已倒塌的紧急情况下，要尽可能切断电源，以防触电或引起火灾。如果来得及，可打开门窗，使室内外气压得到平衡，以避免风力掀掉屋顶，吹倒墙壁。

典型案例

2016年6月23日14点30分左右，江苏省盐城市阜宁县遭遇强冰雹和龙卷风双重灾害。在吴滩镇立新村，房屋受损严重，路边树木和电线杆被吹倒。截至6月26日9时，江苏盐城特别重大龙卷风冰雹灾害共造成99人死亡，846人受伤。此次灾害已确认为龙卷风，专家组判定等级为EF4级，风力超过17级。6月25日消息，经过现场勘查研究，气象专家调查组认定，6月23日盐城阜宁地区发生的龙卷风，或达到EF4的高强度龙卷风级别，破坏力巨大。

5．海啸

（1）海啸。海啸是一种具有强大破坏力的海水剧烈运动。海底地震、火山爆发、水下塌陷和滑坡等都可能引起海啸。其中海底地震是海啸发生的最主要的原因，历史上的特大海啸都是由海底地震引起的。

（2）预防与应对措施。发生海啸时，航行在海上的船只不可以回港或靠岸，应该马上驶向深海区，深海区相对于海岸更为安全。

如果在海啸时不幸落水，要尽量抓住木板等漂浮物，同时注意避免与其他硬物碰撞。在水中不要举手也不要乱挣扎和游泳，尽量减少动作。能浮在水面随波漂流即可，既可以避免下沉，又能够减少体能的无谓消耗。

如果海水温度偏低，不要脱衣服。不要喝海水。海水不仅不能解渴，反而会让人出现幻觉，导致精神失常甚至死亡。尽可能向其他落水者靠拢，既便于相互帮助和鼓励，又因为目标扩大更容易被救援人员发现。

小贴士

发现落水者，怎么办？

人在海水中长时间浸泡，热量散失会造成体温下降。溺水者被救上岸后，最好能放在温水里恢复体温，没有条件时，也应尽量裹上被、毯、大衣等保温。注意不要采取局部加温或按摩的办法，更不能给落水者饮酒，饮酒只能使能量更快散失。给落水者适当喝一些糖水有好处，可以补充体内的水分和能量。

要及时清除落水者鼻腔、口腔和腹内的吸入物。具体办法是：将落水者的肚子放在你的大腿上，从后背按压，将海水等吸入物倒出。若心跳、呼吸停止，则应立即交替进行口对口人工呼吸和心脏按压。如果落水者受伤，应采取止血、包扎、固定等急救措施。

6．泥石流

（1）泥石流及其危害。泥石流是山区沟谷或斜坡上由暴雨、冰雪融水等引发的含有大量泥沙、石块、巨石的特殊洪流。泥石流常与山洪相伴，其来势凶猛，在很短时间里，大量泥石流横冲直撞，冲出沟外，并在沟口堆积起来。泥石流的破坏性很强，冲毁道路，堵塞河道，甚至淤埋村庄、城镇，给生命财产和经济建设带来极大危害。

（2）预防与应对措施。在泥石流多发地区的居民，要随时注意灾害预警预报，选好躲避路线，避免到时措手不及。在沟谷内逗留或活动时，一旦遭遇大雨、暴雨，要迅速转移到安全的高地，要留心周围环境。如果发现远处传来土石崩落、洪水咆哮等异常声响，往往是发生泥石流的征兆。不要在低洼的谷底或陡峻的山坡下躲避、停留。暴雨停止后，不要急于返回沟内，应等待一段时间。发现泥石流袭来时，要马上向沟岸两侧高处跑，千万不要顺沟方向往上游或下游跑。

7．滑坡和崩塌

（1）滑坡和崩塌。斜坡上的岩土体受河流冲刷、地下水活动、地震及人工切坡等的影响，在重力作用下沿着一定的软弱面（或软弱带）整体或分散地顺坡下滑，这种现象称为滑坡，俗称“走山”。滑坡在斜坡上常呈圈椅状或马蹄状，具有环状的后壁、拉开的裂缝、多级的台阶、垄状上凸的前缘等地貌特征。

滑坡的主要诱发因素有地震、降雨或融雪，河流、洪水等地表水对斜坡不断冲刷；人类的活动，如开挖坡脚、坡体堆载、爆破、水库蓄水、泄洪、开矿等；此外，海啸、风暴潮等也可诱发滑坡；也有滑坡体经历数年、数十年的缓慢变化后突然滑动的情况。

（2）预防与应对措施。当发现有滑坡、崩塌的前兆时，应立即报告当地政府或有关部门，同时通知其他受威胁的人群。要提高警惕，密切注意观察，做好撤离准备。行人与车辆不要进入或通过有警示标志的滑坡、崩塌危险区。

正处于滑坡体上，感到地面有变动时，要立即离开，用最快的速度向两侧稳定的地区逃离，千万不要向滑坡体上方或下方跑。

如果处于滑坡体中部无法逃离时，要找一块坡度较缓的开阔地停留，但一定不要和房屋、围墙、电线杆等靠得太近。如果处于滑坡体前沿或崩塌体下方时，要迅速向两边逃生。

8．高温热浪

（1）高温热浪。气温在 35℃及以上时，气象学上称为“高温天气”，如果连续几天最高气温都超过 35℃，即可称为“高温热浪”天气。许多科学家指出，从长时间来看，世界范围内频繁遭受热浪侵袭，与全球变暖有很大关系。而影响每年极端“高温热浪”事件爆发频次和强度的直接因素，则是大气环流异常。同时城市化造成的“热岛效应”加重了极端高温事件的影响程度。工业生产、空调、车辆行驶等方面，都有一定的热量排放。城市建设也使植被大量减少等，由此带来的“热岛效应”加剧了极端高温的酷热程度。

（2）防范与应对措施。尽量避免午后高温时段的户外活动，并采取必要的防护措施；户外或者高温条件下的作业人员应当采取必要的保护措施；注意作息时间，保证睡眠，必要时准备一些常用的防暑降温药品。

小贴士

发现中暑者，怎么办？

首先要将病人移到阴凉的地方半躺着，然后紧急呼叫救援人员。同时，松开病人的衣服，用凉水（不能用太冷的水）浇淋病人的身体，使身体迅速降温。水要有效流走，不能使身体周围的温度太低。如果可能，迅速用冰袋（用毛巾包着冰块）敷腋窝、腹股沟和脖子两侧。而马上用风扇吹拂身体，试图使身体降温的方法在高湿度的环境下是不适用的。中暑后，除了迅速处理以外，应该迅速寻求医生的帮助，即便病人有康复的迹象，也不能延误就医，拖延的时间越长，就越可能造成组织受伤。

9．寒潮暴雪

（1）寒潮暴雪。寒潮，顾名思义，是寒冷的空气像潮水一样奔流过来的意思。一般是冷空气侵袭到某地后，那些地方的温度在一天内降低 10℃以上，同时，那一天的最低温度又在 5℃以下，人们才把这股冷空气称为寒潮。与寒潮相伴的暴雪也是我国最常见的一种灾害性的天气现象。24 小时内降雪量超过 10mm 的降雪，就称为暴雪。伴随暴雪的还有大风等恶劣天气。

（2）防范与应对措施。冬天的气象灾害有规律可循，一般说来，气象部门对冬季的气象灾害预测可信度比较高，预测的时间也比较长，冷空气影响势力强劲时，其范围也大，因此，人们只要认真收听气象预报，适当采取防御措施，就可以确保安全。

寒潮来临时，要注意添加衣物，做好相关保暖工作，防止自来水冻结。晚上睡觉前关闭门窗，特别是朝北的窗户。密闭住所保持室温，但同时也要注意由此带来的不安全因素，如要检查好热水器、冬天取暖用的设备，防止煤气泄漏；北方冬天连续 5 天以上低温，应及时检查平房外部的管道，防止管道冻裂，影响生活；要留意有关媒体报道大风降温的最新信息；出门时要特别留意湿滑的冰冻路面，谨防摔伤造成骨折、骨裂。

二、意外伤害

（一）意外伤害概述

1．意外伤害

意外伤害指的是因意外导致身体受到伤害的事件。按照保险业的常见定义，意外伤害是指外来的、突发的、非本意的、非疾病的使身体受到伤害的客观事件。

2．四大要素

（1）非本意的。即预料到的和非故意的事故，如飞机坠毁、行道树倒下等情况。有些意外事故是应该预料到的，但由于疏忽而引致，如在停电时未切断电源修理线路，因不久恢复供电而触电身亡。还有一些事故虽是可以预见到的，但在客观上无法抗拒或在技术上不能采取措施避免的事故，如楼房失火，火封住门口和走道，不得不从窗口跳下，摔成重伤。或者虽在技术上可以采取措施避免，但由于法律和职责上的规定，或履行应尽义务，不去躲避，如银行职工为保护国家财产在与抢劫银行的歹徒搏斗中受伤。

（2）外来原因造成的。指身体外部原因造成的事故，如食物中毒、失足落水。

（3）突然发生的。即意外伤害在极短时间内发生，来不及预防，如行人被汽车突然撞倒。铅中毒、矽肺等职业病虽然是外来致害物质对人体的侵害，但由于伤害是逐步造成的，而且是可以预见和预防的，不属于意外事故。

（4）非疾病的。指非疾病引发的身体伤害。

（二）各类意外伤害的防范与应对

1．烫伤

被开水、热汤、热油、蒸汽等烫伤时，轻者皮肤潮红、疼痛，重者皮肤起水疱、表皮脱落。发生烫伤后，可按如下方法处理。

（1）立即小心地将被热液浸透的衣裤、鞋袜脱掉，用清洁的冷水喷洒伤处或将伤处浸入清洁的冷水中，也可用湿冷毛巾敷患处，还可以用食醋浇到被烫伤的皮肤上。

（2）尽可能不要擦破水疱或表皮，以免引起细菌感染。为了防止烫伤处起水疱，可用食醋洗涤患处，也可用鸡蛋清擦患处。如果水疱已经被擦破，可用消过毒的纱布覆盖伤处，然后送医院治疗。

（3）轻度烫伤或烫伤面积较小，可用鸡蛋油涂患处。鸡蛋油的做法是：取一个鸡蛋，去掉蛋清，将蛋黄放在锅里加油炒到发焦，然后慢慢熬出鸡蛋油来，待鸡蛋油冷却后，即可使用。

2．烧伤

烧伤是日常生活、生产劳动中常见的损伤，烧伤主要指火焰的高温对人体组织的一种损伤，常由于火灾、易燃物爆炸（煤气、汽油、煤油）等引起。轻度、小面积的烧伤对人体功能影响不大，但特别疼痛，而且容易导致休克、感染，甚至死亡，按烧伤的深度估计，一般采用三度四分法，即一度烧伤、浅二度烧伤、深二度烧伤和三度烧伤。

烧伤的急救原则是消除烧伤的原因，保护创面，设法使伤员安静止痛。

消除烧伤应根据其产生的原因不同采用不同的方法。如果火焰直接烧伤应迅速离开火源；当身上着火时不要惊慌，可用水将火浇灭，也可脱去着火的衣服，或就地慢慢打滚将火压灭，如有水坑、水塘、溪水，亦可入水灭火。注意身上起火千万不可乱跑，以免借风助燃，加重烧伤。火势很旺时不可用手扑打，以免烧坏手指。在火灾现场尽量用湿毛巾捂住口鼻，少说话，尤其不能大声呼叫，以防吸入高温烟雾烧伤呼吸道。被蒸汽或热的液体烫伤时，要立即将烫伤部位的衣服脱掉，可防止烫伤加重。因触电烧伤者应立即切断电源。

对于烧伤面积小和四肢的烧伤，用冷水冲淋或浸泡，能起到减少损伤减轻疼痛的作用。浸浴时间一般为半小时或不痛为止，胸背部烧伤的伤员，救助者可将干净的毛巾盖在创面上，然后用凉水向上浇，以减轻疼痛。

3．中暑

中暑是由高温环境引起的体温调节中枢功能障碍、汗腺功能衰竭和水、电解质丢失过量所致，分为3种类型：热痉挛（中暑痉挛）、热衰竭（中暑衰竭）和热射病（中暑高热）。

在日常生活中，若中暑，可采用以下方法进行紧急处理。

（1）轻症中暑。立即将病人移至阴凉通风处或电扇下，最好移至空调室，以增加辐射散热。给予清凉含盐饮料，可选服仁丹、十滴水、开胸顺气丸、藿香正气片等，用一心油、风油精涂擦太阳穴、合谷等穴；体温高者可给予冷敷或酒精擦浴。必要时可静脉滴注5%葡萄糖生理盐水1000～2000mL。经上述处理后30分钟到数小时内即可恢复。

（2）重症中暑。

① 热痉挛。在补足体液的情况下，仍有四肢肌肉抽搐和痉挛性疼痛，可缓慢静脉注射10%葡萄糖酸钙10ml，加维生素C 0.5g。

② 热衰竭。快速静脉滴含5%葡萄糖生理盐水2000～3000mL，如血压仍未回升，可适当加用多巴胺、阿拉明等升压药使血压维持在12kPa以上。

③ 热射病。预后严重，病死率可达 30%，现场可采取物理降温，将患者浸浴在 4℃水中，并按摩四肢皮肤，加速血液循环，促进散热，每隔 15 分钟测肛温一次，肛温降至 38.5℃时停止降温，移至空调室观察。对体弱及心血管病患者可移至空调室酒精擦浴。

4．溺水

游泳中常会遭遇到的意外是抽筋、疲乏、旋涡、急浪等，这时，沉着冷静，按照一定的方法进行自救，同时发出呼救信号，为避免悲剧的重演，请务必记住溺水自救 3 法。

（1）水性不熟者自救法。除呼救外，取仰卧位，头部向后，使鼻部可露出水面呼吸。呼气要浅，吸气要深。因为深吸气时，人体比重降到比水略轻，可浮出水面，此时千万不要将手臂乱举扑动，反而会使身体下沉更快。

（2）水中抽筋自救法。抽筋的主要部位是小腿和大腿，有时手指、脚趾、胃部等部位也会抽筋。

游泳时发生抽筋，千万不要惊慌，一定要保持镇静，停止游动，先吸一口气，仰面浮于水上，并根据不同部位采取不同方法进行自救。

若因水温过低而疲劳产生小腿抽筋，则可使身体成仰卧姿势，用一只手握住抽筋腿的脚趾，用力向上拉，使抽筋腿伸直，并用另一腿踩水，另一只手划水，帮助身体上浮，这样连续多次即可恢复正常。上岸后用中指、食指指尖掐承山穴或委中穴，进行按摩。

要是大腿抽筋的话，可同样采用拉长抽筋肌肉的办法解决。

两手抽筋时，应迅速握紧拳头，再用力伸直多次，直至复原，如单手抽筋，除做上述动作外，可按摩合谷穴、内关穴、外关穴。

上腹部肌肉抽筋，可加中脘穴（在脐上 4 寸），配合掐足三里穴，可仰卧水里，把双腿向腹壁弯收，再行伸直，重复几次。

抽筋过后，应换种姿势游回岸边，如果不得不沿用统一游泳姿势时，就要提防再次抽筋。

（3）水草缠身自救法。最好不去陌生水域，以免被水草缠住，一旦遭遇水草缠身，首先要镇定，切不可踩水或手脚乱动，防止肢体被缠得更难解脱，或在淤泥中越陷越深。

仰泳方式（两腿伸直，用手掌倒划水）顺原路慢慢退回，或平卧水面，使两腿分开，用手解脱。

如随身携带小刀，可把水草割断，或试着把水草踢开，或像脱袜那样把水草从手脚上捋下来，自己无法摆脱时，应及时呼救。

摆脱水草后，轻轻踢腿而游，并尽快离开水草丛生的地方。

5．触电

触电包括交流电击伤和电击伤，损伤包括外损伤和内损伤。触电可造成体表入口和出口伤，均由电能通过身体产生的热能所致，触电伤员轻者造成机体损伤，功能障碍，重者死亡。

（1）触电的现场表现为：第一，轻伤。触电部位起水疱，组织破坏；损伤重的皮肤烧焦，甚至骨折，肌肉肌腱断裂，能发现两处伤口。第二，重伤。抽搐、休克、心律不齐。有内脏破裂。也可出现呼吸心跳停止。

（2）触电的现场急救。如电源总开关在附近，则迅速切断电源；脱离电源，用绝缘物（木质、塑料、橡胶制品、书本、皮带、棉麻等）迅速将电线、电器与伤员分离；要防止相继触电；心跳、呼吸停止者应立即进行心肺复苏术；包扎电烧伤伤口；速送医院。

6．骨折

骨折是指人体骨骼部分或者完全断裂，大多数骨折是因受到强力的冲击造成的。发生骨折后，骨折部位有疼痛感，并伴有肿胀、淤血和变形，人的活动受到限制，无法负重，严重的还会出现出血、休克、感染、内脏损伤等。发生骨折应当怎样进行处理呢？

（1）使患者平卧，不要盲目搬动患者，更不能对受伤部位进行拉拽、按摩。

（2）检查受伤部位，及时就地取材选用树枝、木板、木棍等，对受伤部位进行固定，防止伤情加重。

（3）没有用于固定的物品时，受伤的上肢可以用手帕、布条等悬挂并固定在其胸前，下肢可以与未受伤的另一只下肢捆绑固定在一起。

（4）开放性骨折（即骨折处皮肤或黏膜破裂，骨头外露）要注意保持伤处清洁，防止感染。

（5）做完应急处理后，立即送往医院救治，要注意运输途中不可碰撞受伤部位。避免人为加重伤情。

7．被动物咬伤

（1）被蛇咬伤。毒蛇有毒牙和毒腺，头部大多为三角形，颈部较细，尾部较短粗，色斑较鲜艳，牙齿较长。被毒蛇咬伤的，一般可在患处发现有2～4个大而深的压痕，局部疼痛。

被无毒蛇咬伤的，一般有两排“八”字形牙痕。小而浅，排列整齐，伤处无明显疼痛，对一时无法确定的，则应按照毒蛇咬伤处理。

① 立即就地自救或互救，千万不要惊慌、奔跑，那样会加速毒素的吸收和扩散。

② 立即用皮带、布带、手帕、绳索等物在距离伤口3～5厘米的地方缚扎，以减轻毒素扩散速度。每隔20分钟需放松2～3分钟，以避免肢体缺血坏死。

③ 用清水冲洗伤口，用生理盐水或高锰酸钾液冲洗更好。此时，如果发现毒牙残留必须拔除。

④ 冲洗伤口后，用消过毒或清洁的刀片，连接两毒牙痕为中心做“十”字形切口，切口不宜太深，只要切至皮下能使毒液排出即可。

⑤ 有条件的话，可以用拔火罐或者吸乳器反复抽吸伤口，将毒液吸出。紧急时刻也可用嘴吸，但是吸的人必须口腔无破溃，吐出毒液后要充分漱口。吸完后，要将伤口温敷，以利毒液继续流出。

⑥ 尽快服用各类解毒药，咬伤24小时后再用药无效。同时可用温开水或唾液将药片调成糊状，涂在伤口周围的2厘米范围内，伤口不要包扎。

⑦ 经处理后，要立即送附近医院。

（2）被狗咬伤。被狗咬伤对人的伤害较大，因为狗的牙齿生长着各种病毒和病菌，很容易通过伤口侵入人体，引发疾病，甚至导致破伤风致人死亡。如果是被疯狗咬伤，还会由狂犬病毒引发狂犬病，狂犬病致人死亡率非常高。所以，被狗咬伤决不能轻视，必须采取紧急处理措施。

① 一般情况下很难区分是否被疯狗咬伤，所以一旦被狗咬伤都要按疯狗咬伤处理。

② 被狗咬伤后要立即处理伤口，首先在伤口上方扎止血带（可用手帕、绳索等代用），防止或减少病毒随血液流入全身。

③ 迅速用洁净的水或肥皂水对伤口进行流水清洗，彻底清洁伤口。对伤口不要包扎。

④ 迅速送往医院进行诊治，在24小时内注射狂犬病毒疫苗和破伤风抗毒素。

8．踩踏事故

随着校园建筑的改造与兴建，学校建筑格局和设施、设备发生了新的变化。教学楼、实验楼、学生宿舍楼等越来越成为校园亮丽的风景线。然而在一些学校学生拥挤，管理无序，遇到突发情况时往往陷于混乱，其中楼道踩踏挤压伤害事故发案之多、伤亡之大，令人震惊。

对于防范和应对踩踏事件，给出了如下一些方法。

（1）提高学校领导的危机管理能力和安全责任意识。在校园危机管理过程中，学校领导的危机意识、决策水平、沟通能力、心理素质等对危机管理活动有非常重要的影响。同时，学校领导应做好教职工安全教育工作，使安全教育深入教职工心中。在日常教学管理过程中，努力消除和防范可能产生拥挤踩踏事故的各种因素，防患于未然，从学校内部消除产生事故的可能。

（2）确保教学楼的楼梯、通道、照明等校园设施设备符合国家相关的安全规定和标准。对于正在使用的校舍，学校应当组织专人进行安全排查，重点检查教学楼的楼梯、通道、照明设施是否符合国家的相关规范和标准。对于不符合要求的，学校应当及时予以改进；学校自身无力解决的，应当上报上级教育行政部门，再由后者报告当地政府并在政府的统一领导下，会同建设部门提出整改办法。学校要建立校舍的定期安全检查制度，及时消除潜在的安全隐患。学校应当按照规定，对教学楼的楼梯、扶手及楼梯间照明设施定期进行安全检查，及时清理楼道和楼梯间的堆积物，确保楼道、楼梯通畅。对于已损坏的楼梯扶手，学校要及时予以加固。对于损坏的楼梯间照明设施，学校要及时予以修复或更换。在晚间遭遇突然停电的情况下，学校应当立即启用应急照明设备，以保证楼道、楼梯的正常照明。

（3）学校在预测突发事件的基础上，预先制定应急与救援行动、降低事故损伤的有关救援措施计划或方案。预案应当科学、有效，且可操作性强。预案内容应当包括应急处理的领导机构组成、各个部门的职责安排、信息报告、紧急疏散、伤者救助、联络家长、事故调查及善后处理等事项。预案制定出来后，学校应组织师生进行演练，切实提高师生应对突发事件的能力。与此同时，预案应当符合学校实际情况，并且能根据学校的发展不断完善。

（4）成立应急队伍。事故应急小组或者事故过程的管理、组织、协调、联络等工作。小组成员应当包括学校管理者、安保人员、专业教师、校医和学生等。小组成员要具备较高的危机意识，对于出现停电、雨雪等恶劣天气，以及大型集体活动等情况，要做好应急准备。同时，这支队伍应具有初步医疗救护知识。平日对应急队伍进行系统的救护知识培训和定期的技术测试。踩踏事故的受伤者一般是机械性窒息而致。如果能够积极采取正确有效的救助措施，如进行人工呼吸，骨折和出血的正确处理，这样可以为救治伤者赢得更多的时间。

（5）在学校应设立形式多样的安全教育课，通过惨痛的拥挤踩踏事故的案例对学生开展专题教育。提高学生的安全意识，充分认识踩踏事故的主要原因和严重后果，最重要的是让学生掌握防范措施。让学生学习保护自身安全的知识。另外，学校还应当向学生传授逃生、避险的基本知识和技能，如教育学生遭遇拥挤的人流时，一定不要采用体位前倾或者低重心的姿势，即使鞋被踩掉，也不要贸然弯腰提鞋或系鞋带。

思考与探究

1．什么是自然灾害和意外伤害？两者的区别是什么？

2．如何防范与应对各类自然灾害，如地震、海啸、泥石流等？

3．如何防范与应对各类意外伤害，如烧伤、被动物咬伤、踩踏等？

第三单元 学生心理健康与安全

模块一

学生心理问题与调适

学习目标

1. 掌握学生容易产生的心理问题；
2. 学会心理调适的方法。

心理健康对人的一生发展都有着重要意义。从现在社会发展对人的整体来看，具有乐观开朗的性格、坚韧不拔的品质、积极向上的人生态度，对人们个人的成长和社会的发展都起着重要的作用。学生作为一个特殊的群体，若心理健康状况不容乐观，将严重影响这个群体的身心健康，因此对学生心理健康进行指导，以培养其良好的心理素质。

一、学生容易产生的心理问题

处于15～20岁青春期的学生，是其人生发展的关键阶段。由于这个阶段的特殊性，人们又把青春期称为“心理断乳期”或“人生的第二次危机”。意指从这时起，个体将在心理上脱离父母的保护及对他们的依恋，逐渐成长为独立的社会个体。从青春期开始的“断乳”，给学生带来了非常大的不安，尽管他们在主观上有独立的要求和愿望，但实际上难以在短时间内适应独立生活，对许多问题还不可以依靠自己的力量和能力去解决，也不愿求助父母或其他人，担心有损独立人格。

学生生活是一个集体的生活环境，同时也是一个学习压力大和竞争激烈的环境，很多学生都是第一次离开父母独自生活，难免在进校之后，在人际交往、学习方法等方面产生困惑，进而发展成心理问题。

（一）新生不适应问题

1．认知上：自我认识发生偏差，自信心不足

典型案例

高中以前，小易一直是老师的宠儿。中考使他从最高点掉了下来。进入学校后，内向的他不喜欢和不熟悉的人交往，总担心别人瞧不起他。加上学习枯燥单调，他感到难以适应周围的人和事物。他怀念初中的同学、老师和一切。

新生刚到全新环境时，总爱这样问自己：“别人喜不喜欢我?我有没有吸引力?我还有没有优势？等等”。在这种错误信念下，导致出现失落、自卑的心理，自信心受到打击。

2．情绪上：学习方式不适应，自我产生封闭

典型案例

小胡每天学习到晚上 12 点，早上 6 点起床，中午也不休息。作业太多，学习、工作的压力常常会让她头痛，使她多疑、心烦，而且自己厌恶自己，认为自己很差，她很想学好。但一看到书就头痛，一上课就走神。她常常失眠，常常在夜晚偷偷地哭，感到只有哭才能发泄压力。

由于环境变化大、压力大，新生容易出现害怕、嫉妒、焦虑、自卑等情绪表现。时间相对空余，产生一种不适应的感觉，总认为班上其他同学比自己强，很容易自卑、生气、产生强烈的孤独感。

同时感叹“这个阶段的同学情谊不如初中阶段的感情深厚”，于是产生了迷茫、焦虑等情绪，长久下去就会造成自我封闭，影响正常的人际交往。

3．行为上：相对宽松的时间分配不合理，自我发展规划混乱

典型案例

小月，终于独立的面对人生，很想在各方面都表现自己，希望大家发现自己是一个很优秀、很不错的人，但往往想的和做的不一样，心里有点焦虑。小丽刚进校时急于表现自己，大量参加学校的各种活动，没有做好时间分配，期中考试成绩陡然下降，让她后悔、伤心不已。

新生适应不良在行为上的表现主要有退缩，过分保护自己，什么活动都不参与，从不主动和其他同学交往。而有的学生在丰富多彩的生活中，表现为过分积极，什么活动都参加，一天忙得团团转，但似乎什么事情也都没有做好，特别是学习受到很大影响。

许多新生盲目的效仿高年级的发展规划，形成许多混乱的发展目标，并未真正结合自身的兴趣、优势和日常学习安排等，导致整日疲劳，效率低下。

（二）人际交往

1．自卑

自卑是过低评价自己而造成的消极体验，自卑心理的产生源于多种原因，如家庭条件、容貌长相、学习成绩、才艺特长等。自卑心理致使一些学生在与人交往中出现不自信、敏感、猜疑等现象。害怕、担心别人看不起自己，心情抑郁、压抑。有些学生用自傲来掩饰自卑的心理，喜欢与人争论，具有较强的攻击性，导致关系紧张。

2．嫉妒

在才能、成绩、荣誉、容貌等不如别人时，由羞愧、愤怒、“既生瑜，何生亮”的怨恨中产生复杂的情绪状态，限制了交往的范围，抑制了交往的热情，甚至造成“视友为敌”。如培根所言：“嫉妒这恶魔总是在暗地里，悄悄地去毁掉人间的好东西”。

3．自我为中心倾向

现在的学生大多是独生子女，自幼倍受家庭的宠爱与呵护，在人际交往中，更习惯于从自己的立场、观点出发，对待周围的人和事。对别人期望高，要求严，自我约束松，要求低。因而，在与同学、朋友、老师相处过程中，时常以“自我为中心”的心态去看待别人，要求别人，很少去体会别人的想法与感受。交往中缺乏与人合作的意识与行为及换位思考的能力。总是以自己的思想、情感和需要为出发点，不体谅他人的感受，致使一些学生很难真正适应学校的环境和集体生活。

4．功利化倾向

随着市场经济的深入发展，人们商业意识日趋增强。面对激烈的竞争和就业的压力，越来越多的学生开始重视人际交往的物质实惠。“有用即交往”“有求即结识”“互相利用”等功利意识增强。多注重“往前看”，进取征程上能用到就想办法结交相识；用不上就不交往。忽视“向后看”，感恩意识缺乏。个别学生将功利主义作为人际交往的指导思想，表现为有用的才交，无用的不交，用处大的深交，用处小的浅交的交往观念。

（三）情感类问题

1．单恋

单相思是恋爱心理的一种认知和情感的失误。单相思使某些学生陷入痛苦的境地，处于空虚、烦恼，甚至绝望之中。处理不好对以后的恋爱、婚姻生活都有消极的影响，因此，陷入单相思的学生要及早止步另做选择。

2．失恋

失恋带来的悲伤、痛苦、绝望、忧郁、焦虑、空虚等情绪使当事人受到伤害；是人生中最严重的心理挫折之一。失恋所引发的消极情绪若不及时化解，会导致身心疾病。

3．网恋

网恋是网络时代一种新的情感交往方式。许多人在参与的同时，也存在困惑和疑虑。加上网络本身具有身份虚拟与隐藏等特点，如果不能正确对待，可能会引发一些问题，对学生成长甚至一生产生负面影响。

4．婚前性行为

在缺乏性道德约束的情况下，可能会因为性冲动产生不良的性行为。这些不良的行为会影响学生的性心理发展和学业发展，带来不良的后果。

（四）学习

1．学生在学习过程中的不适应

当学生走进一个新的环境会产生种种的问题，如不适应学校的安排、不适应学校的教学模式、不适应学校的学习方式和不适应学校的考试方式和要求。

2．学习目的不明确，缺乏计划性

学习计划是实现学习目标的重要保证。有些学生对自己的学习毫无计划，整天忙于被动地应付作业和考试，缺乏主动地自觉地学习，看什么、做什么、学什么都心中无数。他们总是在考虑“老师要我做什么”而不是“我要做什么”。

3．学习缺乏自信

缺乏自信就是人们俗称的自卑，就是感觉自己各个方面不如别人。在学习上表现为个人对自己的智力、学习能力及学习水平作出偏低的评价，总觉得自己不如别人、悲观失望、丧失信心等。

二、学生心理问题的调适方法

（一）自我意识调节

自我意识使人能够认识和体验自己的情绪，同时也可控制情绪的变化。如一个人的政治意识、道德意识、公民意识及角色意识等均可对情绪起到调节作用。只有提高自我意识的支配能力，才能保证较高的自我意识水平，发挥正常的自我意识功能。

（二）情感调节

学生精力旺盛，情感丰富，常常产生一些不良情绪，如果不良情绪所产生的能量难以释放，就会影响身心健康。因此，要学会情感调节，使不良情感得到转化，即将不良情绪带来的能量引向比较符合社会规范的方向，转化为具有社会价值的积极行动。

（三）语言暗示调节

学生由于知识和阅历不断丰富，他们具有独立思维、独立意识能力，因而通过科学的运用语言暗示，可解决一些学生的思想问题，在学生政治思想教育方面有积极的作用。

(四) 理智调节

学生往往好强气盛，在日常生活中易出现过于强烈的情绪反应，每当此时，思维变得狭隘、情绪难以自控。因此，无论遇到什么事件，产生什么情绪，都要用理智的头脑分析并推理，找出原因，从而保持心理平衡。

(五) 注意力转移调节

转移注意力在心理保健中必不可少。当心绪不佳时，可以外出参加一些娱乐活动，换换环境，换个想法，因为新的刺激可以忘却不良的情绪。

(六) 合理宣泄调节

情绪有的可以升华，有的则不一定要升华，合理宣泄，同样可以起到心理调节的作用。但要注意情感宣泄的对象、地点、场合、方式等，切不可任意宣泄，无端迁怒于他人，造成不良后果。

(七) 交往心理调节

交往是人类不可缺少的社会性需要，不仅是利益和物质的交流，也是情感与思想的交流。因此当心情不愉快时，不妨向同学和朋友交谈倾诉一番，特别是向异性朋友倾诉，会产生良好的心理调节作用。

(八) 群体阶段性心理调节

学生在校期间，各年级时的心理特点不同，要注重不同年级心理的调节。例如，新生入校应注意学生生活适应不良的调节；而高年级特别是毕业班的学生，应引导他们对未来目标的选定，个人与国家利益之间的舍弃与服从等方面的调适，以保证学生在各阶段均有良好的心理。

(九) 审美心理调节

爱美之心人皆有之，只有人人追求美，社会才显得更富活力。学生由于正处于身心发育阶段，他们在学习的同时，也注重美的选择，因此，应引导他们对内在美与外在美的调节。只有高尚的心灵与美好的外部形体相结合，才能形成不俗的气质和高雅的风度。

21 世纪，中国的发展需要大批德、智、体、美、劳全面发展的复合型人才。学校教育是培养各类专业人才的基础，学生肩负着国家发展的重大使命，是祖国未来建设的栋梁。但是，随着现代社会经济发展，市场竞争日趋激烈，学生危机感日益增强，各种矛盾困惑日益增多，心理负荷越来越大，积累久了，就会成为一个危险要素，影响到学生心理健康，进而影响学生的生活质量和发展前景。所以，学校不应该只关注学生的躯体问题，更应该关注学生的心理问题，以保证学生的身心得到全方位的发展。

思考与探究

1. 学生容易产生的心理问题有哪些？有哪些具体表现？
2. 如何积极进行心理调适？

模块二

心理障碍的预防

学习目标

1. 了解心理障碍及其相关概念；
2. 理解学生常见的心理障碍。

学生成长过程中经受着由繁重的学业、迷惘的就业前景、价值观的冲突等引发的心理震荡和冲击，产生的矛盾、冲突、困惑、迷茫无时不有，无处不在。近年来，学生心理障碍呈明显上升趋势，严重影响了学生的学习生活秩序。然而，心理障碍类别多，易混淆，学生容易对号入座，胡乱给自己贴上心理疾病的标签，形成严重的心理负担。因此，学生需要了解常见的心理障碍及其成因，从而科学对待心理障碍，树立信心，以良好的心理状态迎接人生的一次次挑战。

一、心理障碍及相关概念

广义的心理障碍，就是心理异常，是心理状态病理性变化，属于心理病理学的范畴。心理障碍具有明显的持久性和特异性，与一定的情境无必然的联系。心理障碍并非必然由一定的情境直接诱发，但在一定的情景下可以加重。心理障碍通常由严重的脑功能失调或脑器质性病变引起，但也是一般心理问题积累、迁延、演变的表现和结果。

心理障碍通过心理症状与心理疾病两种形式表现出来。心理疾病就是多种心理障碍以心理症状的形式，集中和突出地符合某种疾病的诊断标准的表现。在心理疾病中，多种心理障碍是作为“症状群”出现的，即心理疾病是多种心理障碍集中或综合的表现。

在临床中，各种心理疾病大多数以“障碍”命名，如认知障碍、情绪障碍和行为障碍。也有以“症”命名的，如癔症、神经症、精神症等。

二、学生常见心理障碍及症状

（一）焦虑症

焦虑症是一种常见的神经症，是由于预期即将面临不良处境而产生的紧张、焦急、忧虑、担心和恐惧等复杂的情绪反应。在一定程度上的焦虑能使人在危险的处境中保持适当的警觉。不同的人对外界事物的反应不同，如有的学生喜欢在大众面前演讲，而有的则非常畏惧。当一个人在不该产生焦虑的时候出现焦虑，并且焦虑很严重，持续事件很长，影响到日常生活，这种焦虑就是一种疾病了。

（二）抑郁症

抑郁症是由各种原因引起的以抑郁为主要症状的一组心境障碍或情感性障碍，是一组以抑郁心境自我体验为中心的临床症状群或状态，是以抑郁性情感为突出表现，同时又带有神经性症状的心理疾病。表现为情绪低落、兴趣减退、思维迟缓、对前途悲观失望、自我感觉差、不爱运动等症状，但没有达到绝望程度，虽有想死的念头，一般不会付诸行动，生活也能够自理；患者知道自己有病，有主动求治的愿望，而且病程一般都较长。

（三）强迫症

强迫症是指患者在主观上感到某些不可抗拒和被迫无奈的观念、情绪、意向或行为存在。患有强迫症的人，明知某种行为或观念不合理，但却无法摆脱，因而非常痛苦。这种症状大多是由强烈而持久的精神因素及情绪体验而诱发而来的，与患者以往的生活经历、精神创伤或幼年时期的遭遇有一定的联系。学生患强迫症多与其性格缺陷有关，如缺乏自信、遇事过分谨慎、生活习惯呆板、墨守成规、常怕出现不幸、活动能力差、主动性不足等。

（四）恐惧症

恐惧症是对某一特定的物体、活动或处境产生持续的、不必要的恐惧，而不得不采取回避行为的一种神经症。

正常人对真实的威胁会产生恐惧，但是患恐惧症的人常常会对一些常人看来并不恐惧的物体、活动产生强烈的恐惧感，即使认识到这种恐惧是过分的和不必要的，但却无法克制，其恐惧程度和引发恐惧的情境是不相称的。

恐惧症通常分为三种类型:广场恐惧症，即恐惧对象主要是某些特定环境，如广场、高处、拥挤的场所、电梯等；社交恐惧症，表现为对需要讲话或被人观看的情境产生强烈的焦虑反应，并有回避行为；物体恐惧症，即恐惧对象主要是某些特定的物体或情境，如害怕接近特定的动物，害怕高处、雷鸣、黑暗等。

（五）妄想症

狂妄和自大是对自己的品质和才能给予过高的估价而产生的一种虚狂的心理状态。它具体表现为自以为是，任性逞能，头脑发热，忘乎所以，目中无人；自我评价过高，事事以“我”为中心，好极度表现自己；常常无休止地陈述自己的见解，听不进别人的意见，即使在事实非常明显的情况下，也要强词夺理或推诿于客观原因等。造成这个性格现象原因是多方面的，一是家庭过分溺爱、娇惯，导致部分学生长期习惯于支配别人，命令别人，而不懂得与别人合作；二是个人天分较高，学习成绩突出，在同学中有一种“众星捧月”的感觉；三是青年人具有较强的自尊心和好胜心，容易造成他们固执己见、争强好胜。由于这类学生的心理上过分自信，总认为自己的本领高人一等，自己的见解优于别人，因而严重的影响他们的发展，阻碍着他们接受新的教育。

（六）精神分裂症

1．精神分裂症

精神分裂症是以基本人格改变，思维、情感、行为相分裂，精神活动和周围环境不协调为主要特征的一类功能性精神病，是一种常见的精神病，发病率居精神病首位。主要表现是精神活动“分裂”，即患者行为与现实分离，思维过程与情感过程分离，行为、情感、思维具有非现实性，不能协调，难以理解。具体表现如下。

（1）情感：患者对现实的兴趣减少，甚至对切身之事也漠不关心，对某些无关紧要的事反倒特别关心，情绪反复无常，无论喜怒都与现实环境不相称，如生气时大笑等。

（2）思维：思维破裂，思维活动无逻辑性，经常想入非非，不着边际，语言散漫凌乱，对问题的见解轻重倒置，易接受消极的暗示。

（3）行为：出现动作障碍；越来越不合群，尤其倾向于躲避同龄人，常与老人、小孩为伍。

精神分裂症发病者多为青壮年，其病因和发病机理尚不清楚，通常认为与人体的特征、遗传、母体内的损伤、年龄、素质、环境等因素有关。患者发病前的性格常常表现为敏感、多疑、幻想、消极、胆小等。家庭出现危机、恋爱失败、学习成绩下降等刺激因素也成为发病的原因。精神分裂患者需到精神专科医院进行专门的治疗，一般以药物治疗为主，辅以心理治疗。

2．重度抑郁症

重度抑郁症是一种较严重的心理障碍，主要表现为悲伤、绝望、孤独、自卑、自责等，把外界的一切都看成“灰色”的。有的学生对枯燥的专业学习不感兴趣，对刻板的生活方式感到厌烦，因自己学习或社交的不成功而灰心丧气，陷入抑郁悲观状态。长期的抑郁状态会导致思维迟钝、失眠、体力衰退等，对身体危害很大。

重度抑郁症患者由于情绪低落、悲观厌世，严重时很容易产生自杀的念头，且由于患者思维逻辑基本正常，实施自杀的成功率也较高。自杀是抑郁症最危险的症状之一。据研究，抑郁症患者的自杀率比一般人群高20倍。社会自杀人群中可能有一半以上是抑郁症患者。有些不明原因的自杀者可能生前已患有严重的抑郁症，只不过未被及时发现。

如果学生出现以上的部分症状，则要对其给予高度关注，送到精神专科医院进行诊断。如果确诊为重度抑郁症，需要休学进行专业的治疗。

3．偏执型精神病

偏执型精神病是精神病常见的类型，又称妄想症精神病。病人易产生持久的妄想，妄想的内容多为迫害、嫉妒、伟大、无其他异常，人格完整。

偏执型精神病症状以妄想为主，首先关系妄想和被害妄想较多见；其次为夸大、自罪、影响、钟情和嫉妒妄想等。妄想可单独存在，也可伴有以幻听为主的幻觉。情感障碍表面上不明显，智力通常不受影响。患者的注意力和意志力往往增强，尤以有被害妄想者为甚，警惕、多疑且敏感。在幻觉妄想影响下，患者开始保持沉默，以冷静眼光观察周围动静，以后疑惑心情逐渐加重，发生积极的反抗，如反复向有关单位控诉或请求保护，严重时甚至发生伤人或自杀行为。因而此型患者容易引起社会治安问题。病程经过缓慢，发病数年后，在相当长时期内工作能力尚能保持，人格变化轻微。早期不宜被发现，以致诊断困难。

思考与探究

1. 心机障碍的具体含义是什么？
2. 学生常见的心理障碍有哪些？

模块三 学生心理危机预防与干预

学习目标

1. 理解心理危机与心理危机干预的内涵；
2. 理解如何进行心理危机的干预；
3. 掌握学生自杀进行心理干预。

在人生的旅途中，你是否感到你的人生充满了精彩，但同时也充满了危险。你知道如何拨开人生抑郁的阴霾吗？你准备怎样创造人生的幸福？如何预防心理危机。如何防御人生的不幸？本模块将引领大家建立一个心理安全的世界，让大家的生命更加多姿多彩！

一、心理危机概述

（一）心理危机与心理危机干预

1．心理危机

心理危机是指人在面临自然、社会或个人的重大事件时，由于无法通过自己的力量控制和正确调节自己的感知与体验，所出现的情绪与行为的严重失调状态。

这种严重的心理失衡状态导致学生的冲突性行为常表现为轻生自杀、肢体自残、暴力攻击、离家出走，以及吸毒、酗酒、性行为错乱等。

2．心理危机干预

心理危机干预又称“危机介入”“危机调解”，是指针对处于心理危机状态的个人给予恰当的心理援助，帮助其处理迫在眉睫的问题，使之尽快摆脱困难、恢复心理平衡、安全渡过危机。

（二）心理危机的反应与表现

1．心理危机发生时通常的反应

当危机发生时，人通常会在认知、躯体、情感、行为和人际关系方面，表现出焦虑、震惊、担忧、沮丧等反应。

情感反应：悲伤、无助；害怕、畏惧；麻木；愤怒。

生理反应：失眠、食欲不振；头痛、眩晕，心跳加快。

认知反应：做什么都是徒然的；没有办法解决问题；否定事件；迁怒于他人。

行为表现：整日无精打采；坐立不安，不停地吸烟、饮酒；眼神呆滞，听觉迟钝，精力无法集中，无法上课；恐吓他人；做出自伤行为。

人际关系：不愿与人交谈或见面；交谈时无法集中注意力，与朋友见面减少；人际关系恶劣，孤立自己，不能与人建立信任的关系。

2．易产生心理危机的学生

（1）遭遇突发事件而出现心理或行为异常的学生，如家庭发生重大变故、受到突发的自然或社会意外刺激的学生。

（2）患有严重心理疾病的学生，如患有抑郁症、恐惧症、强迫症、癔症、焦虑症、精神分裂症、情感性精神病等疾病的学生。

（3）身体患有严重疾病、治疗周期长、自身感到痛苦的学生。

（4）有自杀未遂史或家族中有自杀者的学生。

（5）因学习压力过大、学习成绩差而出现心理、行为异常的学生。

（6）人际关系失调后出现心理或行为异常的学生。

（7）个人情感受挫后出现心理或行为异常的学生。

（8）性格过于内向、孤僻、缺乏社会支持的学生。

（9）家庭经济困难、无助、导致自卑的学生。

（10）通过心理健康测验筛查出的、需要关注的学生。

二、心理危机的干预

（一）学校心理危机干预系统

1．建立发现体系

（1）建立普查制度。选择科学有效的心理测评工具，开展心理素质普查，建立心理档案并进行有针对性的干预和跟踪控制。

（2）建立排查制度。每学期对重点学生进行排查，了解个别学生的学习、生活、情绪、行为等情况。

（3）访谈制度的跟进。包括间接访谈和直接访谈。老师要经常直接走访那些因学习、生活、情感等原因引起情绪波动大、行为反常的学生，深入学生宿舍，了解学生真实生活状态。主动与心理危机学生预约并进行交谈。当发生情况时，要建立快速反应制度。对有危机或潜在危机的学生做到及时发现和有效干预。学校和家长要建立密切的联系，及时掌握和发现学生的心理状态和目前承受压力的状况。

2. 建立完善的监控体系

主动收集和掌握陷入心理危机学生的变化信息，做好监控防范工作。设立专门心理负责人关注一些敏感人群的心理变化。对心理普查中可能存在有严重心理困扰的学生进行心理访谈、评估鉴别、咨询和跟踪。

3. 建立完善的干预体系

危机干预的时间一般在危机发生后的数个小时、数天或数星期，干预的最佳时间一般在事件发生的24～72小时之间。

危机干预系统的紧急启动。一旦发现有自杀倾向或企图实施自杀行为的学生，应立即启动危机干预措施，对其实行24小时有效监护，确保学生生命安全。同时，立即通知学生家长到校或由学生家长委托的人员到校，共同采取监护措施。对自杀未遂的学生，应立即由老师陪同送到专业精神卫生机构进行救治和安抚。

4. 建立转介体系

在学校的统一领导下，建立学校、心理咨询中心、医院、校外专业精神卫生机构的联络和协作关系。

及时识别诊断与转介。若发现学生已患有严重的心理障碍疾病，经心理咨询中心初步诊断，发现不适宜咨询而需要心理治疗者或住院治疗者，则及时转介到校医院，由校医院转院做进一步诊断或决定转到校外专业精神卫生医院，然后采取有效的干预与治疗措施。

5. 建立危机事件善后处理体系

善后处理有利于当事人及其周围人员的情绪稳定，有利于危机事件的修复和处理。

（二）学生自杀的心理危机干预

1. 自杀者的特点

认知方面：自杀者一般易走极端，看不到解决问题的其他途径，在挫折和困难面前不能对自身和周围环境做出客观评价；对困难常不能正确地估计，对人、对事、对己、对社会均倾向于从阴暗面看问题，心存偏见和敌意，从思想和感情上把自己与社会隔离开来。

情绪方面：自杀者大多性格内向、孤僻、以自我为中心，难以与他人建立正常的人际关系。当缺乏家庭的温暖和爱护，缺乏朋友师长的支持与鼓励时，常常感到无助，最后变得越来越孤僻，进入自我封闭的小圈子，失去自我价值感。

行为方面：青少年的自杀意念常常在很短的时间内形成，因情绪激动而导致冲动行为，一想到死马上就采取行动。他们对自己面临的危机状态缺乏冷静的分析和理智的思考，往往认定没办法了，只有死路一条，思考变得极其狭隘。

死亡概念模糊：企图自杀的青少年对死亡的概念比较模糊，部分甚至认为死是可逆的，暂时的。因此对自杀的后果没有充分估计。

2. 自杀前的征兆

言语上的征兆。直接向人说“我想死”，“我不想活了”或间接向人说“我所有的问题马上就要结束了”；“现在没有人可以帮助我”；“没有我，他们会过得更好”；“我再也受不了了”；“我的生活毫无意义”等表达厌世的话。或和别人谈论与自杀有关的事或开自杀方面的玩笑及谈论自杀计划（包括自杀方法、日期和地点）等。有的人会流露出无助或无望的心情或突然与亲朋告别。

3．易引发学生自杀的事件

家庭发生变故；与朋友、同学绝交；自己敬爱的人或对自己有重要意义的人死亡；恋爱关系破裂；与他人产生纷争；发生违法事故；受到同伴排斥、孤立；受人欺负或迫害；学习成绩不理想或考试不及格；在考试期间受到过多压力；就业问题；堕胎引发的问题；患艾滋病或其他传播性疾病；患重病无法治愈；受到自然灾害的伤害。

4．如何帮助有自杀倾向的人

据“关爱生命万里行”活动小组《预防自杀手册》资料显示：帮助有心理危机或自杀倾向者需注意以下十六项要点。

（1）事先应知道他们可能会拒绝你要提供的帮助。有心理危机的人有时会对他们无法处理自己的问题加以否认。不要认为他们的拒绝是针对你本人。

（2）向他们表达你的关心。询问他们目前面临的困难及困难给他们带来的影响。鼓励他们向你或其他值得信任的人谈心。

（3）多倾听，少说话。给他们一定的时间说出内心的感受和担忧。不要给出劝告，也不要感到有责任找出一些解决办法。

（4）要有耐心。不要因他们不能很容易与你交谈就轻言放弃。允许谈话中出现沉默，有时重要的信息在沉默之后出现。

（5）不要担心他们会出现强烈的情感反应。情感爆发或哭泣会利于他们的情感得到释放。要保持冷静。要接纳，不做评判。也不要试图说服他们改变自己内心的感受。

（6）对他们说实话。如果他们的话或行为吓着你了，直接告诉他们。如果你感到担忧或不知道该做些什么，也直接向他们说。不要假装没事或假装愉快。

（7）询问他们是否有自杀的想法。不要害怕询问他们是否考虑自杀，这样不会使他们自杀，反而会挽救他们的生命。“你是否有过很痛苦的时候，以致令你有想结束自己生命的想法?”“有时候一个人经历非常困难的事情时，会有结束生命的想法。你有那种感觉吗？”“从你的谈话中我有一种疑惑，不知道你是否有自杀的想法。”不要这样问：“你没有自杀的想法，是吧?”

（8）相信他们所说的话。任何自杀迹象均应认真对待，不论他们用什么方式流露。

（9）不要答应对他们的自杀想法给予保密。

（10）如有自杀的风险，要尽量取得他人的帮助以便与你共同承担帮助他们的责任。

（11）让他们相信别人是可以给予他们帮助的，并鼓励他们寻求他人的帮助和支持。如果你认为他们需要精神科专业的帮助，就可以向他们提供转介信息。

（12）如果他们对寻求精神科恐惧或担忧，应花时间倾听他们的担心、告诉他们大多数处于这种情况的人都需要专业帮助、解释你建议他们见专业人员不是因为你对他们的事情不关心。

（13）如果你认为他即刻自杀的危险性很高，要立即采取措施：不要让他独处；去除自杀的危险物品，或将他转移至安全的地方；陪他去精神心理卫生机构寻求专业人员的帮助。

（14）如果自杀行为已经发生，立即将其送往就近的急诊室。

（15）给予希望。让他们知道面临的困境能够有所改变。

（16）在结束谈话时，要鼓励他们再次与你讨论相关的问题，并且要让他们知道你愿意继续帮助他们。

思考与探究

1．什么是心理危机及心理危机干预？

2．如何建立心理危机干预系统？

3．如何帮助有自杀倾向的人？

▲ 踩踏事故的应对与自我保护　▲ 校园教学安全

扫一扫，学微课

第四单元　学生校园日常安全

模块一

校园教学安全

学习目标

1. 掌握发生踩踏事故时自我保护的注意事项；
2. 学会如何避免教室意外事故；
3. 掌握如何保证实验室安全；
4. 理解计算机机房内的安全。

一、踩踏事故

（一）容易发生踩踏危险的情况及场所

学校教学楼是人群密集的地方，遇到突发事件容易导致踩踏事故。为了防止踩踏事故，在上下楼梯和在楼道通行时，不要拥挤，要靠右行走、礼让慢行，不要追逐打闹，不要开容易造成伤害的玩笑。

大型文化体育活动场所、商场、狭窄的街道、室内通道或楼梯、影院、酒吧、夜总会、超载公共客车、航行的轮船上等都隐藏着踩踏危险。学校中的拥挤踩踏事故容易导致群死群伤。教学楼上下的楼梯转角处是最危险的地点。学校踩踏事故多发生在下晚自习、下课、上操、就餐和集会时，学生集中上下楼梯，且心情急切。如果又遇到楼梯通道照明不足，晚上突然停电等情况，就容易造成恐慌和拥挤。

在学生集中上下楼梯时，要有老师组织和维持秩序；在学生上晚自习时要有老师值班，下课时要有人疏导；在学生搞恶作剧、推搡拥挤等混乱情况下要有老师制止，这些都能避免惨剧的发生。

（二）发生踩踏事件时的自我保护

在发生拥挤踩踏时，要保持情绪稳定，不要被别人感染，惊慌只会使情况更糟。心理镇静是个人逃生的前提，服从大局是集体逃生的关键。要发扬团队精神，要听从指挥人员的口令，因为组织纪律性在灾难面前非常重要。如有可能，应及时拨打“110”或“120”，联系外援，寻求帮助。

如果已经被裹挟在拥挤、惊慌的人群中，切记和大多数人的前进方向保持一致，不要试图超过别人，更不能逆行。在人群中，应双手抱胸，两肘朝外，以此来保护肺部和心脏不受挤压。

如果自己已经被推倒在地，失去平衡，要设法靠近墙壁，身体蜷成球状，面向墙壁，双手紧扣置于颈后，这样手指、背部和双腿可能受伤，但可以保护大脑、心脏等人体关键部位。

如果自己已经被人挤倒又无法站起来，如潮般的人群从身上经过，可以双手抱着后脑勺，双肘支地，胸部稍离地面，即使双肘被磨破，也不能改变动作。在踩踏中丧生的人，大部分是由于脑部和心脏受损。

二、教室意外事故

室内活动也要注意安全，做到“六防”：

一防磕碰。多数教室空间比较狭小，又有桌椅等用品，所以不要在教室中追逐、打闹、做剧烈的运动和游戏，以防止磕碰受伤。

二防滑、防摔。教室地板比较光滑，要防止滑倒受伤，需要登高打扫卫生、取放物品时，要请他人加以保护，注意防止摔伤。

三防坠落。擦楼房窗户玻璃别逞能，不要将身体探出窗外，谨防发生坠楼危险。

四防挤压。教室的门、窗户在开关时容易夹到手，也应小心，留意不要被夹到手或夹到别人的手。

五防火灾和触电。不要在教室里随便玩火，随意动插座、电教设备，更不能在教室里抽烟、燃放爆竹等。

六防工具意外伤害。锥、刀、剪刀等锋利、尖锐的工具，图钉、大头针等文具，用后应妥善保存放起来，不能随意放在桌椅上，传递给同学时要把尖头朝向自己，防止有人受到意外伤害。

三、实验室安全

设置工科、农科及医药等类专业的学校，除实训场地外，还有多种类型的实验室。

（一）实验室安全事故的主要类型

学校的众多实验室内，有使用种类繁多的化学药品、易燃易爆物品和剧毒物品；有的实验要在高温、高压或者超低温、真空、强磁、辐射、高电压和高转速等特殊环境或条件下进行；有的实验会排放有毒物质。实验室安全事故主要表现为火灾、爆炸、毒害、机电伤人及设备损坏、盗窃等。此外，噪声、低辐射、微放射性、微毒等可能慢性影响人身健康，也应引起重视。

火灾事故的发生具有普遍性，几乎所有的实验室都可能发生。酿成这类事故的主要原因有：忘记关电源，致使设备或用电器具通电时间过长，温度过高，引起火灾；操作不慎或使用不当，使火源接触易燃物质，引起火灾；供电线路老化、超负荷运行，导致线路发热，引起火灾；乱扔烟头、接触易燃物质，引起火灾。

爆炸性事故多发生在有易燃易爆物品和压力容器的实验室。酿成这类事故的主要原因是：违反操作规程，引燃易燃物品，进而导致爆炸；设备老化，存在故障或缺陷，造成易燃易爆物品泄漏，遇火花而引起爆炸。

毒害性事故多发生在有化学药品和剧毒物质的实验室和有毒气排放的实验室。酿成这类事故的主要原因是：违反操作规程，将食物带进有毒物的实验室，造成误食中毒；设备设施老化，存在故障或缺陷，造成有毒物质泄漏或有毒气体排放不出，酿成中毒；管理不善，造成有毒物品散落流失，引起环境污染；废水排放，管路受阻或失修改道，造成有毒废水未经处理而流出，引起环境污染。

机电伤人性事故多发生在有高速旋转或冲击运动的机械实验室，或要带电作业的电气实验室和一些有高温产生的实验室。事故的主要原因是：操作不当或缺少防护，造成挤压、甩脱和碰撞伤人；违反操作规程或因设备老化而存在故障和缺陷，造成漏电触电和电弧火花伤人；使用不当造成高温气体、液体对人的伤害。

设备损坏性事故多发生在用电加热的实验室。事故的主要原因是：由于线路故障或雷击造成突然停电，致使被加热的介质不能按要求恢复原来状态造成设备损坏。

（二）学生在实验室的基本安全要求

第一，未经许可不得擅自进入实验室。

第二，实验前，必须认真复习有关理论知识，预习实验要求，认真领会操作规程和安全注意事项。

第三，实验中，严格按照要求，安全、合理摆放和使用各类化学试剂、仪器仪表、压缩气体钢瓶和高压容器等设备，严禁违章操作。废气、废物、废液按规定妥善处理，不得随意丢弃，污染环境。在实验过程中，不得随意走动、谈笑和打闹。

第四，实验后，按要求做好实验记录和实验室卫生保洁，认真检查并及时关闭电源、水源、气源和门窗。

四、计算机机房安全

计算机机房安全是学生必须了解的内容。为了加强计算机机房安全管理，维护计算机机房的正常秩序，保证师生良好的学习环境，在计算机机房必须做到以下基本要求。

第一，上机者必须遵守机房的各项管理规定，服从机房工作人员的管理和安排。学生应按上机课表准时上课，不得迟到或早退。整班上计算机课时，需要指导教师的指导，无指导教师不得进入机房。上机期间，禁止进行与课程无关的操作。

第二，没有机房工作人员或指导教师的允许，学生不得操作总闸开关，不准私自打开机箱和插拔各种连线，严禁私自搬移设备。不得随意修改计算机设置及参数，不准删除系统文件，要遵守安全操作程序，发现异常情况要及时汇报。

第三，禁止私自带移动储存设备进入机房。如需使用U盘，须事先交机房工作人员检查后方可操作。禁止在计算机机房观看、复制、传播反动、迷信及不健康内容。

第四，在上机的同时，要保管好自己的私人物品，不得随意走动、说笑，保持机房安静。保持机房清洁卫生，严禁在机房内抽烟、吃零食、乱扔废弃物等。

第五，离开计算机机房时，要安全关闭计算机，确保下机后电源断开、门窗关严锁好。

此外，计算机工作时会产生辐射、静电和较高温度，如不加强防护，会损害健康。计算机静电辐射对人体的伤害是隐形的、累积的。除学校对计算机机房进行静电辐射检测，加强安全防护措施外，学生操作计算机的时间不宜过长，还要注意计算机机房的空气流通。

思考与探究

1. 发生意外踩踏事故时如何自救？
2. 如何预防教室意外事故？
3. 学生在实验室有哪些基本的安全要求？
4. 计算机机房内应该注意哪些事项？

模块二

校园公共卫生安全

学习目标

1. 掌握学习预防食物中毒的知识；
2. 掌握学习预防传染病的知识；
3. 了解常见的传染病及其预防。

一、预防食物中毒

1．食物中毒的含义

食物中毒是指吃入食物中的有毒物质引起身体的不良反应。有单发的也有群体的，轻者影响身体健康，重者甚至会危及生命。食物中毒包括细菌性食物中毒（如大肠杆菌食物中毒）、化学性食物中毒（如农药中毒）、植物性食物中毒（如木薯、扁豆中毒）、真菌性食物中毒（毒蘑菇中毒）。

食物中毒来势凶猛，时间集中，无传染性，夏、秋季多发。群体食物中毒表现为，在短时间内，吃过这种食物的人单个或同时发病，以恶心、呕吐、腹痛、腹泻为主，往往伴有发热。吐泻严重的，还可发生脱水、酸中毒、甚至休克、昏迷等症状。

2．如何预防食物中毒

学生不仅要积极支持学校食堂的卫生工作，还要养成个人饮食卫生的良好习惯。例如，饭前、便后要洗手，认真用肥皂洗净，减少“病从口入”的可能。餐具要卫生，每人要有自己的专用餐具，饭后将餐具洗干净存放在干净的塑料袋内或纱布袋内。

在食堂买饭菜不要过量，现吃现买，不要剩着下顿吃，隔夜变味的饭菜会让人食物中毒。食用在常温下已存放4～5小时的食物极不安全，这是因为烹调好的食品冷却至室温时，微生物就开始繁殖，放置的时间越长，危险性就越大，微生物繁殖到一定的数量或繁殖过程中产生毒素可致进食者中毒，所以趁热进食刚煮好的食品可缩短微生物繁殖时间。

在外就餐时，不到无证经营、卫生条件差的饮食摊点上吃喝，要去卫生条件好、管理严格的饭馆；就餐时如有异味要马上停止食用；自己加工食物，如豆类、蔬菜要煮熟，要注意分开生、熟食品，切过生食的刀和案板没洗净一定不能再切熟食，摸过生肉的手一定要洗净再去拿熟肉，避免生、熟食品交叉污染；不随便吃野菜、野果，其中有的含有对人体有害的毒素，缺乏经验的人很难辨别清楚。

有些学生爱吃零食，要注意不购买街头小摊贩出售的劣质食品、饮料，不购买无品名、无厂家、无生产日期的食品，不吃过期、变质的食品。此外，要抵御“好看”零食的诱惑，因为制造“好看”食品往往使用了过多的人工合成色素、香精、防腐剂等食品添加剂，这些东西食用过量会使人患病。把食品储藏于密闭容器中，避免苍蝇、蟑螂类和其他动物把致病的微生物带到食物上。

夏天用药物灭蚊蝇时，要先将食品盖好，放好，以免被药物污染。敌敌畏杀虫剂和灭鼠药等不能放在一起。妥善使用、保管含有有毒物质的物品（如温度计、体温计等），防止损坏导致毒物外泄。服用药品时一定要遵照医嘱服用，千万注意不要超剂量服用，以免造成药物中毒。药物同时服用要遵医嘱，避免混合产生副作用。

3．食物中毒如何自救

一旦吃过东西后胃里有不舒服的感觉，马上用手指或筷子等帮助催吐，并及时向急救中心“120”呼救，去医院进行洗胃、导泻、灌肠。越早去医院越有利于抢救，如果超过两个小时，毒物被吸收到血液里就比较危险了。

扫一扫，学微课

▲ 预防传染病

要注意保存导致中毒的食物，提供给医院检疫，如果身边没有食物样本，也可保留患者的呕吐物和排泄物，确定中毒物质对治疗来说是非常重要的。

二、预防传染病

传染病影响众多人的健康，有的传染病爆发性强、病死率高，在集体生活中容易突然大面积流行，对人的生存有很大威胁。

（一）传染病

人会生病，但许多病不传染，如骨折、白内障、糖尿病、冠心病、骨质疏松等。能相互传染的病也不少，如常见的感冒、“脚气”，常听说的甲肝、血吸虫病、流脑，死亡率高的霍乱、鼠疫、狂犬病、禽流感等。

传染病有以下 5 个基本特征：一是由病原体，每一种传染病都有它特异的病原体，包括微生物（如细菌、病菌、真菌、衣原体、支原体、立克次体、螺旋体等）和寄生虫（如原虫、蠕虫等）；二是有传染性，传染病的病原体可以从宿主排出体外，经过一定的途径传染给另一个人；三是有感染后免疫，大多数患者在疾病痊愈后，对同一种传染病病原体产生不感受性，有的传染病患者一次患病后可终身免疫，有的还有可能再次感染；四是有流行病学特征，传染病能在人群中流行，按传染病流行病过程的强度和广度分为散发、流行、大流行、爆发；五是可以预防，通过控制传染源，切断传染途径，增强人的抵抗力等措施，可以有效地预防传染病的发生和流行。

（二）几种传染病及其预防

1．非典型肺炎

非典型肺炎是一种传染性极强的呼吸道疾病，其病原体是变异冠状病毒。世界卫生组织将其称为“严重急性呼吸系统综合征（SARS）”。

患者起病急，以发热为首发症状，体温一般高于 38℃，偶有畏寒；可伴有头痛、关节酸痛、肌肉酸痛、乏力、轻微腹泻；伴有咳嗽（多为干咳、少痰）、胸闷等症状，严重者出现呼吸加速、气促或明显呼吸窘迫等症状。

非典型肺炎的传播途径主要有 3 条：通过近距离飞沫传播，接触沾染患者呼吸道分泌物的物品、用具等；经口、鼻传播；直接接触患者造成传播。

预防非典型肺炎的措施主要有四方面：一是保持良好的个人卫生习惯，勤洗手，不要共用毛巾、牙刷等用品；二是室内经常通风换气，保持卫生和工作环境的空气流通；搞好环境卫生，勤晒衣物和被褥等；三是经常到户外活动，呼吸新鲜空气，增强体质；四是与呼吸道传染病患者接触时，应该戴口罩。

2．霍乱

霍乱是一种典型的“粪—口”传播性传染病。霍乱患者的粪便中有霍乱弧菌，粪便可污染水源和食物。人喝了被污染的水或吃了被污染的食物，1～2 天（最快的几个小时）后便会发病。霍乱患者表现为腹泻和呕吐，继而出现脱水及电解质紊乱，严重者会危及生命。

腹泻及呕吐：霍乱发病多从急剧腹泻开始。多数腹泻不伴有腹痛，这与一般的肠胃炎有很大的不同；另外，霍乱患者不发热，这与患痢疾也有很大不同。霍乱患者的排便次数通常不是很多，但排泄量大。开始时大便为稀便，继而呈淘米水样或无色透明水样，无明显的粪臭味。呕吐一般在严重腹泻后出现，常无明显的恶心感。

脱水及电解质紊乱：频繁的腹泻、呕吐之后，患者可有不同程度的脱水表现。起初患者只感到口渴，眼窝稍凹陷，口唇稍干；儿科有声音嘶哑、口唇干燥、皮肤皱缩、指纹皱瘪（故霍乱又称“瘪螺痧”）、尿量减少、体温下降、脉搏变弱变快、血压下降等症状，如不及时抢救，往往危及生命。

把住“病从口入”这一关，霍乱是完全可以预防的。即注意饮食卫生，不喝生水，食物要煮熟或洗净，不吃生或半生的水产品；养成良好的个人卫生习惯，饭前、便后要洗手。此外，出现疑似霍乱的症状时，要及早就医。

3．菌痢

细菌性痢疾简称菌痢，是由痢疾杆菌引起的以腹泻为主要症状的肠道传染病。主要临床表现为发热、腹痛、腹泻、里急后重、脓血样大便，伴有发热，以结肠化脓性炎症为主要表现。中毒型急性发作时，可出现高热病感染性休克症状，有时出现脑水肿和呼吸衰竭。该病程常年散发，夏季多见，是我国的多发病之一。病后仅有短暂和不稳定的免疫力，人类对此病普遍易感，不但容易暴发流行，而且患者会重复感染或再感染，反复多次发病。菌痢能引起痢疾杆菌败血症、溶血尿毒综合征等并发症。

潜伏期为数小时至 7 天，起病较急，患者畏寒发热、体温可达 38～40℃。该病每年夏季发病率最高。如果治疗不彻底，患者病程两个月以上不痊愈者有可能转为慢性。慢性菌痢的主要表现为腹泻、大便次数多、明显的黏液便和少量脓血，但全身重度症状不明显，时有腹痛、腹胀等症状。痢疾的病后带菌者较多，恢复期带菌率 20%左右，慢性病人的排菌时间可达 9 年之久。

预防菌痢的传播，主要是养成良好的个人卫生习惯，饭前、便后洗手，不吃不洁食物，加强环境卫生，消灭苍蝇，保护食品、水源免受污染。

4．肝炎

肝炎就是肝脏发炎。肝炎有很多种，酒精性肝炎、药物性肝炎，自身免疫反应性肝炎不是传染病，病毒性肝炎是传染病，由病毒引起，具有传染性较强、传播途径复杂、流行面广泛、发病率较高等特点。根据引起肝炎的病毒性种类，可分为甲型、乙型、丙型、丁型和戊型肝炎。甲型、戊型肝炎主要通过消化道感染，乙型、丙型、丁型则主要通过血液等其他途径传染。每一类型的肝炎传播途径有不同的特点，预防措施也是针对各种传播途径的特点来制定的。

甲型和戊型肝炎主要通过饮食传染，即“粪—口”途径传播。患者从粪便排出病毒，污染水源、食物、手及其他物品，再通过“粪—口”途径传染给他人。这两种肝炎的预防主要是通过加强环境卫生、食品卫生和个人卫生，把住病从口入关。

乙型、丙型、丁型肝炎的病毒，不存在于粪便之中，因此不能通过“粪—口”途径或粪便—水源传播，主要通过血液或人的分泌物传播。除了医院要加强医疗器械及用品、血液及血制品的管理外，作为学生要做到不找街头庸医看病，更不能贪便宜让接头庸医打针、拔牙。

5．艾滋病

艾滋病被称为“当代瘟疫”和“超级瘟疫”，已引起世界卫生组织（WHO）及各国政府的高度重视，我国已将其列入乙类法定传染病，并为国际卫生监测传染病之一。

艾滋病病毒的传染途径有四种：静脉吸毒者共用被感染的注射器；与感染者的性接触；接受被感染者的血或血制品；母婴之间的垂直传播。而导致艾滋病在我国快速传播的元凶就是吸毒。由于毒品泛滥，吞噬着人民的身心健康，消耗着国家的巨额财富，给个人、家庭和社会造成极大的危害，特别是当前越来越多的人采用静脉注射方式滥用毒品，导致艾滋病病毒感染者比例迅速上升。可以说艾滋病与吸毒简直就是一对罪恶的孪生子。

6．破伤风

破伤风是破伤风杆菌自伤口侵入人体后所引起的疾病。年轻人活泼好动，无论在职业活动中还是在日常生活中，都容易受外伤，是破伤风的易感人群。破伤风杆菌主要存在于泥土、人和动物的粪便里，是一种厌氧菌，只有在缺氧的环境中才能繁殖。

感染者一般在伤后6～10天发病，也有伤后24小时或是数周后才发病的。发病时间越短，症状越严重，病人的危险也就越大。初期先有乏力、头晕、头痛、烦躁不安、打哈欠等症状。接着可出现强烈的肌肉收缩，先是从面部肌肉开始，张口困难、牙关紧闭；表情肌肉痉挛，头后仰出现所谓的“角弓反张”；若发生喉痉挛，可造成呼吸停止，病人窒息死亡，病死率为20%～40%。

破伤风一旦发作，想治好比较困难，但其预防效果极佳。在小时候注射三联疫苗预防针（俗称百白破，即白喉、百日咳、破伤风），是预防破伤风的最有效方法。学生若出现较深伤口，或伤口被泥土、铁锈等污染物污染，一定立即到医院注射破伤风抗毒素血清。这是创伤发生后、尚未出现破伤风症状时预防破伤风的有效手段。

7．癣

好多人有“脚气”，“脚气”是一种癣，是由致病真菌引起的皮肤传染病。癣症多半容易出现在人体多汗潮湿的部位，被感染的皮肤会软化发白，出现裂痕或红疹，有的会出现小水疱，同时伴有瘙痒、灼痛或叮刺的感觉，或者发出发臭难闻的气味。真菌喜欢在潮湿物品的表面寄居，因此如果直接接触公共浴室或衣帽间的地板则有可能直接感染真菌。饲养的宠物和家畜也可能成为真菌传染的病原，这些患病动物会出现脱毛的症状。浴室、更衣室、游泳池周边或者温泉周边等场所，真菌都能顽强存活。

人们的工作环境、生活习惯也是造成易于被癣症感染的原因。例如，经常穿尼龙或化纤制的袜子、裤子，和宠物过于亲近，长时间穿塑料或橡胶鞋（由于职业需要穿橡胶鞋，电工的脚癣患病率高达80%）。夏季炎热，气温较高，局部出汗，真菌活跃，并发细菌感染机会多，并发症的可能性也较大。常见的并发症有丹毒（俗称“流火”，为皮下软组织急性炎症）、淋巴管炎、蜂窝织炎、癣菌炎（有手足癣等真菌内毒引起的全身反应）。

预防癣症最好的办法是讲究个人卫生，勤洗澡、洗头、洗脚，勤换衣袜，不穿别人的鞋和衣服。

（三）讲卫生是预防传染病的最佳措施

绝大多数传染病是由于不讲卫生而感染的。在日常生活中，至少应当做到“四勤”“四自”“四不”。“四勤”就是要勤洗头、勤理发、勤洗澡、勤换衣；“四自”就是自己应该固定有一套毛巾、牙刷、手绢和茶杯；“四不”就是不随地吐痰、不对别人咳嗽、不抠鼻揉眼、不乱扔垃圾。

1．一口痰到底有多脏

痰是呼吸道的垃圾，由呼吸道分泌的黏液，吸进肺里的灰尘、烟尘、细菌、病毒、真菌、呼吸道及肺组织的脱落细胞和坏死组织、血球、脓性物等组成。

在所有人体的分泌物中，痰所传播的疾病最多。在痰中含有几百种细菌、病毒和真菌。有 89 种鼻病毒，几乎全部生活在呼吸道内；结核病 90%以上由呼吸道传播。

此外，还要注意咳嗽、打喷嚏时要讲文明。流感、非典型肺炎、流脑、麻疹、风疹、腮腺炎、水痘和肺结核等是常见的空气飞沫传播的疾病。因此，咳嗽、打喷嚏时要用手帕（手纸）掩住口鼻，并及时洗手。

随地吐痰是不文明和不道德的行为，也是愚昧和落后的表现。随地吐痰破坏公共卫生，散布传染病的病原体，危害他人健康。喉咙痒的时候应该想想，你的一口“小不忍”，是对多少人的“大不敬”。

2．洗手为什么重要

人的双手在职业活动和日常生活中与各种各样的东西接触，不但会沾染上灰尘、污物，有时还会沾上有害有毒的物质，更会沾染上微生物、细菌、病毒。一般来说，人的一只手上黏附有大约 40 多万个细菌，如果手洗不干净，后果不堪设想。

要做到勤洗手。饭前饭后、便前便后、吃药之前；接触过血液、泪液、鼻涕、痰液和唾液之后，做完扫除工作后；接触钱币之后；室外活动、户外活动、劳动作业、购物之后；在接触过传染病患者或患者的用品之后，更要反复洗手。

要做到会洗手。洗手分六步：掌心相对，手指并拢相互摩擦；手心对手背沿指缝相互摩擦，交换进行；掌心相对，双手交叉沿指缝相互摩擦；一手握另一手大拇指旋转搓擦，交换进行；弯曲各手指关节，在另一手掌心旋转搓擦，交换进行；搓洗手腕，交换进行。

3．室内空气要常换

学生长期在教室、宿舍内生活，要注意防止室内空气污染。许多人有这样的体验：在门窗紧闭的室内待上一夜或几个小时会感到头昏脑涨，精神萎靡不振。如果经过一夜的睡眠，早上起来立即打开门窗，就会感到很舒服。睡眠状态下，一个人一晚上会呼出大量二氧化碳，门窗紧闭，房间里的氧气浓度会逐渐降低，容易造成大脑缺氧，严重影响我们的身体发育。实验表明，室内每换气一次，可除去室内空气中原有有害气体的 60%。让外面的新鲜空气充分地和室内的浑浊空气进行交换，一般情况下，打开门窗 30 分钟后，60 立方米的房间内空气就可以得到更新。

即使天气比较冷，也应注意教室、宿舍通风。每天开窗通风的次数以早、中、晚三次各通 20 分钟为宜。在呼吸道传染病流行期间，一般要求 2～3 小时通风一次，每次时间为 30 分钟。

扫一扫，学微课

▲ 宿舍防盗

思考与探究

1. 学生如何预防食物中毒？
2. 学生如何预防传染病？

模块三 校园住宿安全

学习目标

1. 了解常见的学生宿舍盗窃方式；
2. 学会基本的防盗措施；
3. 了解常见的学生宿舍失火原因；
4. 学会应对宿舍失火的基本措施。

一、宿舍防盗

（一）学生宿舍常见的盗窃方式

1. 顺手牵羊

作案分子趁主人不备，将放在桌上、走廊、阳台等的物品信手拈来，占为己有。

2. 乘虚而入

作案分子趁主人不在之时，利用房门未锁之机入室行窃。

窗外“钓鱼”：作案者用竹竿、木棍等工具在窗外将被害人的物品钩走。更有甚者把纱窗弄坏，钩走被害人放在桌上、床上的物品。

3. 翻窗入室

作案者翻越没有牢固防范设施的窗户、气窗等入室行窃。有的作案者入室窃得钱物后，堂而皇之离去，因此不易被发现。

4. 扭锁

作案分子使用各种工具撬开门锁后入室行窃。还有偷配钥匙，预谋行窃；也有以找人、卖东西等名义混入宿舍，伺机行窃等作案方式。

（二）易发生盗窃的时间

新生入学及刚开学和放假前后，宿舍人员比较混乱、出入人员较多，易发生顺手牵羊式的盗窃。学校举办各种大型活动如文艺晚会、体育运动会、各类招聘会等期间，外来人员剧增时，发生盗窃的可能性也会增加。假期时，学校放假，大部分学生和教师已离校，校内人员较少，容易发生撬门扭锁式的盗窃。

在正常学习阶段，同学们都去上课，尤其是上午第一、二节课和晚自习时，以及学校组织考试、开大会等时，宿舍无人，也容易发生盗窃。晚上睡觉时，有些学生可能放松警惕不关门、不锁门，尤其是一、二楼的宿舍，使窃贼有机可乘。夏秋之际，易发生“钓鱼”式盗窃。夏季经常不关门，易发生乘虚而入式盗窃。

（三）易发生失盗的宿舍

居住混乱、搬动频繁；管理松懈、制度不严；无人值班或值班人员责任心差；同学缺乏警惕性、互不关心；门窗缺乏安全设施等的宿舍。

（四）做好宿舍防盗

严格遵守学校对宿舍楼进出的规定，尊重值班保卫人员，支持值班人员的工作。协助值班的同学切实负起责任，提高警惕、严守岗位。住校生要养成随手关门、锁门的习惯，最后离开寝室的同学一定要锁门，不能嫌麻烦。注意保管好自己的钥匙，不要随意借给他人。不要随便留宿不知底细的人，对形迹可疑的陌生人，应提高警惕。住一楼的同学，睡觉应将贵重物品放置远离窗户的地方，防止被盗窃分子钩走。警惕不法商贩入校作案。

1．保管容易被盗的物品

（1）贵重物品。计算机、平板电脑、手机、照相机、快易通等都属于比较贵重的物品，一旦被盗，不仅是金钱上的损失，还会影响心情，甚至影响学习。因此，贵重物品不用时应该锁在抽屉、柜子里，以防顺手牵羊、乘虚而入者盗走。放假离校应将贵重物品随身带走或托可靠的人保管，不要留在寝室。价值较高的贵重物品，最好有意识地做上一些特殊记号，即使被偷走，将来找回来的可能性也比较大。

（2）现金。现金是一些盗窃分子图谋的首选对象。保管现金的最好方式是存入银行并加密码，千万不能怕麻烦。密码应当选择容易记忆且又不易被破解的数字，不要使用自己的出生日期作密码。储存后要记下存单号码，一旦被窃或丢失，便于报案和到银行挂失。存折、信用卡等不要与自己的身份证、学生证等证件放在一起，以防盗窃分子一起盗走后冒领。发现存折丢失后，应立即前往银行挂失。

（3）有价证卡。现在大多数学校食堂都使用磁卡买饭，电话磁卡也早已普及。这些有价证卡应当妥善保存，防止丢失或被人盗用。各类有价证卡最好的保管方式是放在自己贴身的衣袋内，袋口最好有纽扣或拉链。使用密码应当保密，不要随便将密码告知他人，以防身边有“不速之客”。如果参加体育锻炼等活动必须脱衣时，应将各类有价证卡锁在自己的箱子里，并保管好自己的钥匙。

（4）自行车。自行车盗窃是社会的一大公害，校园内也不例外。要将自行车停在学校指定区域，不可乱停乱放。要安装防盗车锁，养成随停随锁的习惯。

2．发现可疑人员怎么办

作案人员到宿舍行窃时，往往要寻找各种各样的借口，如找人或推销商品等，见到管理松懈、进出自由、房门大开时，便来回走动、窥探张望、伺机行事，待摸清状况、瞅准机会，便会撬门扭锁、大肆盗窃。

扫一扫，学微课

▲ 宿舍防火

学生应当提高对陌生人的警惕，对宿舍楼中出现的陌生人应主动上前询问。询问的态度要和气，盘问应细致、巧妙。对回答疑点较多的人，如所说的专业、班级不对号，要找的人根本不存在，神色慌张、左顾右盼，则可进一步盘问。必要时还可问其姓名、单位，然后要求看其有无身份证、工作证、学生证等证件。

如果来人经盘问疑点很多，不肯说出真实身份，或身边携带的可能是赃物、作案工具等物品，应设法拖延和来人的谈话，并打电话或通过其他方法通知学校保卫部门。在盘问时，要注意的几个问题：一是态度要始终和气，即使与可疑人员激动争吵，也应与之说理，不可动手；二是不能随意进行搜查，因为这样做是违法的；三是如果可疑分子真是盗窃分子，还要防其突然行凶或逃跑。

3．如何对付盗窃分子

以正压邪、头脑冷静、急而不乱、随机应变、注意安全，是在校学生发现盗窃分子后应有的表现。要注意发挥同学们的集体力量，组织同学进行围堵，尽量不要单独作战。

对小偷小摸的盗窃者，在人多的场合，可以高声喝令其停止盗窃，迫使其无法得逞；也可以告诉附近同学，共同制止其盗窃。对正在室内作案的盗窃分子，不应径直入室制止，而应迅速到外面喊人或报告巡逻民警及其他治安管理人员。如果发现已经得逞离开作案现场的盗窃分子，应当认真记住他们的特征（大致的年龄、性别、身高、胖瘦、相貌、衣着、口音、动作习惯，以及身上的痔、瘤子、刺花、残疾等各种特征，佩戴的戒指、手镯、耳环、项链等各种饰物）和逃离去向。对有交通工具的作案者，要记下他们车辆的型号、颜色、车牌号码，以便向公安部门报告，有助于及时破案。在一般情况下，应尽量避免与盗窃分子的正面接触，以免受到伤害，要机智灵活地与盗窃分子进行斗争。

抓获盗窃分子后，要采取强制措施将其控制住，并及时通知学校保卫部门或派出所。应当注意，抓住窃贼后一是不能疏忽大意；二是强制程度要适当。

4．发现宿舍被盗后怎么处理

发现宿舍门被撬，抽屉、箱子的锁被撬坏或被翻动，应立即向学校保卫部门报告。注意保护现场，不要让同学们进来，不要翻动现场的物品，切不可急急忙忙去查看自己的物品是否丢失。

要如实回答前来调查的公安、保卫人员提出的各种问题，积极提供线索，协助破案。如发现存折或银行卡被盗，应尽快到银行挂失，防止盗窃分子将存款取走。

二、宿舍防火

（一）学生宿舍起火的主要原因

1．违章用电

使用大功率电器和劣质电器（包括劣质应急灯、电吹风、“热得快”、取暖器、电水壶等）违章用电，是学生宿舍发生火灾的重要原因。学生宿舍使用大功率电器极易引起电线超负荷，造成电流增加，电线发热。例如，“热得快”价格便宜，是不少在校生偷着在宿舍使用的“小家电”。而“热得快”恰恰是学生宿舍起火的重要原因。因为它不仅功率大，引起电线超负荷，线路失火，而且会发生忘记正在烧水，热水瓶里的水烧干后，烧着了的外壳或其他易燃物品引发火情。

2．抽烟

抽烟不但有害健康，而且可能引发火灾。作为学生不应该抽烟，但违纪抽烟的同学不在少数。烟头表面温度为200～300℃，中心温度可达700～800℃，它超过了棉麻、毛织物、纸张、家具等可燃物的燃点。若乱扔的烟头接触到这些可燃物，极容易引起燃烧，甚至酿成火灾。

3．焚烧杂物

有些同学在宿舍或走廊内焚烧信件、杂物，这是非常危险的。如果人离开了而火未熄灭，或是火太大无法控制，极易引起火灾。

此外，不注意宿舍卫生，不及时清扫废纸等垃圾，在楼梯、走廊乱堆杂物，堵塞消防通道，也是火灾隐患。

（二）宿舍失火后怎么办

1．尽快扑救

发现火情后要速取灭火器扑救，并立即拨打“119”报警。对带电物体着火后，要做到先断电、后灭火。设法通知附近同学，警示他人。

2．慎开门窗

如果火源在自己房间里，要慎开门窗。因为房间门窗紧闭时，空气不流畅，室内供氧不足，因此，火势发展缓慢，一旦门窗被打开，新鲜空气大量涌入，火势将迅速发展。由于空气的对流作用，火焰就会向外窜出，所以在发生火灾时，不能随便开启门窗。

如果火源不在自己的房间，开门也要特别谨慎，防止“引火烧身”。开门前，要以手背试触房门温度，门板烫手表示门外火势很大，不可开门。门板不热，也要以背向门板方式缓缓开门（因恐门板过厚，不易传热），以眼睛斜看门缝外是否有大火浓烟。若有浓烟，要立刻以臀部顶门，把门关上，千万不能开门。如果没有浓烟，打开房门后，要先探视走廊左右有无迎面冲逃的人，以防互撞受伤。

3．弯腰或爬行

火势不大时，要当机立断，披上浸湿的衣服或裹上湿毛巾、湿被褥勇敢地冲出去。逃生之前，要探明着火方位，确定风向，在火势蔓延之前，朝逆风方向快速离开火灾区域。

必须通过烟火封锁区段时，应用水将全身淋湿，衣服裹头，湿毛巾或手帕掩住口鼻或在喷雾水枪掩护下穿过。着火时会产生很多浓烟，这时人们应该蹲下或趴下，既能保证呼吸，又能看清物品和方位。疏散中穿过烟气弥漫区域时，应以弯腰、蹲姿、爬姿等低姿行进。通过烟雾区不宜采取速度过快的方式，因为剧烈运动会增大肺活量，猛跑通过烟雾区时，不但会增大烟气等毒性气体的吸入量，而且容易发生视线不清所致的碰壁、跌倒等事故。

在楼梯遇有浓烟或视线不佳，应反过身来，脸朝后退身下楼，尽量弯腰贴近地面，既能降低自身重心，又不易被他人推挤而摔倒。

扫一扫，学微课

▲ 体育运动常见安全问题

4．不跳楼

当门外浓烟密布受困在房间时，应尽快使用湿布塞住门缝以防浓烟渗入，并将门板洒水予以冷却。拨打 119 电话给消防队或学校总机，说明被困地点（房间号码）请求援助。

如果被火困于二楼，可以先向楼外扔一些被褥做垫子，然后攀窗口或阳台往下跳。这样可以缩短距离，更好地保证人身安全。如果被困于三楼以上，可转移到其他比较安全的房间、窗边或阳台上，绝不可用跳楼方式逃生。要用醒目物品不停地发出求救信号，晚上可用手电筒晃动，以便消防员及时发现，组织营救。若情况危急，可以用绳索或将床单、被褥里儿，窗帘拧成绳索，绑在牢固的窗框或床架上，然后沿绳缓缓爬下。

5．不大声喊叫

乱跑乱窜，大声喊叫，不但会消耗大量体力，吸入更多的烟气，还会妨碍正常疏散，甚至诱发混乱。在前呼后拥的混乱状态出现时，贸然加入是逃生过程中的大忌，也是扩大伤亡的缘由。

思考与探究

1．学生如何保管自己的贵重物品？

2．发现宿舍被盗后怎么处理？

3．宿舍意外起火后如何应对？

模块四

体育娱乐活动安全

学习目标

1. 掌握学习常见体育活动的安全要求；
2. 掌握学习体育运动安全事故的预防办法；
3. 了解学习常见运动损伤的处理。

一、体育运动常见安全问题

（一）体育课安全

1．体育课安全的基本要求

上体育课时，一定要注意领会老师讲解的动作技术要求、保护方法和预防意外事故的注意事项。要认真做好准备和整理活动，避免肌肉、韧带拉伤；要穿宽松服装和运动鞋，不佩戴金属徽章、项链、别针、小刀、钥匙和其他尖利、硬质物品，不穿高跟鞋、皮鞋，头上不戴各种发卡；戴眼镜的同学，做动作时一定要小心谨慎；要严格遵守纪律，不打闹，不超出教师规定的运动场地，不攀爬篮球架等设施。

2．主要体育活动的安全要领

（1）短跑。短跑等项目要按照规定的跑道进行，不能串跑道。这不仅仅是竞赛的要求，也是安全的保障。特别是快到终点冲刺时，更要遵守规则，因为这时人身体产生的冲击力很大，精力又集中在竞技上，思想上毫无戒备，一旦相互绊倒，就可能严重受伤。

（2）跳远。跳远时，必须严格按照老师的指导助跑、起跳。起跳时前脚要踏中木质的起跳板，起跳后要落入沙坑之中。这不仅是跳远项目的技术要领，也是保护身体安全的必要措施。

（3）投掷。在进行投掷训练时，如投手榴弹、铅球、铁饼、标枪等，一定要按老师的口令行动，令行禁止，不能有丝毫的马虎。这些体育器材有的坚硬沉重，有的前端有尖利的金属头。如果擅自行事，就有可能击中他人或砸伤自己，造成伤害，甚至发生生命危险。

（4）单、双杠和跳高。在进行单、双杠和跳高训练时，器材下面必须要有符合厚度要求的垫子。如果直接跳到坚硬的地面上，会伤及腿部关节和后脑。做单、双杠运动时，要采取各种有效保护的方法，避免从杠上摔下来，造成身体受伤。

（5）跳马、跳箱。在做跳马、跳箱和跳高训练时，器械前要有跳板，器械后要有保护垫，同时要有老师和同学在器材旁站立保护。

（6）垫上运动。前后翻滚、俯卧撑、仰卧起坐等垫上运动项目，做动作时要严肃认真，不能打闹，若嘻嘻哈哈，容易扭伤颈部，会伤害脊柱或大脑。

（7）球类。参加篮球、足球等项目训练时，要学会保护自己，不要在争抢中蛮干而伤及他人。在这些争抢激烈的运动中，自觉遵守竞赛规则对于安全是很重要的。

（8）游泳。游泳是一项十分有益的活动，同时也存在着危险。要保证安全，应该做到：游泳需要经过体检，处在月经期的女性不宜游泳；下水前做准备活动，用少量冷水冲洗一下躯干和四肢，使身体适应水温，避免出现头晕、心慌、抽筋现象；饱食或者饥饿时，剧烈运动和繁重劳动以后不要游泳。当然，课余和假期慎重选择游泳场所，不在水下状况不明时跳水，是珍爱生命的要领。水性不佳的同学，发现有人溺水，要用竹竿、绳索等救援，或大声呼唤水性好的人相助，不要贸然下水营救。

小贴士

游泳时抽筋的应对

在游泳中，有时会发生抽筋。抽筋的主要部位是大腿和小腿，有时手指、脚趾及胃部等部位也会发生抽筋。抽筋主要原因是下水前没有做准备活动或是准备活动不充分，身体各器官及肌肉组织没活动开，下水后突然做剧烈的登水、划水动作，或因凉水刺激肌肉突然收缩而出现抽筋。游泳时间长，过分疲劳及体力消耗过多，在机体大量散热或精神紧张、游泳动作不协调等情况下也会出现抽筋。抽筋时，千万不要惊慌，要保持镇静，停止游泳，仰面浮于水面，并根据不同部位采取不同方法进行自救。小腿抽筋，身体成仰卧姿势，用手握住抽筋的脚趾，用力向上拉，使抽筋腿伸直，并用另一脚踩水，另一手划水，帮助身体上浮，连续多次，可恢复正常；两手抽筋时，应迅速握紧拳头，再用力伸直，反复多次，直至复原。抽筋过后，改用别种泳姿游回岸边，如果不得不用同一泳姿时，要提防再次抽筋。

（二）运动会安全

运动会的竞赛项目多、持续时间长、运动强度大、参加人数多，安全问题十分重要。主要应注意以下几方面。

第一，遵守赛场纪律，服从调度指挥，这是确保安全的基本要求。

第二，没有比赛项目的同学不要在赛场中穿行、玩耍，要在指定的地点观看比赛，以免被投掷的铅球、标枪等击伤，也避免与参加比赛的同学相撞。

第三，临赛前不可吃得过饱或者多次饮水，临赛前半小时内可以吃些巧克力，以增加热量；在临赛的等待时间里，要注意身体保暖；比赛前做好准备工作，以使身体适应比赛。

第四，比赛结束后，不要立即停下来休息，要坚持做好放松运动，如慢跑等，使心脏逐渐恢复平静；不要马上大量饮水、吃冷饮，也不要立即洗冷水澡。

（三）课外体育活动的安全

课间活动能够起到放松、调节和休息的作用。课间活动应当注意：尽量在室外活动，因为室外空气新鲜，但不要远离教室，以免耽误下面的课程；活动强度要适当，不能做剧烈运动，以保证继续上课时不疲劳，精神集中、饱满；活动的方式要简便易行，要注意安全，避免发生扭伤、碰伤等危险。

课外体育活动是体育锻炼的重要方式，是满足兴趣爱好的重要活动。选择体育活动时，既要注意场地、设施的距离，还应考虑费用，只有方便、经济的体育活动才有可能天长日久，才能起到锻炼身体的目的。

在参加课外体育活动时，应做到饭前饭后不做剧烈运动。饭前剧烈运动，不利于食物的消化和吸收，一般来说，运动后至少休息半小时后再进食比较适宜。饭后马上做剧烈运动，影响消化系统功能，还容易引起运动中腹痛和其他不良反应。

运动中和运动后不宜大量喝冷水或吃冷饮。否则，会使上腹部感到沉重和胀闷，影响呼吸，加重心脏和肾脏负担，刺激肠胃，影响食物的消化和吸收，还会引起腹痛和腹泻，长期如此，消化系统易发生疾病，影响健康。但可含水漱口或饮少量温开水，有少量盐的温开水更好。运动后，体温增高，严禁马上用冷水冲洗。

课外体育活动要量力而行，千万不能因贪玩而过度，更不能带病锻炼。此外，冬天要增加准备活动时间，以免受伤；夏天不要长时间暴露于高温和太阳直射下，防止中暑。

知识拓展

冬季参加体育锻炼要做到“六防”

第一，防受冷冻伤。应该根据户外天气的寒冷变化，适当增减衣服，不可穿得太单薄。待准备活动做完身体开始发热后，方可逐渐脱下过多的衣服。对暴露在外的脸、鼻、耳朵、手等，要适当进行按摩，常搓常擦，以促进局部血液循环，同时，在肢体表层部位涂抹适量的护肤品来保护皮肤。

第二，防超负荷运动。不要因为天气冷，一开始就做大负荷运动来增加热量。要根据当时的天气情况和个人的身体健康状况，合理安排运动负荷量，运动量的大小和运动时间的长短要因人而异，量力而行。运动要循序渐进，以不感觉疲劳为度。

第三，防运动中损伤。冬天由于人体肌肉的黏滞性增加，弹性伸展性降低，关节的运动幅度减小。如果锻炼前准备活动不充分，很容易引起肌肉、肌腱、韧带及关节部位的运动损伤。

第四，防患感冒。冬练本身能锻炼身体，增强体质，预防感冒疾病等。但是，在运动中不注意防寒保暖，会引发感冒。因此，冬练不要张大口呼吸，以免吸入过多的冷空气而引起运动性腹痛，或降低呼吸道黏膜的抵抗力而感冒。锻炼后，身体发热出汗，不要在风口处脱衣坐卧。

第五，防环境污染。冬练要找清洁干净的地方，不要在风口或风沙大的地方进行锻炼，不要在浓雾弥漫中进行锻炼。因为这些地方空气污染比较大，对人的身体有害，容易因供氧不足而出现胸闷、气短、头晕、四肢乏力等症状。

第六，防不持之以恒。冬练贵在持之以恒，坚持不断，不要因为一时天气不好就不坚持锻炼，也不要因一时情绪不高就放弃锻炼，要做到锻炼有规律，锻炼有毅力。

二、体育运动安全事故的预防办法

（一）提高预防意识

体育锻炼本来是锻炼身体、强健体魄、陶冶情操的一项活动，若由此给学生带来伤害，就与体育运动的宗旨背道而驰了。从各种体育运动安全事故所暴露出的问题看，主要原因是学生缺乏自我保护意识，预防措施不当，使伤害事故不断发生，如运动前不做准备活动，不检查器械和场地；器材松动和安防不合理等都会造成严重伤害事件，尤其是一些自制的体育器材，一定要确保其符合安全使用的要求，若有问题需及时发现并加以解决。此外，天气条件不好时进行体育运动，如高温潮湿天气时进行运动，易出现中暑、抽筋等问题；低温潮湿天气时进行运动，又容易出现肌肉韧带损伤，长期如此，还可引起风湿病；黄昏或黎明时，能见度低，神经反应迟钝，也容易发生损伤。

（二）遵守安全规定

上体育课或进行运动训练时要听从老师的统一指挥，遵守运动场所的规章制度，如铅球教学时，学生必须按照老师要求站在安全的区域进行学习和练习；在游泳池，必须严格听从老师的安排，按老师要求的时间下水、出水集合。遵守“游泳池酒后不入池，不潜水”等规定。只有严格遵守这些规章制度，才能有效避免体育运动安全事故的发生。

（三）遵守竞赛规则

在参加体育竞赛时，必须遵守竞赛规则，包括着装、装备、比赛的动作规范等，如足球比赛中，要求运动员必须装备腿板才能参赛，以有效避免胫骨、腓骨骨折等严重伤害事故的发生；禁止背后铲球；两人争抢球时，禁止抬脚过高等。这些都是保护运动员安全参赛的竞赛规则。自觉遵守这些规则，不仅可以保证比赛的公平竞争和竞赛，也能避免不必要的伤害事故。

（四）循序渐进加强身体素质

进行体育运动造成身体损伤的原因有很多，如力量、速度、耐力与灵敏等素质差，反应迟钝，关节灵活性和稳定性不够，其后果都是很严重的。若股四头肌力量不足容易引起髌骨劳损；肩关节周围肌群力量不足或柔韧性差容易引起肩关节损伤等。这部分人群需要通过长期的、有针对性的、循序渐进的训练，提高身体素质，再参加较激烈的运动，才能避免相关运动损伤。

（五）安排适当的运动量

运动量安排不合理，特别是局部负担过大，容易因身体局部部位劳损造成伤害事故。

三、几种常见运动损伤的处理

（一）鼻出血的简单处理

鼻出血是日常生活中非常常见的一种鼻科疾病，鼻出血之后无须害怕，因为鼻出血的处理方法很简单。

① 保持镇静，不要紧张。

② 如果鼻出血量不多，可用干净棉花堵塞鼻孔，再用手指捏住两侧鼻翼，稍用力压迫，过5～10分钟就能止住。

③ 把适量的云南白药、麻黄素等药物放在棉球上，再填塞在出血的鼻腔内，止血效果较好。

④ 如有大量鼻出血时，必须及时到医院救治。

（二）肌肉、关节、韧带扭伤的处理

① 不能按摩或热敷。肌肉、关节、韧带等扭伤，不能立即按摩或热敷，以免加重皮下出血，加剧肿胀。

② 冷敷或用冷水浸泡。肌肉、关节、韧带等扭伤时，应当立即停止运动，使受伤部位充分休息，并且冷敷或用冷水浸泡。待24～48小时以后，皮下出血停止再改热敷，以促进消散淤血，消除肿胀。

③ 如扭伤严重时，应及时到医院就诊。

（三）外伤出血时的止血方法

有外伤引起的大出血，如不及时予以止血和包扎，就会严重威胁人的健康乃至生命。在进行体育运动时，因意外引起外伤出血时可采用以下止血方法。

1．一般止血方法

针对小的创口出血，先用生理盐水冲洗，然后消毒，最后再覆盖多层消毒纱布用绷带扎紧包扎。注意：如果患者有较多体毛（如头发），在处理时应剪剃毛发。

2．指压止血法

在伤口的上方，即近心端，找到跳动的血管，用手指紧紧压住血管止血。这是紧急的临时止血法，只适用于头、面、颈部及四肢的动脉出血急救，压迫时间不能过长。指压止血的同时，应准备材料换用其他止血方法。采用此法的前提是，救护者必须熟悉各部位血管出血的压迫点。

头顶部出血。在伤侧耳前，用拇指压迫颞浅动脉。

头颈部出血。用大拇指对准颈部胸锁乳突肌中段内侧，将颈总动脉压向颈椎。注意不能同时压迫两侧颈总动脉，以免造成脑缺血坏死。压迫时间也不能太长，以免造成危险。

上臂出血。一手抬高患肢，另一手拇指在上臂内侧出血位置上方压迫肱动脉。

前臂出血。在上臂内侧肌沟处，施以压力，将肱动脉压于肱骨上。

手掌和手臂出血。将患肢抬高，用拇指分别压迫手腕部的尺动脉和桡动脉。

手指出血。用健侧的手指，使劲捏住手指根部两侧，即可止血。

大腿出血。屈起伤侧大腿，使肌肉放松，用大拇指压住股动脉（在大腿根部的腹股沟中点下方），用力向后压。为增强压力，另一手可重叠施压。

足部出血。在内外踝连线中点前外上方和内踝后上方摸到胫前动脉和胫后动脉，用手指紧紧压住。

3．加压包扎止血法

用消毒的纱布、棉花做成软垫放在伤口上，再用力加以包扎，以增大压力达到止血的目的。此法应用普遍，效果也佳，但要注意加压时间不能过长。

（四）骨折简易应急处理

1．应急处理

应用适当夹板固定，固定患处附近及两段关节，以保持骨折部位及两段关节不动，夹板必须超出两端关节；无夹板时，以硬板、竹板或折叠的报纸代替。

2．注意事项

如有皮肤伤口及出血，要清除可见的污物，然后用干净的棉花或毛巾等加压包扎。若为开放性骨折（骨折断端经伤口暴露出来），应优先处理伤口，止血后再固定。不能滥用绳索或电线捆扎，可用宽布条、橡皮胶管在伤口的上方捆扎。捆扎不要太紧，以不出血为度，并且要每隔 1 小时放松 1～2 分钟。上肢捆扎止血带应在上臂的三分之一处，以避免损伤桡神经。骨盆骨折，用宽布条扎住骨盆，病人仰卧，膝关节半屈位，膝下垫一枕头或衣物，以稳定身体，减少晃动；露出肢体末端，便于观察血液循环。若无法判定是扭伤、脱臼或骨折应以骨折方法固定。

用冰敷患处可以减轻疼痛，并尽速送医。搬运病人动作要轻，使受伤肢体避免弯曲、扭转。搬运胸腰椎骨骨折患者，须由 2～3 人同时托头、肩、臀和下肢，把病人平托起来放在担架或木板上。搬运颈椎骨骨折病人时，要有 1 人牵引固定头部，其他人抬躯干上担架，然后在头颈两侧用棉衣等固定。搬运下肢骨骨折病人时，可由 1 人托住伤肢，其他人抬躯干上担架。上肢骨骨折者多可自行行走，如需搬运时，方法同下肢骨骨折病人。

（五）运动时腹痛的处理

正常情况下，运动时发生腹痛，只要用手揉压一会儿就会逐渐消失。有时不去管它，适应一会儿也会消失。加深呼吸也可以使腹痛得到缓解。为了预防运动时腹痛，首先要在运动前做好准备活动，不要在运动前吃得过多，或喝过多的水，更不要喝生水。如果在 10 分钟内不能解除腹痛，就要停止运动，立即找医生检查。

思考与探究

1. 游泳意外抽筋时如何应对？
2. 运动会安全的注意事项有哪些？
3. 如何预防体育安全事故？
4. 外伤出血时可采取哪些紧急措施？

模块五

校园生活安全

学习目标

1. 了解有关校园生活安全；
2. 了解有关校园饮食安全的知识。

校园生活安全包括两方面，即校园生活安全、校园饮食安全等。在校园生活安全中要注意女生人身安全，防骗；在校园饮食安全中要注意有关食品安全。

一、校园生活安全

（一）女生人身安全常识

女生夜间行路应注意安全，具体措施如下。

（1）保持警惕。如果在校园内行走，要走灯光明亮、来往行人较多的大道。对于路边黑暗处要有戒备，最好结伴而行，不要单独行走。如果走校外陌生道路，要选择有路灯和行人较多的路线。

（2）陌生男人问路，不要带路。尽量不要向陌生男人问路，不要让对方带路。

（3）不要穿过分暴露的衣衫和裙子，防止产生诱惑，少穿行动不便的高跟鞋。

（4）不要搭乘陌生人的机动车、人力车或自行车，防止落入坏人的圈套。

（5）遇到不怀好意的男人挑逗，要及时斥责，表现出自己应有的自信与刚强。如果碰上坏人，首先要高声呼救，即使四周无人，也不要紧张，要保持冷静，利用随身携带的物品，或就地取材进行有效反抗，还可采取周旋，拖延时间的办法等待救援。

（6）一旦不幸受侵害，不要丧失信心。要振作精神，鼓起勇气同犯罪分子做斗争。要尽量记住犯罪分子的外貌特征。如身高、相貌、体型、口音、服饰及特殊标记等。要及时向公安机关报告，并提供证据和线索，协助公安部门侦查破案。

（二）防骗

1．诈骗者常用骗术

假冒身份，流窜行骗，诈骗分子利用虚假身份、证件等与人交往，骗取财物后迅速离开，且诈骗地点、居住地点不固定；投其所好，引诱上钩，诈骗分子利用刚入学新生人地生疏、毕业生择业心切等心理，以帮助学生找熟人、拉关系，为学生办事为由行骗；招聘为名，设置圈套，诈骗分子利用学生家住农村、贫困地区、家庭困难等条件，抓住学生勤工俭学减轻家庭负担的心理，以招聘推销员、服务员等为诱饵，虚设中介机构收取费用，骗人财物；以次充好，恶意行骗，诈骗分子利用学生社会经验少，购买商品苛求物美价廉的特点，到宿舍或私定的场所销售伪劣商品，骗取钱财；虚请家教，实为掠“色”，诈骗分子利用假期学生担任家教之机，以虚请家教为名，专找女学生骗取女生的信任，骗财又骗“色”；精心策划，网上行骗，诈骗分子利用学生上网时机，在网上用假名交谈一些不健康的内容，之后打印成文并恐吓：拿钱了事，不然就交××地处理进行威胁，诈骗财物。

2．受骗原因

俗话说：“贪小便宜吃大亏”。在发生的诈骗案中，受害者都是因为谋取个人利益，贪占便宜，轻信他人，而上当受骗的，犯罪分子就是抓住了这些人的心理特点，进行诈骗的；“高攀门第”的心理，一些人沾染了“拍马屁”的习惯，一见高级干部及子女的出现，就“顶礼膜拜、见之恨晚”，这样很容易成为诈骗的对象；“利令智昏”的心理，有些人见钱眼开、唯利是图、金钱至上、真假不分，眼睛只盯在“钱”上，警惕全无；“封建迷信”的心理。轻信“神”“鬼”“命运”，不相信客观实际，不懂装懂，轻易相信对方；“崇洋媚外”的心理，贪图享受，追求国外生活，上当受骗。

3．如何防骗

识破身份伪装，诈骗分子常常以各种假身份出现：国外代理商、××领导亲属、华侨、军官等，有时用“托”称来人是××首长，乘××高级车等，遇这种情况不要急于表态，不要草率相信，要仔细观察，从言谈话语中找出破绽，辨别真伪；识破手法变化。诈骗分子常常变换手法，如改变姓名、年龄、身份、住址等，此地用A

扫一扫，学微课

▲ 校园饮食安全

名，换地用 B 名，而诈骗分子一身多职，时而港商、时而华侨、时而高干子弟、时而专家学者，但全是假身份，因此要发现对方多变的现象，从中引起警惕找出疑点，识破其真面目；注意反常。如果对犯罪分子仔细观察一言一行、一举一动，就会发现有反常现象：别人办不了的事他能办到；别人买不到的东西他能买到；别人犯法他能担保等，这些与常规差距很大，虚假性就很大，因此对这些谎言，要冷静思考识破骗局；当心麻醉剂，诈骗分子为了达到目的，有时也用宴请、赠礼或投其所好，不惜花本，吃小亏占大便宜诱你上当；主动出击，打破骗局，通过犯罪分子的讲话口音、谈语内容及对当地的风土人情、地名地点，对社会的了解等识破其真面目；从犯罪分子的举止行动、行为习惯、业务常识、所谈及人的姓名、职务、住址、电话等，判断其真伪；从身份证中核实其人，并牢记“没有免费的宴席，天上不会掉馅饼”，这样就能防止或减少被骗。在此，提醒大家：在日常生活中，要提高防范意识，学会自我保护；谨慎交友，不以感情代替理智；同学之间相互沟通、互相帮助；遇有不明问题，充分依靠组织、老师和同学；自觉遵纪守法，不贪占便宜，发现诈骗行为，及时报警。

二、校园饮食安全

（一）食品安全相关概念

人们通常认为的食品安全是指食品无毒、无害，符合应当有的营养要求，对人体健康不造成任何急性、亚急性或者慢性危害。根据世界卫生组织的定义，食品安全问题是指食物中有毒，有害物质对人体健康影响的公共卫生问题。

（二）购买食品的注意事项

我们经常会在商场、超市、农贸市场等地方购买生活必需品，如何买到质量达标，安全放心的食品，是每位消费者都关心的问题。因此，我们应该加强自我保护意识，提高鉴别优劣质食品的能力。

购买食品时应注意以下 5 个基本事项。

（1）在正规商场购买食品：建议大家最好在正规超市、商场购买食品，不要买校园周边，街头巷尾流动小摊贩所兜售的“三无”食品。尤其是购买散装食品时，要注意经营场所的卫生状况，是否具备健康证、卫生证等相关证照，有无防蝇防尘设施，挑选食品，收款是否由专人负责或有严格区分的专用工具。

（2）查验食品包装上的标识是否齐全。食品外包装上的标识应包括品名、商标、配料表、生产厂家、厂址、电话、卫生许可证、生产日期、保质期、执行标准号、规格、数量并附合格标志。不买标签模糊或不规范的食品。此外，应注意选购近期生产的食品，储藏期过长的产品其质量及安全性可能有所下降。

（3）购买已获得国家质量安全认证的食品。我国对小麦粉、大米、食用植物油、酱油、食醋、肉制品、乳制品、饮料、调味品、方便面、饼干、罐头、冷冻饮品、速冻面米食品和膨化食品等 15 类食品实行了市场准入制度，要求上述食品必须通过“QS”认证，才能上市销售。因此大家在选购食品时应留心外包装上是否加贴了“QS”标志及准入证号。

（4）提高对食品安全危害性的认识，理智地对待促销商品。应购买正规厂家生产的食品，尽量选择信誉度较好的品牌。不要一味贪图便宜，购买价格低廉食品，也不要被某些商家所谓的“打折”“促销”等手段所蒙蔽。另外，不盲目地相信广告，广告的宣传并不一定代表科学，而是为了实现商家的利益。特别是购买儿童食品，一定要谨慎为宜。

（5）关注经营者的诚信度，强化食品安全防范和维权意识。购买商品之后，消费者应主动向经营者索要购物发票，将发票、商品检测检验合格证明等文档妥善保管，一旦出现质量及其他问题，可作为投诉的重要依据，以维护消费者的权益。

典型案例

2010 年 4 月 19 日上午某学校部分学生在饮用学校配发的早餐奶后，出现胃部疼痛、呕吐等症状，立即被送往当地医院救治。随后附近几所学校的多名学生也出现了类似症状；据统计，有超过百名学生出现食物中毒症状就诊，有 27 人留院观察。

据了解，这些学校配发的早餐牛奶都是由该市一家公司配送的。事故发生后，当地质监、工商部门已成立联合调查组，封存剩余牛奶并进行进一步调查。

（三）养成良好的饮食习惯

1．保持双手的清洁

人们的双手是肠道疾病传播的重要媒介。手在生活中接触的东西很多，从早上起床开始，人们的日常行为都离不开手。手在接触形形色色的物品之后会沾染上很多细菌。如果在上厕所、数钱之后不及时洗手，那么有害细菌便会趁吃东西或喝水之际，通过消化道进入人体内，引起一系列不良身体反应，如拉肚子等。因此，同学们必须养成经常洗手的好习惯，一天最好能洗手 10 次以上，常保持手部清洁。

洗手貌似简单，殊不知学问很大。许多人不知道如何正确、“科学”地洗手。一般情况下，只是快速地搓洗一下手心手背，就以为已经完成任务了，其实远未达到清洁双手的效果。那么正确的洗手程序是什么呢？通常应包含下列 5 个步骤。

（1）湿：在水龙头下把手充分淋湿，包括手腕、手掌和手指部位。

（2）搓：双手擦肥皂，使之充分起泡，两手交叉搓双手的各个部位，应洗到腕部以上并注意用工具剔除指甲内污垢。

（3）冲：用清水将双手彻底冲洗干净。

（4）捧：捧水将水龙头冲洗干净。因为洗手前开水龙头时，手已污染了水龙头，故要在关闭水龙头前捧水冲洗它。

（5）擦：不与他人共用毛巾，防止细菌交叉感染。

2．不吃过期及变质的食物

有些食物超过保质期的时间还不长，看起来没有变质，这种情况下人们往往觉得弃之可惜而继续食用。殊不知此时食物成分已经发生了变化，如果食用它们，既摄取不到足够的营养，又可能造成食物中毒。

超过保质期较长的食品，容易腐烂变质，并散发出异味，如水果放置时间太长，容易发霉。各种微生物不断繁殖，产生大量有毒物质，这些有毒物质向未腐烂部分继续扩散。人们一旦食用了这些腐烂食物，其中的毒素就会对人体呼吸、神经等系统形成威胁，食用后会出现恶心、呕吐、腹胀等情况，严重的会出现其他中毒症状。因此在购买食品时应检查食物包装上的生产日期和保质期，千万别贪图便宜购买过期食品或饮料。食品购买之后应在保质期内尽快食用，一旦发现过期，应果断丢弃。

3．不购买不卫生的食物

在校园附近或街道两旁，经常有出售油炸、烧烤类食品的小摊贩。据观察，放学后，许多学生抵制不了香气扑鼻的诱惑而光顾这些没有经营许可证和卫生证明的摊点。

流动摊点的食物不仅不卫生，所用原材料没有经过严格的清洗或消毒程序，而且多以出售烧烤、油炸类食物为主，过量食用此类食品对人体的危害是很大的。甚至有些商贩为了达到赢利目的，违背基本的职业道德，向路人兜售过期变质的饮料和食物。

（四）食物中毒的紧急处理

1．食物中毒的症状

食物中毒者最常见的症状是剧烈的呕吐、腹泻，同时伴有中上腹部疼痛。食物中毒者常会因上吐下泻而出现脱水症状，如口干、眼窝下陷、皮肤弹性消失、肢体冰凉、脉搏细弱、血压降低等，甚至可致休克。

2．食物中毒的处理方式

（1）催吐：如果食物吃下去的时间在1～2小时内，可采取催吐的方法。取食盐20g，加开水200mL兑成浓盐水，稍冷却后一次喝下去。如不吐，可多喝几次，迅速促进呕吐。也可用鲜生姜汁100g，捣碎取汁用200mL温水冲服。

（2）导泻：如果病人吃下去中毒的食物时间较长，可服用泻药，促使中毒食物尽快排出体外。

（3）解毒：如果是吃了变质的鱼、虾、蟹等引起的食物中毒，可取食醋100mL，加水200mL，稀释后一次服下。

（4）如果经上述急救，病人的症状未见好转，或中毒较重者，应尽快送医院救治。

思考与探究

1．日常生活中有哪些不良的饮食卫生习惯，应当怎样改正？

2．食物中毒了怎么处理？

3．女生夜间行路应注意哪些问题？

模块六 实习与就业安全

学习目标

1. 理解学生毕业实习的注意事项；
2. 理解学生求职就业的注意事项；
3. 理解并掌握如何应对关于毕业实习和求职就业的安全问题。

实习与就业安全分为毕业实习安全和就业求职安全两类。毕业实习作为提高职业技能的重要途径，是职业技能的重要环节。学生在校期间不但要在模拟仿真实训中强化技能训练，更需要在上岗实习的过程中增强职业意识，提升职业素养。一起伤亡事故，会给个人和家庭带来巨大的灾难和无法挽回的损失，因此，提高职业技能水平的同时，更要在实习操作中强化安全意识，养成遵守安全规程的习惯。

一、毕业实习安全

（一）毕业实习的概念

一般而言，学生毕业实习是指应届毕业学生到用人单位参加社会实践，将所学的理论知识在实际工作中加以运用和检验，以提高自身综合素质，增强就业能力的学习过程。

对学校来说，毕业实习是整个教学过程中重要的实践课程，其目的是提高学生思想品德素质，规范学生从业言行，巩固学生专业知识和扩大知识面，提高基本操作能力和就业能力，理论联系实际，成为德、智、体全面发展的有理论，能操作，会管理的实用型人才。

（二）毕业实习与兼职打工、见习的区别

1．学生毕业实习与在校学生利用课余时间兼职打工或勤工助学的不同

学生毕业实习主要是“教学实习”，就是在校学生根据学校教学安排，到用人单位参加一定的岗位工作，进行学习实践的活动。而兼职打工或勤工助学者虽然有其在校学生的身份，并且在很多情况下是以“实习”的名义，但其目的纯粹是打工赚钱，它与实习的根本区别并不在于学生是否获得实际劳动报酬，而在于是否具有实习本来所应具有的学习目的。

2．学生毕业实习与用人单位对聘用人员进行就业岗前培训的“见习”的不同

这种“见习”虽然也带有实践性学习的性质，但毕业实习不以实习人员与用人

单位建立劳动关系为前提，而是学生出于学习的需要在用人单位进行社会实践的行为。此外，“见习”有时也被称为“实习”，但它是建立在实习人员与用人单位建立劳动合同关系的基础上，参加特定的岗前专业技能训练，目的在于增强以后从事这些专业工作的熟练度。

3. 学生毕业实习应当包括“就业见习”

所谓“就业见习”，是指由各级政府有关部门组织离校后未就业毕业生到企事业单位实践训练的就业扶持措施。我国从 2006 年起推行有计划地组织未就业高校毕业生到见习单位和基地参加见习的制度，目的是帮助回到原籍，尚未就业的毕业生尽快实现就业。可见，参加就业实习的毕业学生与实习单位尚未形成固定的劳动就业关系，与岗前培训的“见习”有着根本的不同，从性质上应当属于学生“实习”的范畴。

二、学生毕业实习安全注意事项

高度重视实习安全教育工作并积极落实到位，是学生顺利毕业并走上社会的重要保障。

（一）前往教学实习基地路途中的安全注意事项

学生教学实习基地遍布全国各大城市，涉及汽车、火车、飞机、轮船等交通工具。学生在前往基地途中，遵守规章制度，听从带队老师的安排尤为重要。

1. 汽车途中

汽车空间较为狭窄，学生上车后务必要坐好，遵守“三不”原则，即不争抢，不吵闹，不走动。

2. 火车途中

火车是学生前往实习单位涉及最多的交通工具，虽然火车车厢舒适，行驶安全性较高，但仍要注意多方面的安全。

3. 飞机途中

听从老师统一安排；飞机上严禁高声喧哗，随意走动，嬉戏打闹；刀具等危险品，酒、香水等易燃物品不能随身携带，必须在办理登记手续时托运。

4. 轮船途中

乘坐轮船切忌乱蹦乱跳，嬉戏打闹；如出现头晕、恶心、胸闷等晕船现象一定要及时告诉带队老师；注意保管好随身贵重物品，防止遭偷窃。

典型案例

2009 年 6 月，小杨在学校的安排下前往北京参加毕业实习。小杨因到机场较晚，办理登机手续匆忙，结果忘记背包里还有一套后厨工艺刀未托运，于是只得再次办理托运手续，最终错过了登机时间，不仅经济上带来了损失，还给实习单位留下了不好的印象。学生乘坐飞机的机会相对较少，经验不丰富，出现误机的现象也很正常，但仍然要加强这方面的安全知识教育。

(二)实习期间的安全注意事项

1. 遵章守纪，服从企业正当工作安排

实习学生应在企业的指导下全面学习和掌握工作性质、工作时间、工作地点、工作内容、工作要求，严格按照企业要求认真完成本职工作，不得违背企业在规章制度中明确规定的事项，如不得进入配电房、监控室，不得未经允许下海游泳等，这些往往容易被学生忽略，以致造成自身利益受损甚至人身危险。

2. 操作规范，安全生产

安全生产，规范操作是所有企业在安全教育中强调得最多，也最关注的方面，作为实习学生，更应该注意操作中的安全，它不仅关系到自己的人身安全，还牵动着父母、学校领导、企业领导的心。古人有言："患生于所忽，祸起于细微"。它告诉我们一个道理，事故的发生往往是由于人们的疏忽大意及不重视可能发生事故的细微苗头，也许就是那么细小的某个部位，那么短暂的几秒就会让我们年轻的生命抱憾终身。

3. 休假外出安全

初到实习城市，比较陌生，外出游玩要提前做好交通规划，要结伴而行，尽量到天黑前返回住地；出门尽量少带钱物，贵重物品，如照相机、手机、钱包等一定要注意保管，人多的地方要提高警惕；尽量少与陌生人交谈，以免上当受骗，陷入危险；遇到抢劫、偷窃等危险情况，要大声呼救或拨打"110"，不要轻易与坏人搏斗或追赶，以免被利器刺伤或遭遇更大危险。

4. 生病及时就医

学生出门在外，工作、生活压力都比较大，引发身体疾病在所难免，如若生病，一定要及时就医并遵照医嘱按时服药。如病情较为严重，务必向企业请假或向学校报告，及时得以休息调养和治疗恢复。保持身体健康是提高工作效率的前提条件。

5. 提高个人素质修养

遵守企业规章制度，不能贪小便宜，不能为金钱所诱惑，否则会给自己的职业生涯"抹黑"；对领导要尊重，对同事要团结，不能因为是同一所学校的实习生就搞小团体；对人要有礼貌，言语适当，态度温和，不能过于强硬，不能自以为是，否则很容易被领导批评，被同事孤立。

6. 了解相关法律和学校规章制度

教育部有关实习生管理的文件也明确规定，实习生应当严格遵守学校和实习单位的规章制度，服从管理。未经学校批准，不准擅自离开实习单位。不得自行在外联系住宿。违反实习纪律的学生，应接受指导教师，学校和实习单位的批评教育。情节严重的，学校可责令其暂停实习，限期改正。

三、实习期间劳动事故处理

如果实习发生实习事故，应按以下方法进行处理。

(1)被划伤，切伤时，应迅速用干净毛巾，纸巾包扎伤口，止住流血，并立即前往医院；如果被铁质利器所伤，还应到医院打破伤风针。

（2）不慎从高处或从楼梯上滚落扭伤关节，碰伤骨头时，切记不能随意移动，应保持着地姿势，并拨打急救电话。

（3）发现他人触电，要迅速切断电源，千万不要用手去拉触电者，应设法用绝缘体挑开电线。

（4）如果手指轧入工作机械，或头发、衣角卷入机械时，应立即关闭机械；如发生断指、断臂等情况，应紧急包扎受伤处止血，并迅速拾起断指、断臂等清洗后侵入生理盐水，并立即送往医院救治。

（5）发生事故一定要冷静，尽快通知单位领导和学校老师以得到妥善处理。

四、就业求职安全

（一）就业及学生就业求职安全的概念

就业是民生之本，对多数个人和家庭而言，就业不仅是主要或唯一的收入来源和重要的谋生手段，也是社会地位和自尊的基础。因此，就业被看成是社会基本需求和基本权利。

这里所讲的就业是劳动者与用人单位签订合法劳动合同，参加社会工作并获取报酬的活动。

（二）学生就业求职安全

成功就业是大学毕业生踏入社会实现梦想的第一步，也是人生非常重要的一步。学生就业求职安全是指大学毕业生在社会求职过程中要全面注意的风险安全问题及需要深入掌握的预防措施，这是大学毕业生安全求职，顺利就业所必须注意的方面。

（三）求职前的安全问题

1. 树立正确的择业观

求职前，学生要把握自我，准确定位，审视自己择业的思想意识是否明确，这是保证正确选择就业单位的先决条件。

知识链接

毕业生面对职场选择应进行自我调适

第一，正确认识自我。毕业生应冷静客观地做一些自我分析，以避免求职中的盲目性，避免因个人自负清高而遭到就业失败，只有实事求是地对待自己，才能避免心理冲突，减缓择业受挫和焦虑带来的痛苦。

第二，及时调整就业期望值。在迈出择业第一步时，不要过于追求职业声望，要立足现实的社会需要，抵制功利主义，享乐主义，毕业生应在实践中开拓事业，增长才干。

第三，保持乐观的择业心态。毕业生应不断加强自我修养，使自己宽容大度，在择业受挫时，敢于自我解析，勇于主动提高和完善自我。

2. 确保就业信息安全可靠

学校就业信息网上发布的就业信息，都经过了严格核实，包括核实用人单位的工商许可证、营业执照及通过电话向当地有关部门核实等，基本上确保了就业信息的真实性、准确性、安全性。对于通过其他渠道获得的就业信息，一定要想方设法，通过各种途径进行核实。

典型案例

小王是某名牌学校国际贸易专业应届毕业生，在校期间品学兼优，获得过很多荣誉，心气难免比较高。临近毕业，小王面试了好几家国内知名企业，但都感觉不满意，要么嫌岗位差，要么嫌工资低，无奈之下，只能回家待业。

小王好高骛远，急于求成，没有认真分析就业形势和自身条件，所以找不到合适的工作，这在当今毕业生中是很常见的，其实找工作并不难，只是想找一份适合自己的工作比较难，或者不知道自己适合什么样的职业。

（四）求职过程中的安全问题

1．识别就业陷阱

职场预防陷阱需忌“三心”，即贪心、急心、糊涂心。

2．确保人身安全

求职找工作要有应急的心理准备；进入招聘单位时要仔细观察，面试报到时要仔细观察。

典型案例

毛先生日前在贵阳家中接到一个长途电话，称其在广州上学的儿子在车祸中撞伤，正在医院抢救，急需手术费 5 万元。毛先生闻讯立即拨打儿子手机却怎么也打不通，于是相信真的出事了。就在此时，一个自称是儿子学校领导的人又打来电话，证实确有其事，并留下一个广州账号。毛先生连忙筹集了 5 万元汇过去。几小时后，毛先生终于打通儿子电话，方知上当受骗。原来，儿子不久前在网上发了一则求职应聘信息，有人自称是某公司总经理，想招聘他做兼职。儿子便将贵阳家庭情况和电话号码告诉了对方。谁知对方招聘是假，套取家庭信息诈骗是真。

毕业生就业压力大，求职心切，但千万不能大意，在填写有关应聘表格时没有必要留下家庭信息，尤其是联络电话等，骗子往往利用假招聘套取应聘者有关信息，从而实施诈骗，家人稍不注意，就可能落入陷阱造成损失。遇到类似情况时，不要轻信，不要乱了方寸，可向单位、学校查实后再做出相应决定。

（五）求职后的安全问题

1．面试后认真核查单位情况

上网或通过其他途径查看该单位登载的营业项目、报上刊登的项目、面试现场所见三者是否相符；登录有关部门的网站查看，或与亲友交谈，看看该公司是否被列入黑名单之中；问问自己，面试的职务内容是否与自己找工作时的初衷相符，并且所获得的待遇是否合乎期望值；不要接受不道德或违法的工作。若已受骗，应尽快向有关部门报案。

2．签订劳动合同时的注意事项

可以约定试用期，但试用期最长不得超过 6 个月；在劳动纠纷中，有少数单位在续签劳动合同时，再次约定试用期，特别是在短期合同的续约中容易出现，这是与《劳动法》相违背的，需引起注意；工作内容、聘用职务应清楚明了，使就业者知道自己将做什么，发展空间有多大；有些用人单位在就业者离职后扣押其保险单证，这种做法是不对的，应依法力争。

3．受骗后的应急措施

打电话给父母、老师；向“110”或当地公安机关报警；详细整理好自己应聘过程的有关资料，写出书面材料上交有关部门，包括就业信息获得渠道、受骗过程、行骗单位的有关材料等。

典型案例

毕业生小何最近遇到了麻烦：试用期 6 个月都结束了，可单位还一直没有跟她签订劳动合同，每次小何想开口问时，老板都好像看透她的心思一般，总是说：“小何，你的能力我们都能看见，放心，不会亏待你的！”小何彷徨着，该走还是该留？走，前方路茫茫；留，何时能签合同呢？参照《劳动法》关于试用期的规定出发，如果在试用期满 6 个月后单位仍然不与其签订正式的劳动合同，小何有权通过法律渠道维护自己的权利，不能因为担心、害怕、畏惧而忍气吞声，助长单位的不良作风。

思考与探究

1．怎样避免求职上当受骗？
2．怎样在实习中保护自己的人身安全？
3．签订劳动合同时要注意哪些方面？

模块七

职业安全健康

学习目标

1. 了解职业安全健康的基本概念；
2. 了解我国职业安全健康现状；
3. 了解各类职业病的分类及防护。

学习和了解职业健康与安全的基本概念和基本术语是学习职业安全健康的重要基础，只有对基本概念和术语掌握于心，才能更好地去学习其他方面的知识。据国际劳工组织（ILO）统计：全球每年各类伤亡事故大约为2.5亿起，相当于每天68.5万起，每小时2.8万起，每分钟475.6起。全球每年死于工伤事故和职业病人数约为110万人（职业病占1/4），高于每年交通事故死亡99万人、暴力死亡56.3万人、局部战争死亡50.2万人和艾滋病死亡31.2万人。初步估算每天有3000人死于工作，ILO估计劳动疾病到2020年将翻一番。不论是全国的职业安全健康现状还是我国的职业安全健康现状都是十分严峻的。所以了解职业健康安全的相关知识是十分必要的。

一、职业安全健康相关的概念

1．职业健康（Occupational Health）

职业健康是指在职业活动中的健康，健康方面的含义不仅体现在从业者个人的职业活动中，而且体现在行业和用人单位要以促进、维持劳动者生理、心理及社交处在最好状态为目标，将职工安排在他们生理和心理可承受的工作环境中；防止职业的健康受工作环境影响，保护职工不受健康危害因素伤害。

2．职业安全（Occupational Safety）

职业安全是指保障劳动者在劳动作业中的人身和财产安全，在工作场所、工作设施、操作程序及教育培训、法律法规方面采取的各种措施。

3．职业安全健康（Occupational Health and Safety）

职业安全健康是指影响工作场所内员工（包括临时工、合同工）、外来人员和其他人员安全与健康的条件和因素。

小贴士

海因里希法则：当一个企业有300个隐患或违章，必然要发生29起轻伤或故障，另外还有一起重伤、死亡或重大事故（图1.1）。

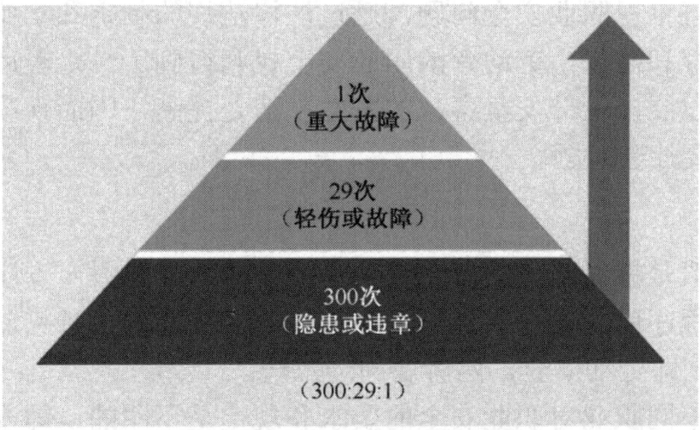

图1.1　海因里希法则

4．不符合（Does not Comply）

不符合是指未满足要求。不符合可能是对下列要求的偏离：相关的工作标准、惯例、程序、法律法规要求等。

5．组织（Organization）

组织是指具有自身职能和行政管理的公司、集团公司、商行、企事业单位、政府机构、社团或其结合体。

6．风险（Risk）

风险是指发生危险事件或有害暴露的可能性，与随之引发的人身伤害或健康损害的严重性的组合。

7．风险评价（Risk Assessment）

风险评价是指对危险源导致的风险进行评估，对现有控制措施的充分性加以考虑及对风险是否可接受予以确定的过程。

8．可接受风险（Acceptable Risk）

可接受风险是指根据组织法律义务和职业健康安全方针已被组织降至可允许程度的风险。

9．工作场所（Workplace）

工作场所是指在组织控制下实施工作相关活动的任何物理区域。

10．持续改进（Continuous Improvement）

持续改进是指为了实现对整体职业健康安全绩效的改进，根据组织的职业健康安全方针，不断对职业健康安全管理体系进行强化的过程。

11．纠正措施（Correct Errors）

纠正措施是指为消除已发现的不符合或其他不期望情况的原因所采取的措施。

二、与职业安全有关的知识

职业安全问题是世界范围内被广泛关注的焦点问题，它直接关系到劳动者的基本权利，关系到一个国家经济的稳定和持续增长，是经济发展和社会进步程度的重要标志。我国一直重视职业安全问题，通过法律法规的制定和实施，安全生产规章制度的建设，执行和监督，劳动者的职业安全权利得到了一定程度的保障。但随着经济建设的快速发展，生产安全事故的发生率随之提高，因而保障劳动者的职业安全，成为一个重要社会问题。

（一）职业安全

职业安全一般是指保障劳动者在劳动作业中的人身或财产安全，在工作场所，工作设施，操作程序以至教育培训，法律法规方面采取的各种措施。职业安全还有另一个同义概念，即劳动安全，两者属同一范畴。

不同行业，不同职业对职业安全的要求和规定是不同的，即安全与不安全之间的界限是不同的。一般而言，人员伤亡或财产损失在法律规定的可控制范围内则属于是安全的，超出其可控制范围则为不安全的。因此安全是相对的，不是绝对的。注重安全是从业者职业素养的重要特征，因为注重安全的行为规范，往往是职业技能与政治、思想、道德规范的融合。注重安全的职业素养，主要表现为具有安全意识，掌握安全规范，自觉落实安全防范措施及安全习惯的养成。

（二）风险，隐患和危险源

1．风险

风险是指工作场所、工作环境、工作设备及设施，发生某一特定危险情况的可能性，风险是概率问题，通常是指某件事情负面效果发生的概率及程度。

2．安全隐患

安全隐患是指工作场所、工作环境、工作设备及设施的不安全状态，人的不安全行为和管理上的缺陷，是引发安全事故的直接原因。加强对事故隐患的控制管理，对于预防安全事故具有重要的意义。隐患是影响风险概率及其程度的不确定因素，比风险更具体。

3．危险源

危险源是指可能导致人员伤亡，财产损失，工作环境破坏等安全事故的根源或状态，通常是指在一定的触发因素作用下，系统中所潜在的能量或物质释放而造成安全事故发生，这些潜在的能量或物质就是危险源。

（三）安全事件和事故

1．安全事件

安全事件是指导致或可能导致事故发生的各种情况。

2．安全事故

安全事故是指造成人员伤亡，财产损失或环境破坏的意外情况。

要注意区分事故和事件，造成了人员伤亡，财产损失或环境破坏的情况是事故，没有造成上述情况的是事件，如日光灯坠落，砸到人是事故，没砸到人虚惊一场是事件。

3．事故的分类

按事故形成的原因，事故可分为：物体打击事故、车辆伤害事故、机械伤害事故、起重伤害事故、触电事故、火灾事故、灼烫事故、淹溺事故、高处坠落事故、坍塌事故、冒顶片帮事故、放炮事故、火药爆炸事故、瓦斯爆炸事故、锅炉爆炸事故、容器爆炸事故、其他爆炸事故、中毒和窒息事故、其他伤害事故等。

4．事故的等级划分

根据造成的人员伤亡或直接经济损失情况，事故一般划分为以下几个等级。

（1）特别重大事故：是指造成 30 人以上死亡，或者 100 人以上重伤；或者 1 亿元以上直接经济损失的事故。

（2）重大事故：是指造成 10 人以上 30 人以下死亡，或者 50 人以上 100 人以下重伤，或者 5000 万元以上 1 亿元以下直接经济损失的事故。

（3）较大事故：是指造成 3 人以上 10 人以下死亡，或者 10 人以上 50 人以下重伤，或者 1000 万元以上 5000 万元以下直接经济损失的事故。

（4）一般事故：是指造成 3 人以下死亡，或者 10 人以下重伤，或者 1000 万元以下直接经济损失的事故。

三、我国的职业安全健康现状

近年来，我国国民经济一直保持着令世人瞩目的高速增长势头，但作为社会进步重要内容之一的职业安全健康工作却远滞后于经济建设的步伐，在市场经济大潮中受到巨大冲击，重大恶性工商事故频频发生，职业病人数居高不下。据不完全统计，至2008年年底，我国职业病总人数累计达73万，其中累计尘肺64万，占总数的87.67%。2008年新发病例13 744例，其中尘肺10 828例，占78.8%。下面以官方公布的近年的职业病报告情况为例，对目前我国的职业病发病情况进行说明。

1. 2005年全国职业病发病情况

（1）2005年共收到全国30个省、自治区、直辖市（不包括西藏、港、澳、台）各类职业病报告12 212例，其中尘肺病病例报告9 173例，占75.11%，尘肺病例死亡966例，尘肺晋期病例963例。截至2005年，尘肺累积病例607 570例，其中存活病人为470 089例。

（2）矽肺和煤工尘肺仍是最主要的尘肺病，分别为4 358和3 967例，两者共占尘肺病例总数的90.8%；其次是水泥尘肺177例、石棉肺170例和电焊工尘肺148例。尘肺新病例主要来自煤炭行业4 477例，占48.80%；然后是冶金行业905例，占9.87%。

尘肺病例数据分析表明，尘肺病发病工龄在缩短。21个省共报告了接尘工龄在2年以下的尘肺病例211例，最短接尘时间不足三个月，平均发病年龄40.9岁，最小发病年龄20岁。1 971例实际接尘工龄在10年以下，占21.49%。急性尘肺病集中发生在金矿采挖、石英砂粉碎和坑道工程建设等行业，其地区主要分布在浙江、广西、青海、安徽、湖南、贵州和甘肃等地。

（3）各类急性职业中毒326起613例，死亡28例，病死率4.57%。引起急性职业中毒的化学毒物主要是硫化氢94例和一氧化碳72例，分别占15.33%和11.75%；其次是砷化氢44例、苯44例、氨27例、磷化物26例、汞及其化合物19例、苯的硝基氨基化合物17例、铅及其化合物16例和氯气14例等。急性职业中毒主要发生在化工、煤炭和冶金行业。

（4）慢性职业中毒报告1 379例，居前三位的分别是铅及其化合物中毒589例、苯中毒253例、砷及其化合物中毒119例，分别占42.72%、18.35%和8.63%；其他是正乙烷77例、三硝基甲苯71例、锰及其化合物59例、汞及其化合物52例等。慢性职业中毒主要发生在有色金属、化工、电子和冶金行业，化学性眼部灼伤和皮肤灼伤主要发生在化工行业；职业性白内障主要发生在兵器行业；慢性砷及其化合物中毒主要发生在以锡冶炼为主的有色金属冶炼行业。

（5）其他职业病。职业性耳、鼻、喉、口腔疾病236例；职业性眼病256例；生物因素所致职业病116例；职业性皮肤病128例；物理因素所致职业病75例；其他236例。分别以噪声聋221例、职业性白内障177、化学性眼部灼伤79例、布氏杆菌病108例及化学性皮肤灼伤186例等职业病为主。

2. 2006年全国职业病发病情况

2006年职业病报告具有以下特点。

（1）尘肺病比例增加，2006 年诊断职业病病例比例较 2005 年提高了 1.44 个百分点。2006 年诊断职业病接触粉尘时间不足 10 年的占诊断尘肺病总例数的 22%，其中不足 5 年的占 11.04%，不足 2 年的占 1.57%。

（2）急性职业中毒还是以一氧化碳和硫化氢中毒为主，主要分布在煤炭行业和轻工行业；慢性职业中毒以铅及化合物和苯中毒为主，主要分布在轻工、有色金属、冶金、电子和机械行业。

（3）未成年职工职业健康损害严重。2006 年报告的职业病病例中有 643 例为未满 18 周岁的未成年职工，其中 621 例为尘肺病患者。

（4）报告职业病病例数居前三位的行业依次为煤炭、有色金属和建材行业，分别占总病病例数的 40.92%、12.85%和 6.45%。

3．2007 年全国职业病报告情况

（1）尘肺病。2007 年共报告尘肺病新病例 10 963 例（比 2006 年增加 2 180 例），死亡病例 875 例，晋期病例 860 例。截至 2007 年年底，累计报告的尘肺病病例达 627 405 例。在 10 963 例尘肺新病例中，煤工尘肺和矽肺占 89.37%。

（2）职业中毒。

① 急性职业中毒。2007 年，28 个省、自治区、直辖市共报告各类急性职业中毒 301 起，中毒人数 600 人（比 2006 年增加 133 人），其中死亡 76 人，急性职业中毒病死率为 12.67%。其中重大职业中毒事故（同时中毒 10 人以上或死亡 5 人以下）39 起，涉及 188 人中毒，76 人死亡，重大急性职业中毒事故病死率为 40.43%。引起急性职业中毒的化学物质近 60 种，引起中毒例数最多的前两位化学物质为一氧化碳和硫化氢，分别为 188 例和 68 例。中毒致死例数居首位的化学物质为硫化氢，急性硫化氢中毒死亡 27 例，病死率为 39.71%。在 301 起职业中毒事故中，一半以上发生于非公有经济类型的企业，其中以私有经济类型企业居首，为 135 起，涉及 307 人中毒，占总中毒人数的 51.17%，死亡 45 人，病死率为 14.66%。

② 慢性职业中毒。2007 年，共报告慢性职业中毒 1 638 例（比 2006 年增加 555 例），其中排在前 3 位的分别是慢性铅及其化合物中毒 849 例（占 51.83%），慢性苯中毒 225 例（占 13.74%）和慢性三硝基甲苯中毒 181 例（占 11.05%）。82.97%以上的慢性职业中毒病例分布在中、小型企业。

（3）职业性肿瘤。2007 年，共报告职业性肿瘤 48 例。其中，焦炉工人肺癌 25 例，苯所致白血病 16 例，石棉所致肺癌、间皮瘤 4 例，联苯胺所致膀胱癌 2 例，砷所致肺癌、皮肤癌 1 例。

（4）职业性耳、鼻、喉、口腔疾病等 6 类职业病。2007 年，共报告耳鼻喉口腔疾病等 6 类职业病 1 047 例。其中，职业性耳、鼻、喉、口腔疾病 290 例，职业性眼病 349 例，职业性皮肤病 280 例，物理因素所致职业病 54 例，生物因素所致职业病 48 例，其他职业病 26 例。

4．2008 年全国职业病报告情况

根据 2008 年全国职业病报告，我国职业病危害形势依然十分严峻，表现在以下 3 个方面：一是尘肺病发病居高不下，群发性尘肺病时有发生，发病工龄缩短。2008 年报告尘肺病新病例占职业病报告总例数的 78.79%。根据各地职业病上报情况，2001

年以来，尘肺病新病例占职业病报告总例数的比例均在 75.11%以上，最高达到 82.64%。2008 年各地职业病报告中，诊断尘肺病新病例数超过 100 例的群体性病例报告有 13 起。2008 年尘肺病新病例平均接尘工龄为 17.04 年，比 2007 年缩短 2.35 年，实际接尘工龄不足 10 年的有 3 420 例，占 31.58%。二是职业中毒呈现行业集中趋势。急性职业中毒以一氧化碳、氯气和硫化氢中毒最为严重，主要分布在化工、煤炭、冶金等行业。慢性职业中毒以铅及其化合物、苯和二硫化碳中毒较为严重，主要分布在有色金属、机械、化工等行业。三是中小企业职业病发病率高。2008 年职业病报告数据显示，超过半数的职业病病例分布在中小企业，特别是 69.85%的慢性职业中毒病例分布在中小企业。

5．2009 年全国职业病报告情况

2009 年共报告慢性职业中毒 1 912 例。引起慢性职业中毒的化学物质排在前 3 位的分别是铅及其化合物、苯、砷及其化合物，分别为 1 082 例（占 56.59%）、208 例（占 10.88%）和 165 例（占 8.63%），主要分布在冶金、有色金属和机械行业。2009 年共报告职业性肿瘤 63 例。其中苯所致白血病 22 例，焦炉工人肺癌 19 例，石棉所致肺癌、间皮瘤 11 例，联苯胺所致膀胱癌 11 例。2009 年共报告职业性耳、鼻、喉、口腔疾病等职业病 1 106 例。其中职业性耳、鼻、喉、口腔疾病 424 例（噪声聋居多，达 348 例），生物因素所致职业病 192 例（布氏杆菌病 190 例，森林脑炎 2 例），职业性皮肤病 176 例，职业性眼病 161 例，物理因素所致职业病 111 例，其他职业病 42 例。

6．2010 年全国职业病报告情况

（1）尘肺病。2010 年共报告尘肺病新病例 23 812 例，死亡病例 679 例。23 812 例尘肺病新病例中，94.21%的病例为煤工尘肺和矽肺，分别为 12 564 例和 9 870 例；57.75%的病例分布在煤炭行业。

目前尘肺病仍是我国最严重的职业病，2010 年，报告尘肺病例数占职业病报告总例数的 87.42%；尘肺病发病工龄有缩短的趋势；超过半数的病例分布在中、小型企业。

（2）职业中毒。2010 年共报告各类急性职业中毒事故 301 起，中毒 617 例，死亡 28 例，病死率为 4.54%。其中，重大职业中毒事故 19 起，中毒 215 例，死亡 28 例，病死率 13.02%。报告急性职业中毒例数最多的为化工行业，占 21.59%；急性职业中毒人数最多的为煤炭行业；引起急性职业中毒的化学物质涉及 30 余种，居首位的为一氧化碳，共发生 78 起 175 人中毒；病死率最高的为硫化氢中毒，47 人中毒，8 人死亡。

2010 年共报告慢性职业中毒 1 417 例。引起慢性职业中毒人数排在前 3 位的化学物质分别是铅及其化合物、苯、砷及其化合物，分别为 499 例（占 35.22%）、272 例（占 19.20%）和 157 例（占 11.08%）。主要分布在轻工、冶金和电子等行业。

（3）职业性肿瘤。2010 年共报告职业性肿瘤 80 例。其中苯所致白血病 49 例，焦炉工人肺癌 18 例、石棉所致肺癌和间皮瘤共 10 例、联苯胺所致膀胱癌 1 例、砷所致肺癌和皮肤癌 1 例、铬酸盐制造业工人肺癌 1 例。

（4）职业性耳、鼻、喉、口腔等疾病。2010 年共报告 1 314 例，其中职业性耳、鼻、喉、口腔疾病347例（其中噪声聋多达333例），职业性眼病251例，职业性皮肤病226例，物理因素所致职业病225例（其中中暑117例，手臂振动病100例），生物因素所致职业病201例（其中布氏杆菌病159例，森林脑炎42例），其他职业病64例。

知识拓展

不同的情境因素皆可导致职业病，如工作压力、工业噪声、工业防尘、工业防毒、振动危害、辐射危害等因素，这些必须引起人们平时高度的重视，预防职业病，从注意这些因素开始做起。

典型案例

富士康“不断之跳”

2013年5月11日，重庆富士康富康新城员工宿舍一男性员工从十三楼跳下，当场死亡。

2012年6月13日21时15分，成都高新公安分局官方微博发布消息，称“今天16时40分，在富士康员工外租公寓发生一起坠楼事故，一谢姓富士康员工经抢救无效死亡，具体原因正在调查中。”

2012年1月1日上午，富士康科技集团（烟台）工业园发生一名男性员工坠楼事故。据了解，该员工已经死亡。富士康科技集团（烟台）工业园工会确认了这一消息。据富士康内部了解该坠楼男子系工作不到两月新员工，到底是意外坠楼还是跳楼一直是热议的事件。男子已经死亡，家属正在赶来，据了解坠楼发生在2012年烟台富士康A区23栋，时间是在6时左右，一位年轻的生命从四楼落下。记者了解到该死者是在富士康CCPBG产品事业群CNP烤漆工作的一名男子，姓贾，公安部门到现场勘查排除了他杀的可能，具体死因正在调查。

2011年11月23日7时许，太原富士康一名女员工从D65楼跳下，当场殒命！此次跳楼事件距富士康总裁郭台铭在“富士康之星—2011优秀基层员工颁奖典礼”上高调宣称“员工是公司最大的财富”仅仅过了一个星期。据中新网24日视频报道称，该跳楼女孩名为李蓉英，21岁，家乡位于山西省吕梁市方山县。报道称，富士康方面认为李容英是因为感情问题而自杀，和富士康关系不大。中新网随后也删除了这条报道。

2011年7月18日富士康又一员工坠楼身亡，年仅21岁。18日凌晨3时许，在深圳宝安区龙华富士康北门百鸣园宿舍楼上，一名富士康男性员工从6楼坠楼，当场死亡。据死者家属介绍，死者年仅21岁。

2011年5月26日凌晨1时许，位于成都郫县德源镇富士康菁英公寓C4栋5楼发生一起跳楼事件。死者为男性，20岁左右，生前在富士康成都工厂工作。

2010年11月5日，富士康深圳园区一名23岁男性工人跳楼自杀。

2010年5月27日凌晨又有一位员工自杀，经查证，确有1名约20岁男性职工4时左右，在富士康鸿泰职工宿舍区，用割腕方案自杀。这名职工经送龙华人民医院紧急抢救后，已无生命危险。

2010年5月26日晚11时富士康深圳龙华厂区大润发商场前发生第12起员工跳楼事件，现场尚存血迹。死者是C2宿舍一位男性。称2010年5月26日晚11时32分接到富士康一叶姓员工电话，称其10分钟前在富士康龙华园区D2宿舍楼宿管办门口，见到一男子倒于地上，现场已被封锁。

2010年5月25日凌晨，富士康科技集团观澜园区华南培训中心一名员工坠楼死亡。

2010年5月21日4时50分，富士康发生当年“第10跳”，死者为21岁男性员工。

2010年5月14日，在深圳富士康龙华厂区北大门附近的福华宿舍，晚间富士康一名梁姓员工坠楼身亡，安徽籍，21岁。

2010年5月11日晚上7时许，在深圳宝安区龙华街道水斗富豪新村11巷某栋住宅楼，一名租住在该楼的女子突然爬到8楼的楼顶，然后一声不吭地就往下跳，摔到地上一动不动，后经赶来的“120”急救人员现场确认，该女子已经死亡。

2010年5月6日凌晨4时30分，富士康再现跳楼悲剧。一名年仅24岁入职不到一年的男性员工从富士康龙华总部招待所6楼房间阳台纵身跳下，结束了年轻的生命。

2010年4月7日下午5时30分许，富士康观澜工厂一名18岁云南籍宁姓女工从厂外宿舍楼坠亡。

2010年4月6日下午3时许，富士康观澜工厂C8栋宿舍一名未满19岁的江西籍饶姓女工从宿舍楼7楼坠楼，仍在医院治疗。

2010年3月29日凌晨3时，富士康龙华园区一名从湘潭大学毕业的23岁湖南籍男工，被发现死在宿舍楼J1楼一楼过道，后被警方认定为“生前高坠死亡”。

2010年3月17日上午8时，富士康龙华园区一名田姓女子从宿舍楼跳下摔伤。

2010年3月11日晚9时30分，富士康龙华基地一名20多岁的李姓男工在生活区C2宿舍楼5楼坠亡。

2010年1月23日，19岁的员工马向前在富士康华南培训处的宿舍死亡。

思考与探究

1. 简要说说职业健康的概念。
2. 简要说说我国的职业安全健康现状。
3. 简要说说职业安全事故的分类及其划分等级。

第五单元　学生意外伤害与应急救护

模块一

意外伤害与紧急救护概述

学习目标

1. 理解意外伤害与紧急救护的概念；
2. 理解意外伤害与紧急救护的特点；
3. 掌握紧急救护的步骤与原则；
4. 知道紧急救护的注意事项；
5. 掌握如何拨打紧急电话。

据权威数字统计，我国有 25%的死亡不是因为绝症或衰老，而是因为在意外事故、灾害造成的损伤中丧失了现场及时抢救的时机。在生活中，总是难免会发生这样那样的伤害事故，轻则可能擦伤、碰伤、少量的流血，重则可能导致残疾，甚至死亡。这就需要“第一目击者”对患者进行紧急救护，为抢救患者赢得最佳、最宝贵的时间。因而，掌握一定的急救知识，把伤害降低到最小，及时、有效地挽救伤员的生命就显得尤为重要。

一、意外伤害概述

（一）概念

意外伤害是指突然发生的各种事件或事故对人体所造成的损伤，包括各种物理、化学和生物因素造成的损伤。国际疾病分类已将意外伤害单列为一类，其中包括坠落或跌倒、烧伤或烫伤（包括化学和物理烧、烫伤）、窒息、溺水、触电等。据统计，我国每年意外伤害的患者约为 7000 万人，其中死亡约 80 万人，占总人数的 11%，位居总死亡原因排序的第 5 位，而且是 0～30 岁的人死亡的首要原因。

（二）特点

1．非本意的

非本意的是指能预料到的和非故意的伤害，如飞机坠毁、树木倾倒等情况。有些意外事故是可以预料到但由于疏忽而引致的，如在停电时未切断电源修理线路，因不久恢复供电而触电身亡。另有一些事故虽是可以预见到的，但在客观上无法抗拒或在技术上不能采取措施避免的，如楼房失火，火封住门口和通道，迫不得已从窗口跳下，摔成重伤；或者虽然在技术上可以采取措施避免，但由于法律和职责上的规定，要履行应尽义务不去躲避，如银行职工为保护国家财产在与抢劫银行的歹徒搏斗中受伤。

以上这些均属于意外事故。凡是故意使自己遭受伤害的行为，如自杀、自伤，均不属于意外事故。

2．外来原因造成的

外来原因造成的是指身体外部原因造成的伤害，如食物中毒、失足落水等。疾病所致的伤害不属于意外伤害，它是人体内部生理原因或外部细菌病毒侵入的结果。

3．突然发生的

突然发生的是指意外伤害在极短时间内发生，来不及预防，如行人被汽车突然撞倒。铅中毒、矽肺等职业病虽然是外来致害物质对人体的侵害，但由于伤害是逐步造成的，而且是可以预见和预防的，不属于意外伤害。

二、紧急救护的概述

（一）概念

紧急救护，简称急救，是指在发生意外后有人受伤或有人疾病发作，如急性中毒、外伤或突发性疾病，现场没有医务人员时，为了防止病情恶化，减少病人痛苦和预防休克等，利用当时可以获得的资源及设备，对伤病员进行救治，直至伤病员复原或送往医院。美国急救学顾问委员会是这样定义的：急救是指能够由旁观者（或受害者自己）在最少的或没有医疗装备的条件下采取的评估和干预的方法。

（二）特点

1．突发性

工作场所中，经常会在人们预料之外的突发性事件中出现伤员或病员，有时是少数的，有时是成批的，有时是分散的，有时是集中的。常见伤病员多为垂危者，此时不仅需要在场人员参加急救，还需要呼叫场外更多的人参加急救。

2．紧迫性

突发性事故发生后，伤员的病情复杂，可能一人有两个以上的器官同时受损，无论是伤员还是家属寻求救助的心情都十分急切。抢救工作紧迫，必须分秒必争，对心跳、呼吸骤停者采用复苏技术，对大出血、骨折等病危者，及时采用止血、固定等措施，把他们从生命临危的边缘抢救回来。

3．艰难性

艰难性是指突发性事故中伤病员病情的种类多、伤情重，一个人身上可能有多个系统、多个器官同时受损，此时需具备丰富的医学知识、过硬的技术才能完成急救任务。在实际情况中常常出现伤病员多、伤情急、要求高与知识少的不适应局面。有的事故虽然伤病员比较少，但时常在急救的情况下，伤病员身边可能无人，更无专业的医护人员，只能依靠路人提供帮助与急救。

4．灵活性

工作场所急救常是在缺医少药的情况下进行的，没有齐备的抢救器材、药品和工具。因此，要机动灵活地在伤病员周围寻找替代用品，修旧利废，就地取材，获得冲洗消毒液、绷带、夹板、担架等；否则，就会失去抢救时机，给伤病员造成更大的损伤或危险。

（三）紧急救护的基本步骤

紧急救护的目的是挽救生命、减轻伤残。紧急救护的首要原则是先救命、后治伤。紧急救护应按照紧急呼救、切断伤害源、判断伤情和现场救护四大步骤进行。

1．紧急呼救

当伤害事故发生时，应大声呼救或尽快拨打“120”急救电话和“110”报警电话。紧急呼救必须要用最精练、准确、清楚的语言说明伤员目前的情况、严重程度、伤员人数及存在的危险、需要何种急救。

2．切断伤害源

根据伤害源的不同迅速采取相应的措施，切断伤害源对伤病员的继续伤害，如煤气等有害气体中毒，应迅速将受害者转移到空气流通的场地；电击伤时，应立即切断电源，或者用不导电物体挪开电源，万不可用手拖拉伤员；火灾烧伤时，应迅速让伤员脱离火灾现场，扑灭身体上的火焰；化学物品烧伤时，应迅速冲洗掉沾在皮肤上的化学物品等。

在实际情况下，紧急救护与切断伤害源可同时进行。

3．判断伤情

紧急救护前，首先必须了解伤员的主要伤情，特别是对重要的体征不能忽略和遗漏。判断伤情的一般步骤和方法如下。

（1）意识。先判断伤员神志是否清醒，在呼唤、轻拍、推动时，伤员有反应则表明伤员有意识；若无反应，则表明伤员意识丧失，已陷入危重状态。

（2）气道。如果伤员有反应但不能说话，不能咳嗽、憋气，可能存在气道梗阻现象，必须立即检查和清除，如进行侧卧位和清除口腔异物等。

（3）呼吸。正常人每分钟呼吸12～18次，危重伤员呼吸变快、变浅，甚至不规则，呈叹息状。

（4）瞳孔反应。当伤病员脑部受伤、脑出血、严重药物中毒时，瞳孔可能缩小为针尖大小，也可能扩大到黑眼球边缘，对光线没有反应或反应迟钝。

（5）开放性损伤。对伤员的头部、颈部、胸部、腹部、盆腔和脊柱、四肢进行检查，看有无开放性损伤、骨折畸形、触痛、肿胀等体征。

4．现场救护

对于不同的伤情，采用正确的救护体位，运用人工呼吸、胸外心脏按压、紧急止血、包扎等救护技术，对伤病员进行现场救护。

（四）紧急救护的原则

现场急救总的任务是采取及时有效的急救措施和技术，最大限度地减少伤病员的痛苦，降低致残率，减少死亡率，为医院抢救打好基础。在急救的过程中，必须遵循6条先后次序原则。

1．先复后固

先复后固是指遇到心跳、呼吸骤停又有骨折者时，应首先用人工呼吸和胸外按压等技术使心肺脑复苏，直到心跳、呼吸恢复后，再进行骨折的固定。

2．先止后包

先止后包是指遇到大出血又有创伤者时，首先应立即用止压、止血带或药物等方法止血，接着再消毒创口进行包扎。

3．先重后轻

先重后轻是指遇到垂危的和伤势较轻的伤病员时，先抢救危重者，后抢救伤势较轻者。

4．先救后运

发现伤病员时，应先救后运，就地对伤病员实施急救。除非处在危险环境中，才需要对伤病员进行转移。

5．急救与呼救并重

在遇到成批的伤病员，又有多人在现场的情况时，要有序而镇定的分工合作，急救和呼救同时进行，才能较快地争取到外援。

6．运送与医护一致

在运送危重伤病员时，应与急救工作步调协调一致，争取时间，在运送途中应继续进行抢救工作，减轻伤病员的痛苦和减少死亡，安全到达目的地。

（五）紧急救护的注意事项

救护员在实施急救时，应注意以下事项。

（1）确定伤病员的呼吸道是否被舌头、分泌物或某种异物堵塞。

（2）动作轻缓地检查伤病员，必要时剪开衣服，避免突然挪动增加伤病员的痛苦。

（3）呼吸如果已经停止，必须立即实施人工呼吸。

（4）如果脉搏、心脏停止跳动，应立即实施心肺复苏术。

（5）检查有无出血，外伤病员给予初步止血、包扎、固定。

（6）大多数伤员可以抬送医院，但对于颈部或背部严重受损者则要慎重，以防止其进一步受伤。

（7）让伤病员平卧并保持安静，如有呕吐，首先检查有无颈部骨折的危险后，应将其头部侧向一边，以防止噎塞。

（8）在实施急救的同时，请其他人帮忙拨打“120”急救电话，向医疗救护单位求援，在电话中应向对方讲明伤病员受伤或发病的地方，并询问清楚在救护车赶到之前，应该做些什么。

（9）既要安慰伤病员，施救者自己也应保持镇静，以消除伤病员的恐惧。

（10）不要给昏迷和半昏迷的伤病员喝水，以防液体进入呼吸道而窒息，也不要用拍击或摇动的方式试图唤醒昏迷者。

小贴士

避免交叉感染

在急救的过程中，可能会通过血液、体液等对施救者造成交叉感染（交叉感染是指被病原体微生物传染后又传给别人）。避免交叉感染应做到以下几点。

（1）避免直接接触伤病员的体液。

（2）使用防护手套，并用防水胶布贴住自己损伤的皮肤。

（3）急救前和急救后都要洗手，并且眼、口、鼻或任何皮肤损伤处，一旦溅上伤病者的血液，应尽快用肥皂和水清洗，并及时医治。

（4）进行口对口人工呼吸时，尽可能使用人工呼吸面罩。

三、拨打急救电话

（一）拨打“120”急救电话

拨打“120”急救电话时要沉着冷静，说话清晰，语言简练，确保接线员听清。

（1）简要说明伤者受伤原因和伤情，群体伤要说出受伤人数。例如，三人触电，一人心跳停止等。

（2）详细说明地址，说明事故现场的显著标志物。设法让救护车尽快到达现场，派人等候在路口、大门口、显著标志物前，接应救护车并为急救人员指路。清除影响救护车到达现场的障碍物，夜间要解决照明问题。

（3）告诉联系方式，即座机、手机号，一定要留下能够与事故现场联络的电话号码。若只有座机，应守在电话旁，并避免占线，随时听从医护人员的问路咨询或医疗指导。

（4）不要先挂断电话。要让“120”调度员先挂线，以便回答调度员的提问，保证对方已经完整了解施救所需要的信息，并接受调度员初步急救处理的指导。

（5）保持冷静，为急救人员来临做好准备。求救人应在伤病员身边陪护等待，救护车出车前，急诊医生一般都会打电话联系求救人，确认伤病员的病情和事发地点等情况，而且可能会指导现场自救。

（二）拨打“119”火警电话

拨打“119”火警电话和拨打“120”急救电话一样，一定要讲清楚失火的单位全称、地理位置，最好能说清燃烧物质和火源。此外，派人到主要路口接应消防车的到来，疏通道路，清除消火栓周围的杂物，为消防车尽快进入现场做好准备。

如果有燃料设备、管道在火灾现场或附近，应在没有燃气泄漏的地方打电话报警，否则会引起爆炸。

（三）使用救护车的情况

遇到紧急情况，必须及时拨打“120”急救电话，并简要说明伤病员的基本症状及准确方位。待救护车到达后，应向急救人员详细介绍病人的病情、伤情及发展过程，以便医护人员采取初步的急救措施。

必须使用急救车的情况有以下几种。

（1）受严重撞击、高处坠落、重物挤压等各种意外情况造成的严重损伤和大出血。

（2）各种原因引起的呕血、咳血、便血等大出血。

（3）意外灾害事故造成人员发病、伤亡的现场，尤其是成批伤员和群体伤害。

思考与探究

1. 意外伤害的特点有哪些？紧急救护的特点又有哪些？
2. 请根据所学内容，填写下表中紧急救护的 6 条先后次序原则。

先后次序	内　容
先复后固	先复苏心肺脑，后固定骨折
先止后包	
先重后轻	
先救后运	
急救与呼救并重	
运送与医护一致	

3. 该如何进行有效的紧急救护？

模块二

心肺复苏应急救护

学习目标

1. 认识心肺复苏的概念和紧迫性；
2. 掌握实施心肺复苏的步骤与方法；
3. 掌握实施心肺复苏的注意事项。

心肺复苏术是自 20 世纪 60 年代至今长达半个世纪以来，全球最为推崇也是应用最为广泛的急救技术。在人们的日常生活中，有可能会遇到身边有人出现心跳骤停的紧急情况，心跳骤停会引起全身组织细胞严重缺血、缺氧和代谢障碍，如果不及时抢救会立刻失去生命。学习掌握心肺复苏的方法，能为进一步抢救直至挽回心搏骤停伤病员的生命而赢得最宝贵的时间。

典型案例

2016 年 7 月，家在武汉的两姐妹在屋里学习，妈妈在屋外洗菜。突然头顶一声炸雷，妈妈连忙跑进屋，屋里一片漆黑。妈妈摸索了一阵才看清，大女儿倒在地上口吐白沫，小女儿躺在椅子上，身体往后仰着。妈妈一边哭喊一边摇动女儿，但两个孩子都没有反应。大约 3 分钟后，小女儿被唤醒。“醒来后感觉全身像针刺一般疼痛，特别是胸口和大腿，像火烧一样。”妹妹回忆，当时她看到墙上被打出了一个大洞，屋内弥漫着一股焦煳味，意识到自己和姐姐可能被雷电击中了。看到妈妈抱着不省人事的姐姐不停地呼唤，妹妹意识到姐姐可能受了重伤。她用手指试了试，发现姐姐的呼吸几乎停止。她想起在学校学习的心肺复苏知识，就一边用双手在姐姐的胸部进行有节奏的按压，一边指导妈妈给姐姐做人工呼吸。经过两人半个小时的急救，姐姐慢慢睁开了双眼。此时赶回家的父亲拨打了“120”急救电话。爸爸背着姐姐，妈妈牵着妹妹冒着风雨下山，坐上急救车来到医院。“雷电直接袭击到人体，等于高达十几万安培的电流，由人的头顶一直通过人体到两脚，很可能导致心跳骤停而猝死。”医生说，“心跳骤停 4 分钟内若能进行有效心肺复苏，抢救成活率可达 40%以上。妹妹的做法是正确的，而且小小年纪能如此冷静非常难得。”

一、认识心肺复苏

（一）心肺复苏术

心肺复苏术是指当呼吸终止及心跳停止时，在数分钟内采取急救措施，促使心脏、呼吸功能恢复正常，从而保护和促进脑功能的恢复。由于溺水、心脏病、高血压、车祸、触电、药物中毒、气体中毒、异物堵塞呼吸道等事故而导致呼吸终止、心跳停止时，在就医前，均可利用心肺复苏术维护脑细胞及器官组织不致坏死。心肺复苏是挽救生命，使其恢复心跳和呼吸，避免脑损伤的一项急救方法。

急救最基本的目的是挽救生命，而危及生命的则是心跳、呼吸的骤停。很多原因可以引起心跳、呼吸骤停，但在日常生活中，最为常见的是心脏急症猝死，其他还有诸如触电、溺水、中毒、创伤等急症。如果此时争分夺秒，抓住抢救时机，对处在濒死阶段，即呼吸、心跳即将停止或刚刚停止，或者处在临床死亡阶段（俗称“假死状态”），而并未进入生物死亡（即“真死状态”）的伤病员，挽救生命（即“复苏”）既是可能的，也是必需的。挽救心跳、呼吸骤停伤病员的方法，即为心肺复苏术。

（二）实施心肺复苏术的紧迫性

心脏和大脑需要不断地供给氧气。如果中断供氧3～4分钟就会造成不可逆性损害。在正常温度下，心跳停止3秒钟伤病员感到头昏，10～20秒伤病员发生昏厥，30～40秒瞳孔散大，40秒左右出现抽搐，60秒后呼吸停止。所以，在某些意外事故中，如触电、溺水、脑血管和心血管意外，一旦发现心跳、呼吸停止，首要的抢救措施就是迅速进行心肺复苏术，以保持有效通气和血液循环，保证重要脏器的氧气供应。

大量事实表明，抢救生命的黄金时间是4分钟，现场及时施行有效的心肺复苏术，可有50%的概率使伤病员被救活。对于心跳、呼吸骤停的伤病员，心肺复苏术成功与否的关键是抢救时间，复苏施行越早，存活率越高。

二、心肺复苏术的实施步骤

对呼吸、心跳骤停的伤病员应争分夺秒地进行心肺复苏，实施心肺复苏术的具体步骤如下。

（一）判断意识

发现有人倒地，先双手轻拍伤病员的双肩，同时在伤病员耳边大声呼唤：“喂，您怎么啦？”若伤病员对呼唤、轻拍无反应，可判断其无意识。

（二）紧急呼救

当判断伤病员意识丧失时，应请求他人帮助，在原地高声呼救：“来人呀！救命啊！我是救护员，请这位先生（女士）快帮忙拨打‘120’急救电话，有会救护的请和我一起来救护。”

（三）救援体位

在进行心肺复苏术（CPR）之前，将伤病员仰卧位放到硬质的平面上。如果没有反应的伤病员为俯卧位时，应将其放置为仰卧位。若伤病员没有意识但有呼吸和循环，为了防止呼吸道被舌后坠或黏液及呕吐物阻塞导致窒息，对伤病员应采取侧卧体位（复原卧位），分泌物容易从口中引流。体位应稳定，并易于伤病员翻转其他体位，保持气道畅通，30 分钟左右，翻转伤病员到另一侧。

救护员应跪于伤病员右手侧，跪姿尽量靠近伤病员身体，左膝与伤病员肩平行，双膝距离与肩同宽，有利于实施救护操作。

（四）检查颈动脉

判断心跳（脉搏）应选大动脉测定有无搏动。一般触摸伤病员的颈动脉。

一手立掌压额，另一手食指、中指置于下颏中点。食指、中指从下颏中点滑至甲状软骨正中向外滑行 1～2cm，在胸锁乳突肌与喉结中间凹陷处，稍加力度可触摸到颈动脉。

检查颈动脉不可用力压迫，避免刺激颈动脉窦使迷走神经兴奋，反射性地引起心跳停止，并且不可同时触摸双侧颈动脉，以防阻断脑部血液供应。

（五）胸外按压

救护员判断伤病员已无脉搏搏动，或者在危急中不能判断心跳是否停止，脉搏也摸不清时，不要反复检查耽误时间，而要在现场进行胸外心脏按压等人工循环及时救护。

救护员用手指轻触伤者胸部，找寻伤者的最末一根肋骨，沿着肋骨的边缘轻轻往上移，找到胸骨的位置，将该手的食指及中指并拢，压在胸骨上，再将另一只手的手掌根（切记：不可用手指）置于两指上方，固定在胸骨下三分之一的位置。

将置于下方的两指抽出，平叠于另一只手上，两手指缝合拢，交叠压紧，指尖朝上翘起。

救护员将双臂保持伸直的状态，手掌根固定在胸骨上方，不可移动，切记手臂一定要完全伸直，上身向前倾，使双臂与双掌垂直，不可弯曲。

救护员用肩膀的力量平稳地向下施力，通过交叠的双掌向下压，使伤者的胸骨下降 4～5cm，然后停止施压（但双掌的位置仍固定）。

救护员应以每分钟 100 次的频率进行胸外按压。每次按压后要全部放松，使伤病员胸部恢复到正常位置，但手掌根部不要离开，以免改变按压位置。

知识拓展

儿童、婴儿的心肺复苏术

如果是儿童（1～14 岁）进行心肺复苏术，按压方式改为用单手每分钟 100 次频率按压，深度只需要 3～4cm，其余方法同上。

婴儿的心肺复苏，测动脉时取肱动脉（肱二头肌下方），首先将双手的食指置于二乳头上作为基点，而心脏就在此连线中央偏下，接近胸骨基底处；按压改为食指和中指按压，每分钟 100 次频率，深度只需 1～2cm，其余方法同上；口对口人工呼吸时，不仅要包含婴儿的口，连婴儿的鼻也要包入。

（六）打开气道

伤病员呼吸、心跳骤停后，全身肌肉松弛，口腔内的舌肌也松弛后坠而阻塞呼吸道。采用开放气道的方法，可使阻塞呼吸道的舌根上提，使呼吸道畅通。

救护员用最短的时间，先将伤病员的衣领、领带、围巾等解开，戴上手套迅速清除伤病员口鼻内的污泥、土块、痰、呕吐物等异物，以利于呼吸道畅通，再将气道打开。

（七）人工呼吸

应在现场立即给予口对口（口对鼻、口对口鼻）、口对呼吸面罩等人工呼吸救护措施。

1．口对口人工呼吸

口对口人工呼吸可以给伤病员提供氧气和通气。

为了进行口对口人工呼吸，开放伤病员气道，应捏住伤病员的鼻孔，形成口对口密封状，缓慢持续吹气。

吹气后立即与伤病员口部脱离，抬起头，手松鼻，侧身“正常”吸气（不是深吸气）并观察伤病员的胸部变化。如果呼吸成功，伤病员隆起的胸部会自然下落，并能听到伤病员的呼气声。待伤病员胸部回落到正常位置后，再进行下一次。进行正常的吸气较深呼吸能够防止救护员发生头晕。

施行人工呼吸的频率为：成人每分钟进行 14～16 次，儿童每分钟进行 20 次。每次吹气 1～1.5 分钟。反复进行，直到伤病员有自主呼吸。

人工呼吸最常见的困难是开放气道，如果伤病员的胸廓在第一次人工呼吸时没有发生起伏，应该采用仰头抬颏手法再进行第二次呼吸。

2．口对鼻人工呼吸法

如果不能通过伤病员进行通气（如口严重外伤），口不能打开，伤病员在水中，或者形成口对口封闭困难时，则可改用口对鼻人工呼吸法。基本步骤和口对口人工呼吸法相同。不同点是：使伤病员口部紧闭；深吸气后，用力向伤病员鼻孔吹气；呼吸时，使伤病员口部张开，以利于气体排出。

小贴士

各步骤操作时间

时　间	步　骤	重　点
4～10 秒	判断意识，高声求助，摆放体位	检查时，回忆 CPR 程序
5～10 秒	检查脉搏	不要花费更长时间
30～40 秒	实施胸外心脏按压，人工呼吸	按压定位准确
5 秒	开放气道	必须畅通气道
5～6 秒	口对口吹气	注意胸部隆起
10 秒	检查呼吸、循环体征	如无呼吸、脉搏，继续 CPR
继续 CPR，每 5 个周期（约 2 分钟）停 10 秒检查呼吸、脉搏		

三、心肺复苏术注意事项

（1）口对口吹气量不宜过大，胸廓稍起伏即可。吹气时间不宜过长，过长会引起急性胃扩张、胃胀气和呕吐。吹气过程要注意观察伤病员气道是否通畅，胸廓是否被吹起。

（2）胸外心脏按压只能在伤病员心脏停止跳动的情况下才能施行。

（3）口对口吹气和胸外心脏按压应同时进行，严格按吹气和按压的比例操作，吹气和按压的次数过多或过少都会影响复苏的成败。

（4）胸外心脏按压的位置必须准确。不准确容易损伤其他脏器。按压的力度要适宜，过于猛烈容易使胸骨骨折，引起气胸、血胸；按压的力度过轻，胸腔压力小，不足以推动血液循环。

（5）施行心肺复苏术时应将伤病员的衣扣及裤带解松，以免引起内脏损伤。

（6）救护时要充满信心，现场救护不要犹豫不决。

（7）对于危重症，千万不能只等待专业人员急救。

（8）不要把时间耗在反复检查心跳、呼吸的过程中。

（9）应使用心肺复苏模型进行心肺复苏术的训练，严禁在健康人身上进行操作训练。

（10）救护员定期参加心肺复苏术培训，巩固紧急救护的知识。

思考与探究

1．心肺复苏术在什么情况下使用？

2．如何实施心肺复苏术？把具体的步骤写在下面的表格内。

步　骤	内　容
第一步	
第二步	
第三步	
第四步	
第五步	
第六步	
第七步	

模块三

骨折应急救护

学习目标

1. 了解骨折后的一般表现；
2. 认识骨折应急救护的原则；
3. 重点掌握骨折固定方法；
4. 掌握现场搬运的常用方法；
5. 了解现场搬运的注意事项。

典型案例

2013 年 10 月 15 日，唐汉在体育课上奔跑时，突然摔倒了，同学王强看见后趁唐汉起身之机，压在其身体上，不断有同学摞在唐汉身上，玩起叠罗汉的游戏。期间，唐汉左腿感到一阵剧痛，大声喊叫要求停止游戏，同学们不理会唐汉的喊叫声，最后唐汉的身上摞了 11 名同学。当游戏结束后，唐汉的左腿不能动弹。经医生检查，唐汉的左腿胫腓骨骨折，治疗时间至少 3 个月。

骨折无论是在平时生活中，还是在运动时都有可能发生。发生骨折后，骨折部位有疼痛及压痛感，并伴有肿胀、瘀斑、畸形等症状。如果伤后怀疑有骨折，应先按骨折处理，以免引起严重后果。骨折急救的目的在于，用简单而有效的方法抢救生命，保护躯体，预防感染和防止增加损伤，能安全而迅速地护送伤员，以便进行有效的治疗。

一、认识骨折

（一）骨折与骨折应急救护

骨折是指骨结构的连续性完全或部分断裂。

1. 骨折分类

按骨折端是否与外界相通分为闭合性骨折和开放性骨折。

闭合性骨折：骨折端未刺出皮肤；

开放性骨折：骨折端刺出皮肤。

2. 全身表现

（1）休克。对于多发性骨折、骨盆骨折、股骨骨折、脊柱骨折及严重的开放性骨折，伤者常因广泛的软组织损伤、大量出血、剧烈疼痛或并发内脏损伤等而引起休克。

（2）发热。骨折处有大量内出血，血肿吸收时体温略有升高，但一般不超过38℃，开放性骨折体温升高时应考虑感染的可能。

3. 骨折的特有体征

（1）畸形。骨折端移位可使患肢外形发生改变，主要表现为缩短、成角、延长。

（2）异常活动。正常情况下肢体不能活动的部位，骨折后出现不正常的活动。

（3）骨擦音或骨擦感。骨折后两骨折端相互摩擦撞击，可产生骨擦音或骨擦感。

以上三种体征只要发现其中之一即可确诊，但未见此三种体征者也不能排除骨折的可能，如嵌插骨折、裂缝骨折。一般情况下不要为了诊断而检查上述体征，因为这会加重损伤。

（二）骨折现场急救原则

一旦怀疑有骨折，应尽量减少患处的活动。骨折后急救有以下5个原则。

1. 抢救生命

严重创伤现场急救的首要原则是抢救生命。如果发现伤员心跳、呼吸已经停止或濒于停止，应立即进行胸外心脏按压和人工呼吸。昏迷伤员应保持其呼吸道畅通，及时清除其口、咽部异物。伤员有意识障碍者可针刺其人中、百会等穴位。开放性骨折伤口处如有大量出血，一般可用敷料加压包扎止血。严重出血者若使用止血带止血，一定要记录开始使用止血带的时间，每隔30分钟应放松1次（每次30～60秒钟），以防肢体缺血坏死。如遇以上有生命危险的骨折伤员，应快速送往医院救治。

2. 伤口处理

开放性伤口的处理除应及时恰当地止血外，还应立即用消毒纱布或干净布包扎伤口，以防伤口继续被污染。伤口表面的异物要取掉，外露的骨折端切勿推入伤口，以免污染深层组织。有条件者，最好用高锰酸钾等消毒液冲洗伤口后再包扎、固定。

3. 简单固定

现场急救时，及时正确地固定断肢，可减少伤员的疼痛及周围组织继续损伤，同时也便于伤员的搬运和转送。但急救时的固定是暂时的。因此，应力求简单而有效，不要求对骨折准确复位；开放性骨折有骨端外露者更不宜复位，而应原位固定。急救现场可就地取材，如木棍、板条、树枝、手杖或硬纸板等都可作为固定器材，其长短以固定住骨折处上下两个关节为准。如果找不到固定的硬物，也可用布带直接将伤肢绑在身上，骨折的上肢可固定在胸壁上，使前臂悬于胸外；骨折的下肢可同健肢固定在一起。

4. 必要止痛

如果是严重外伤，强烈的疼痛刺激可引起休克，因此，应给予必要的止痛药，如口服止痛片，也可注射止痛剂，吗啡10mg或哌替啶50mg；但有脑、胸部损伤者不可注射吗啡，以免抑制呼吸中枢。

5．安全转运

经以上现场救护后，应将伤员迅速、安全地转运到医院救治。转运途中要注意动作轻稳，防止震动和碰坏伤肢，以减少伤员的疼痛；注意保暖和适当的活动。

（三）骨折固定方法

1．上臂骨折固定法

手臂屈曲，夹板放在内外侧，绷带包扎固定，然后用三角巾悬吊伤肢，如图 5.3.1 所示。

2．前臂骨折固定法

先将木板或厚纸板用棉花垫好，放在伤肢前后侧，用布带包扎，肘关节屈曲 90°，再用三角巾悬吊伤肢，如图 5.3.2 所示。

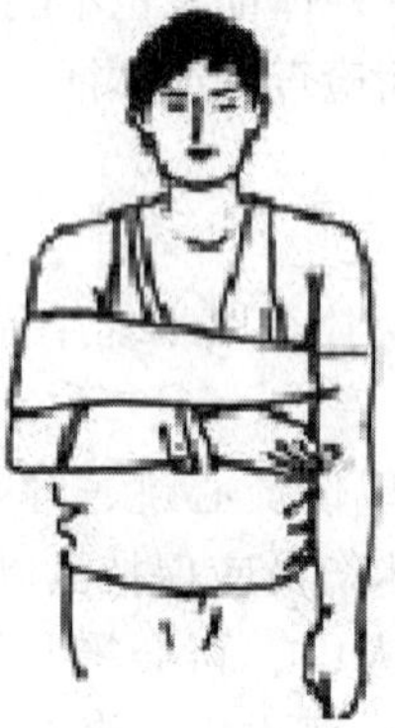

图 5.3.1　上臂骨折固定法

图 5.3.2　前臂骨折固定法

3．大腿骨折固定法

将伤肢拉直，夹板放在内外侧，外侧夹板长度上至腋窝，下至脚跟，内侧夹板较短，放至大腿根部，关节处垫好棉花，然后用绷带或三角巾固定。如现场无夹板可用，可将伤肢与健肢并排摆正，用三角巾缠绕固定，如图 5.3.3 所示。

4．小腿骨折固定法

取等长的两块木板，内侧木板应从大腿根部至足内侧，外侧木板与内侧对应，同样用棉花、布条包裹，然后用绷带、绳索、布条固定。无木板时可临时将健康下肢当木板与伤肢捆在一起达到固定的目的，如图 5.3.4 所示。

图 5.3.3　大腿骨折固定法

图 5.3.4　小腿骨折固定法

5．锁骨骨折固定法

丁字夹板放置背后肩胛骨上，骨折处垫上棉垫，然后用三角巾绕肩两周系在板上，夹板端用三角巾固定好，如图 5.3.5 所示。

6．脊椎骨折固定法

脊椎骨折往往病情严重，严禁不经固定而搬动。应在保持脊柱稳定的情况下，将伤者轻巧平稳地移至硬板担架，用三角巾固定。切忌扶持伤者走动或躺在软担架上，如图 5.3.6 所示。

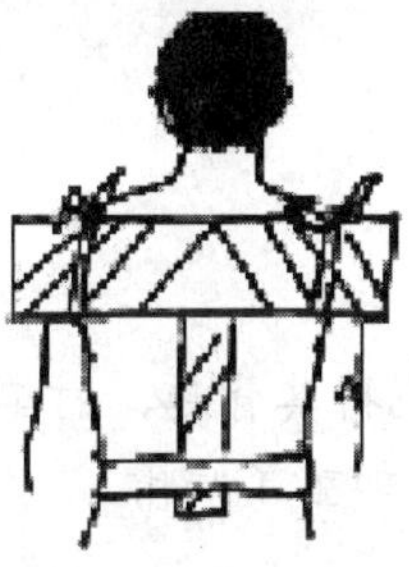

图 5.3.5　锁骨骨折固定法

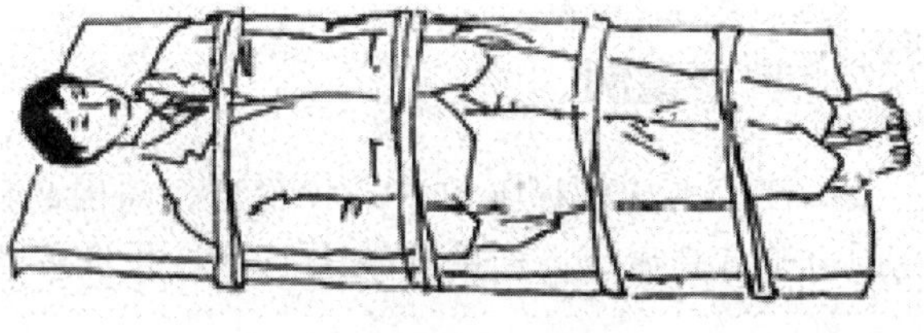

图 5.3.6　脊椎骨折固定法

7．颈椎骨折固定法

颈椎骨折最好用颈托固定头、颈部，防止骨折移位压迫中枢神经造成终生截瘫。伤员仰卧在木板上，颈下、肩部两侧要加垫，头部两侧用棉垫固定，防止左右摇晃，然后用绷带（或三角巾）将额、下巴尖、胸固定于木板上，如图 5.3.7 所示。

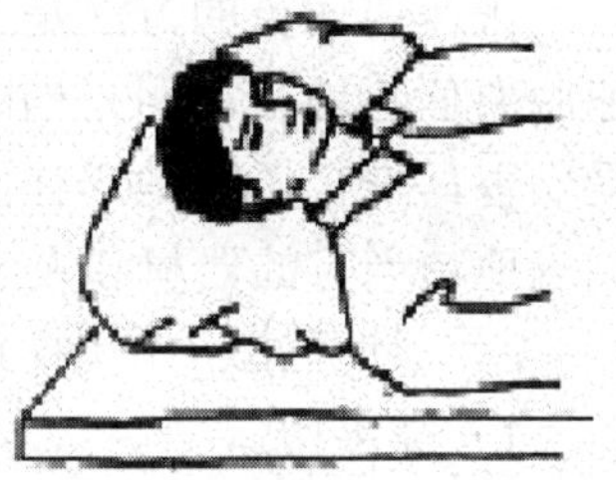

图 5.3.7　颈椎骨折固定法

8．肋骨骨折固定法

发生肋骨骨折时，首先要观察伤者的伤势，判断是单纯性骨折还是多发性骨折，根据情况采取适当的急救方法。单纯性骨折只有肋骨骨折，胸部无伤口，局部有疼痛，呼吸急促，皮肤有血肿。将伤者局部用多层干净布、毛巾或无菌纱布盖住，并加压包扎。如果伤者是多发性肋骨骨折，吸气时胸廓下陷，胸部多有创口，剧痛，呼吸困难，常并发血胸和气胸，如果抢救不及时很快会死亡。将伤者胸部用宽布绕胸腔半径固定住即可，防止再受伤害。

小贴士

发生骨折，不要揉捏

跌伤、摔伤造成骨折是常见的，有的人为减轻疼痛，习惯用手揉捏伤部。要知道，骨折后乱揉捏可能会造成十分严重的后果，如可能会发生截瘫、刺破血管引起内出血、损伤四肢神经、加重休克、造成骨缺血性坏死等。

骨折后，乱揉捏不仅危险，而且还为正常治疗带来诸多困难，并直接关系到骨折部位的愈合和康复。因此，一旦发生严重的跌伤和摔伤，尤其是伤员无法动弹时，最好的办法是让伤者安静躺着，马上联系急救车，送医院就诊。

（四）骨折应急救护注意事项

伤者被瓦砾、土方等压住时，不要强行硬拉暴露在外面的肢体，以防加重血管、脊髓、骨折的损伤。

在进行现场包扎固定时，不要把外露的骨头复位，只包扎固定即可；对前臂或小腿固定时，手和脚要露在外面，不要一起包扎；疑似脊柱骨折患者，要使用担架搬运，不能一个人背，防止加重脊柱受伤。

二、了解现场搬运

典型案例

一位学生从楼梯上掉下来摔伤后，周围的同学自作主张地将其背起，打车去医院。由于盲目搬运，结果使伤者的脊柱骨折恶化为脊柱错位，加重了病情。

（一）现场搬运

搬运伤病员的方法是工作现场急救的重要技术之一。搬运的目的是使伤病员迅速脱离危险地带，纠正当时影响伤病员的病态体位，以减少伤病员的痛苦，减少再受伤害，安全迅速地送往医院治疗，以免造成伤病员残废。搬运伤病员的方法应根据当地、当时的器材和人力而选定。

（二）现场搬运常用方法

1. 徒手搬运

（1）单人搬运法。适用于伤势比较轻的伤病员，采取背、抱或扶持等方法，如图 5.3.8～图 5.3.10 所示。

图 5.3.8　扶持

图 5.3.9　抱

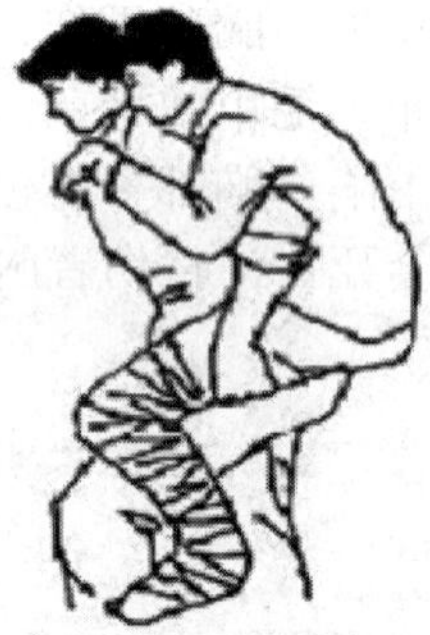

图 5.3.10　背

（2）双人搬运法。一人搬托双下肢，一人搬托腰部。在不影响伤病员伤势的情况下，还可用椅式、轿式和拉车式搬运法，如图 5.3.11～5.3.13 所示。

（3）三人搬运法。对疑有胸、腰椎骨折的伤者，应由三人配合搬运。一人托住肩胛骨，一人托住臀部和腰部，另一人托住两下肢，三人同时把伤员轻轻抬放到硬板担架上。

（4）多人搬运法。两人专管头部的牵引固定，使头部始终保持与躯干成直线的位置，维持颈部不动；两人托住臂背，两人托住下肢，协调地将伤病员平直地放在担架上。六人可分成两排，面对站立，将伤员抱起。

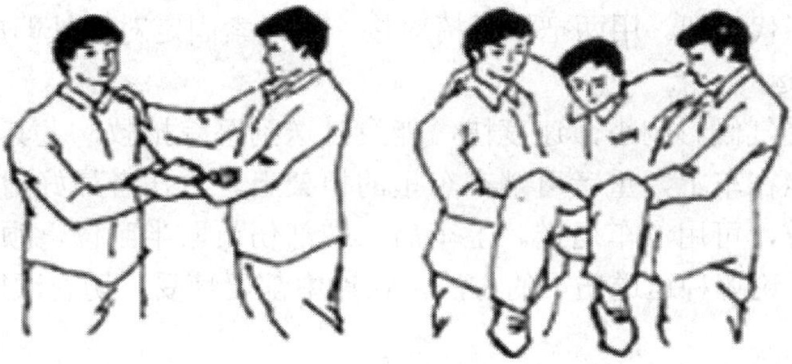

图 5.3.11　椅式

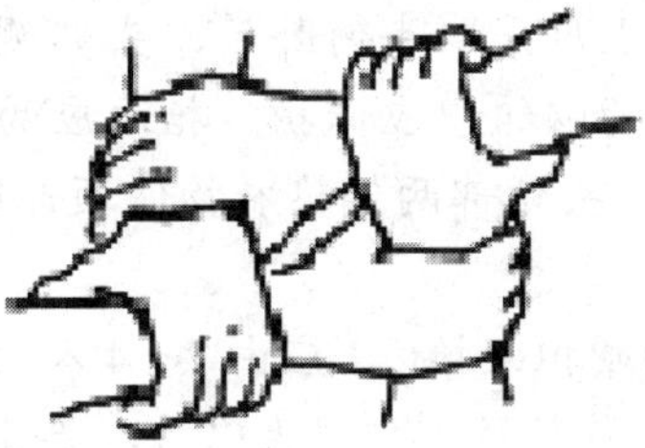

图 5.3.12　轿式

图 5.3.13　拉车式

2．担架搬运

担架搬运法如图 5.3.14 所示，在没有现成的担架而又需要担架搬运伤病员时需要自制担架，如图 5.3.15 所示。

图 5.3.14　担架搬运

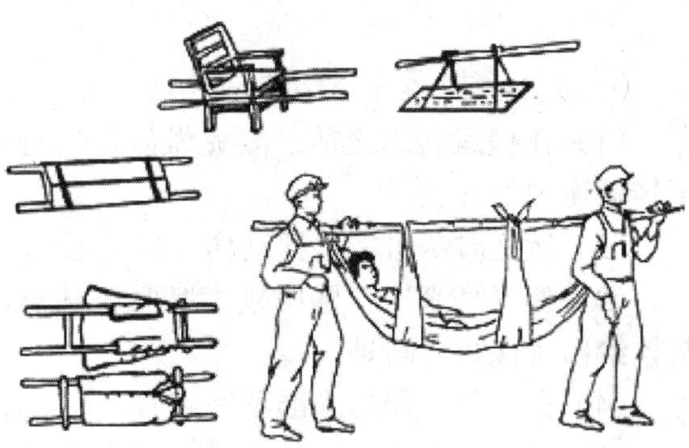

图 5.3.15　自制担架

（1）用木棍制担架。用两根长约 2.3m 的木棍或两根长 2～2.3m 的竹竿绑成梯子形，中间用绳索来回绑在两根长棍之中即成。

（2）用上衣制担架。用上述等长的木棍或竹竿两根穿在两件上衣的袖筒中即成。常在没有绳索的情况下使用此法。

（3）用椅子代担架。用两把扶手椅对接，用绳索固定对接处即成。

3．车辆搬运

车辆搬运受气候影响小，速度快，能及时送到医院抢救，尤其适合较长距离的运送。轻者可坐在车上，重者可躺在车里的担架上。重伤者最好用救护车运送，缺少救护车的地方，可用汽车运送。上车后，胸部伤员取半卧位，颅脑伤者应使头偏向一侧。上述无论哪种运送伤员的方法，在途中都要稳妥，切忌颠簸。

知识拓展

几种严重伤情的搬运方法

1．昏迷时搬运

昏迷时搬运要重点保护头部，伤员在担架上应采取半俯卧位，头部侧向一边，以免呕吐时呕吐物阻塞气道而窒息，若有暴露的脑组织应保护。抬运应两人以上，抬运前头部垫软枕，膝部、肘部要用衣物垫好，头颈部两侧垫衣物使颈部固定。

2．脊柱骨折搬运

对于脊柱骨折的伤员，一定要用木板制作的硬担架抬运。应由2~4人使伤员成一线起落，步调一致，切忌一人抬胸，一人抬腿。伤员放到担架上以后，要让其平卧，腰部垫一个软垫，然后用3~4根布带把伤员固定在木板上，以免在搬运中滑动或跌落，造成脊柱移位或扭转，刺激血管和神经，使下肢瘫痪。无担架、木板，需众人用手搬运时，抢救者必须有一人双手托住伤者腰部，且不单独一人用拉、拽的方法抢救伤者，否则，易把受伤者的脊柱神经拉断，造成下肢永久性瘫痪的严重后果。

3．颈椎骨折的搬运

搬运颈椎骨折伤员时，应由一人稳定头部，其他人以协调力量平直抬放在担架上，头部左右两侧用衣服、软枕加以固定，防止左右摆动。

（三）现场搬运注意事项

（1）在搬运转送之前，要先做好对伤病员的检查和完成初步的急救处理，以保证转运途中的安全。

（2）运送时尽可能不摇动伤（病）者的身体。

（3）运送伤者时，随时观察呼吸、体温、出血、面色变化等情况，注意伤者姿势，给伤者保暖，防暑。

（4）在人员、器材未准备完善时，切忌随意搬动。

（5）搬运行进中，动作要轻，脚步要稳，步调要一致，避免摇晃和震动。

思考与探究

1．骨折后的表现有哪些？

2．骨折固定针对不同的部位有哪些方法？

3．在搬运伤病员时，如果没有担架，该怎么办？

▲ 止血急救

扫一扫，学微课

模块四

止血应急救护

学习目标

1. 了解出血的类型；
2. 重点掌握止血的方法；
3. 了解止血带的使用方法。

血液是维持生命的重要物质，成年人血容量约占体重的8%，即4000～5000mL。出血量为总血量的20%（800～1000mL）时，会出现头晕、脉搏增快、血压下降、出冷汗、肤色苍白、少尿等症状；出血量达总血量的40%（1600～2000mL）时，就有生命危险。出血伤员的急救，只要稍拖延几分钟就会危及生命。因此，外伤出血是最需要急救的危重症之一。

典型案例

抢回拾荒老汉一条命

2010年7月10日下午，沂水拾荒人吴老汉推着手推车在大雨中途经敦化路时，不慎被车上的玻璃划断了右脚大动脉。危及关头，众多好心市民不避血污，伸出援助之手，有的伸手捂住伤口，有的扎止血带，还有的找来止血药物，闻讯赶到的“120”救护车将其送到附近医院抢救。吴老汉最终脱离生命危险。医生说：“幸亏众多市民伸出援助之手为抢救赢得了宝贵时间。”

一、认识出血

（一）出血分类

外伤出血分为内出血和外出血，外出血是现场急救的重点。

1．内出血

内出血主要从两方面判断。一是从吐血、咯血、便血或尿血，判断胃肠、肺、肾或膀胱有无出血；二是根据有关症状判断，如出现面色苍白、出冷汗、四肢发冷、脉搏快弱及胸、腹部有肿块、疼痛等，这些是重要脏器如肝、脾、胃等的常见出血体征。

2．外出血

（1）动脉出血。因外伤所致动脉破裂时，血流呈鲜红色，喷射状流出，有搏动，出血量多，速度快，危害性大。

（2）静脉出血。因外伤所致静脉血管破裂时，血色暗红，缓慢流出。

（3）毛细血管出血。血液从受伤面向外渗出呈水珠状，血色鲜红，慢慢渗出。

若当时能鉴别，对选择止血方法有重要作用，但有时受现场光线等条件的限制，往往难以区分。现场止血法有很多种，使用时要根据具体情况，可选用其中一种，也可以把几种止血法结合应用，以达到最快、最有效、最安全的止血目的。

二、认识止血

（一）直接压迫止血法

直接压迫止血法适用于较小伤口的出血，用无菌纱布直接压迫伤口处止血。

小贴士

割伤处理方法

可用消毒棉或纱布把伤口清理干净，小心取出伤口中的玻璃或固体物，然后将红药水涂在伤口的创面上。若伤口较脏，可用3%双氧水擦洗或用碘酊涂在伤口的周围。但要注意，不能将红药水和碘酊同时使用。伤口消毒后敷上消炎粉，并加以包扎。如果割伤较为严重，应去医院进行缝合，打破伤风针。

（二）指压动脉止血法

指压动脉止血法适用于头部和四肢某些部位的大出血。方法为：用手指压迫伤口近心端动脉，将动脉压向深部的骨头，阻断血液流通。这是一种不需要任何器械，简便、有效的止血方法，但因为止血时间短暂，常需要与其他方法结合进行。

1．头面部指压动脉止血法

（1）指压颞浅动脉。适用于一侧头顶、额部的外伤大出血，在伤侧耳前，一只手的拇指对准下颌关节压迫颞浅动脉，另一只手固定伤员头部，如图 5.4.1 所示。

（2）指压面动脉。适用于颜面部外伤大出血，用一只手的拇指和食指或拇指和中指分别压迫双侧下额角前约 1cm 的凹陷处，阻断面动脉血流。因为面动脉在颜面部有许多小分支相互吻合，所以必须压迫双侧，如图 5.4.2 所示。

图 5.4.1　指压颞浅动脉

图 5.4.2　指压面动脉

（3）指压耳后动脉。适用于一侧耳后外伤大出血，用一只手的拇指压迫伤侧耳后乳突下凹陷处，阻断耳后动脉血流，另一只手固定伤员头部。

（4）指压枕动脉。适用于一侧头后枕骨附近外伤大出血，用一只手的四指压迫耳后与枕骨粗隆之间的凹陷处，阻断枕动脉的血流，另一只手固定伤员头部。

小贴士

因外伤导致鼻出血

（1）止血姿势。伤员的头不要过分后仰，这样做很容易吞入鼻血或呛到。伤员采取直立坐姿，稍微前倾，头微微朝下。

（2）指压冷敷止血。如果出血量小，用拇指和食指紧紧压住伤员的两侧鼻翼，压向鼻中隔部，伤员暂时用嘴呼吸，同时在前额部敷以冷水毛巾，一般压迫5～10分钟，出血即可止住。

（3）压迫填塞止血。如果出血量大，或者用指压冷敷不能止住出血时，可采用压迫填塞的方法止血。用脱脂棉卷成如鼻孔粗细的条状，向鼻腔内充填。一定要填压紧实，否则达不到止血的目的。止血后注意，伤员不能跑、跳，不能做剧烈的运动或搓揉鼻子，甚至把鼻子里凝结的血块挖掉，这样做很容易让鼻血继续流出来。

（4）送医院止血。经过上述处理后，一般鼻出血都可止住。如果仍出血不止，就必须看医生了。通常医生会用浸有止血药的棉纱放入鼻腔内，以达到止血的效果；在医院除继续止血外，还需查明出血原因。

2．四肢指压动脉止血法

（1）指压肱动脉。适用于一侧肘关节以下部位的外伤大出血，用一只手的拇指压迫上臂中段内侧，阻断肱动脉血流，另一只手固定伤员手臂，如图5.4.3所示。

（2）指压桡、尺动脉。适用于手部大出血，用两手的拇指和食指分别压迫伤侧手腕两侧的桡动脉和尺动脉，阻断血流。因为桡动脉和尺动脉在手掌部有广泛吻合支，所以，必须同时压迫双侧，如图5.4.4所示。

（3）指压指（趾）动脉。适用于手指（足趾）大出血，用拇指和食指分别压迫手指（足趾）两侧的指（趾）动脉，阻断血流，如图5.4.5所示。

图5.4.3　指压肱动脉

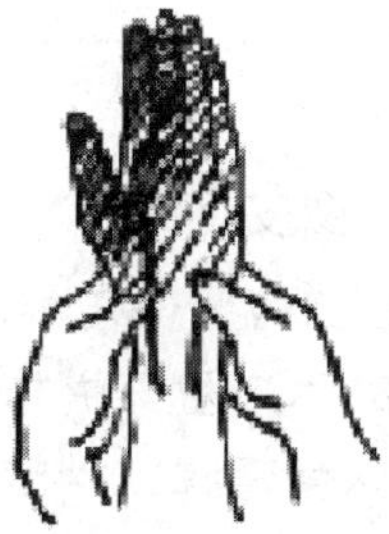

图5.4.4　指压桡、尺动脉

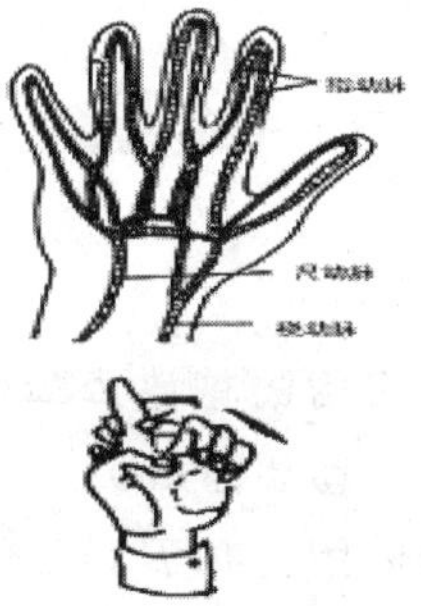

图5.4.5　指压指（趾）动脉

（4）指压股动脉。用于一侧下肢的大出血，用两手的拇指用力压迫伤肢腹股沟中点稍下方的股动脉，阻断股动脉血流。伤员应该处于坐位或卧位。

（5）指压胫前、后动脉。适用于一侧脚的大出血，用两手的拇指和食指分别压迫伤足足背中部搏动的胫前动脉及足跟与内踝的胫后动脉。

（三）加压包扎止血法

加压包扎止血法适用于各种伤口，是一种比较可靠的非手术止血法。先用无菌纱布覆盖压迫伤口，再用三角巾或绷带用力包扎，包扎范围应该比伤口稍大。这是目前最常用的一种止血方法，在没有无菌纱布时，可使用消毒餐巾等替代。

（四）填塞止血法

填塞止血法适用于颈部和臀部大而深的伤口。如颈部外伤出血，先用镊子夹住无菌纱布塞入伤口内，如一块纱布止不住出血，可再加一块纱布，最后用绷带或三角巾绕颈部至对侧臂根部包扎固定。颅脑外伤引起的鼻、耳、眼等处出血不能用填塞止血法。

（五）止血带止血法

止血带止血法只适用于四肢大出血，当其他止血法不能止血时采用此法。止血带有橡皮止血带（橡皮条和橡皮带）、气性止血带（如血压计袖带）和布制止血带。使用止血带时需注意以下几点。

（1）部位。上臂外伤大出血应扎在上臂上 1/3 处，前臂或手大出血应扎在上臂下 1/3 处，不能扎在上臂中 1/3 处，因为该处神经走行贴近肱骨，易被损伤。下臂外伤大出血应扎在股骨中下 1/3 交界处。

（2）衬垫。使用止血带的部位应该有衬垫，否则会损伤皮肤。止血带可扎在衣服外面，把衣服当衬垫。

（3）松紧度。应以出血停止，远端摸不到脉搏为合适。过松达不到止血目的，过紧会损伤组织。

（4）时间。一般不应超过 5 个小时，原则上每小时要放松一次，放松时间为 1～2 分钟。

（5）标记。使用止血带者应有明显标记贴在前额或胸前易发现的部位，写明时间。如果立即送往医院，可以不写标记，但必须当面向值班人员说明扎止血带的时间和部位。

小贴士

橡皮止血带

常用的橡皮止血带是三尺左右长的。使用时，掌心向上，止血带一端由虎口捏住，留出 15cm，一手收紧，绕肢体 2 圈，中指和食指将止血带的末端夹住。顺着肢体用力拉下，压住“余头”，以免滑脱，如图 5.4.6 所示。

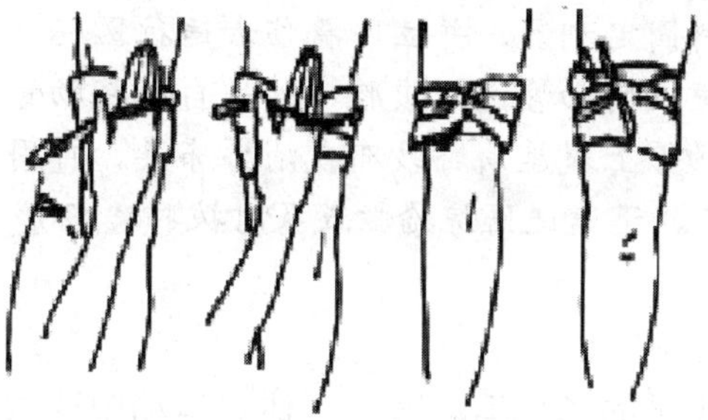

图 5.4.6　橡皮止血带的使用

（六）绞紧止血法

把三角巾折成带形，打一个活结，取一根小棒穿在带形外侧绞紧，然后再将小棒插在活结小圈内固定，如图 5.4.7 所示。

（七）屈膝加垫止血法

当前臂或小腿出血时，可在肘窝、腘窝内放入纱布垫、棉花团或毛巾、衣服等物品，屈曲关节，用三角巾“8”字形固定。但有骨折或关节脱位者不能使用，如图 5.4.8 所示。

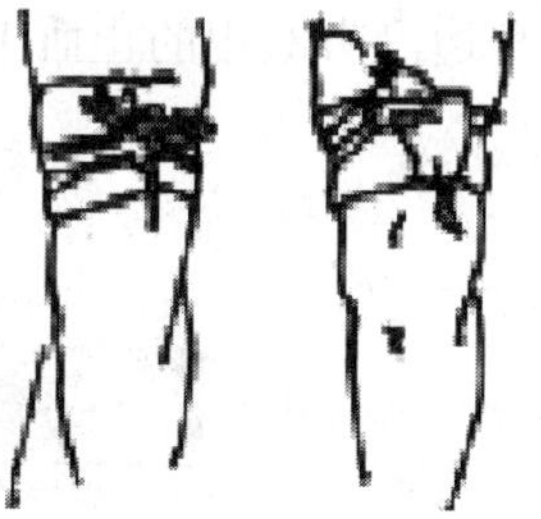

图 5.4.7　绞紧止血法

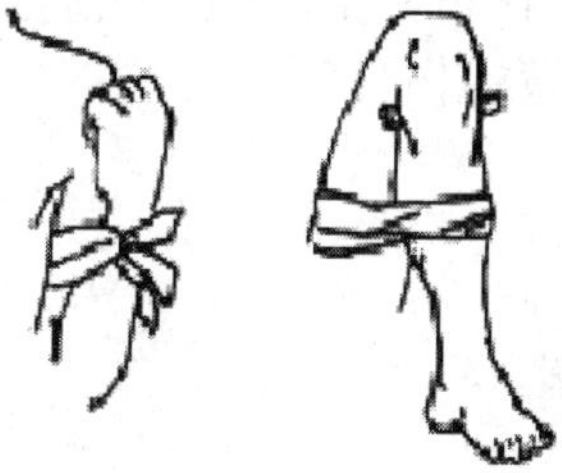

图 5.4.8　屈膝加垫止血法

知识拓展

“就地取材”快速止血

在使用刀具的厨房、工作地点经常会出现流血的意外事故，然而在匆忙的情况下很难找到医务人员用来止血的无菌辅料、气囊止血带、表带止血带等专业止血材料。实际上，在突发意外时，完全可以“就地取材”，使用清洁的三角巾、毛巾、手绢、衣物等充当临时止血材料。

特别需要注意的是，进行止血时，严禁使用电线、铁丝、绳子等代替止血带。另外，无论使用哪种止血带都要记录时间，注意定时放松，防止肢体损伤。

以胸腹外伤处理为例，当发生利器刺入胸、腹部或出现肠管外脱事故时，不能随便处理，以免因出血过多或脏器严重感染而危及伤者生命。已经刺入胸、腹部的利器，千万不要自己取出，如果拔出刺入胸、腹部的利器，会造成伤者大出血，危及生命。应就近找材料固定利器，并立即将伤者送往医院。因腹部外伤造成肠管脱出体外，千万不要将脱出的肠管送回腹腔，如果自行将肠管送回腹腔，极易造成严重感染。应在脱出的肠管上覆盖消毒纱布或消毒布类，再用干净的碗或盆扣在伤口处，用封带或布带固定，迅速送医院抢救或及时拨打“120”急救电话。

三、预防

（1）不宜在高低不平的场地运动锻炼，体育运动中要求严格遵守运动规则和技术规范，力戒粗野外还要加强自我防护，始终遵循安全第一的原则。

（2）搬运、接触尖锐铁器、玻璃仪器、刀具时应谨慎；进出低矮门窗、夜间摸黑上下床及高空作业、攀高时要缓慢并了解障碍物的位置；宿舍内床铺、桌椅损坏时应及时修理。

（3）不能拿刀开玩笑。同学间矛盾不能激化，以“和为贵”为原则，决不要挑衅闹事，制造事端。

思考与探究

1．出血的类型有哪些？

2．常用的止血法有哪些？

3．在日常生活中，当遇到出血严重的伤员，但是身边没有医用的止血工具时，该如何救治伤员？

模块五

触电事故的防护与应对

学习目标

1．了解与触电事故有关的概念和知识；
2．掌握触电事故的预防方法；
3．掌握对触电者进行急救的措施。

随着科学技术及工业社会的迅速发展，如今各行各业都已离不开电。电是一种看不见、摸不着的能量，给人们带来了诸多好处和便利。同时，虽然电气化日趋普及，但很多从业人员对电的特性不够了解，对电的危险性认识不足，缺乏应有的安全用电的基本常识，不懂得用电的标准和规范。无疑，由此会引发电气事故，对人体构成多种伤害，甚至发生触电伤亡等重大事件。触电事故是由于人体接触电源，受到一定量的电流通过人体，轻者可致使机体组织损伤和功能障碍，重者甚至死亡。关于触电事故的知识及如何预防触电事故的发生、如何对触电者进行急救，我们应该有更多的认识、了解与掌握。

一、对触电事故的认识

触电事故，是指人身触及带电体（或过分接近高压带电体）时，由于电流流过人体而造成的人身外损伤或内损伤的伤害事故。触电可造成体表入口和出口伤，均由电能通过身体产生的热能所致。当电流通过人体时，会引起针刺感、痉挛、疼痛、血压升高、昏迷、心律不齐、心室颤动等症状，严重时会引发死亡的悲剧。

（一）触电事故发生的原因

常见触电事故的原因如为：电气线路、设备检验中措施不落实；电气线路、设备安装不符合安全要求；非电工任意处理电气事务；接线错误；移动长、高金属物体触碰高压线；在高位作业（天车、塔、架、梯等）误碰带电体或误送电、触电并坠落；操纵漏电的机器设备或使用漏电电动工具（包括设备、工具无接地、接零保护措施）；设备、工具已有的保护线中断；电钻等手持电动工具电源线松动；水泥搅拌机等机械的电机受潮；打夯机等机械的电源线磨损；浴室电源线受潮；带电源移动设备时因损坏电源绝缘；电焊作业者穿背心、短裤、不穿绝缘鞋、汗水浸透手套、焊钳误碰自身、湿手操纵机器按钮等；因狂风、暴雨、雷击等自然灾难导致；现场临时用电治理不善导致；人蛮干行为导致（包括盲目闯进电气设备遮栏内；搭棚、架等作业中，用铁丝将电源线与构件绑在一起；遇损坏落地电线用手拿等）。

（二）触电事故发生的规律

触电事故往往发生得很突然，而且在极短的时间内造成极为严重的后果。从触电事故的发生频率来看，有以下规律。

（1）触电事故季节性明显。相对来说，每年的二三季度事故多，6～9 月最为集中。首先，因为这段时间，不但天气较炎热，人体衣单而多汗，而且多雨、潮湿，造成电气设备绝缘性能降低，所以触电的可能性和危险性就比较大。其次，这段时间在大部分农村都是农忙季节，农村用电量增加，触电事故因而增多。

（2）中青年及非电工、合同工和临时工触电事故多。中青年和非电工、合同工、临时工是接触电气设备的一线操作人员，由于经验不足，缺乏电气安全知识，或操作程序不规范、操作动作不熟练，而且有些人还缺乏责任意识，因此此类人易发生触电事故。

（3）低压设备和携带式设备、移动式设备触电事故多。一般情况下，由于低压设备远远多于高压设备，与之接触的人又比较缺乏电气安全知识，因此低压触电事故远多于高压触电事故。因为携带式设备、移动式设备经常在人紧握之下工作，需要经常移动，可以说其工作条件比较差，所以容易发生故障。

（4）电气连接部位触电事故多。电气事故多发生在分支线、接户线、地爬线、接线端、压线头、焊接头、电线接头、电缆头、灯座、插头、插座、控制器、开关、接触器、熔断器等处。主要是由于这些连接部位机械性、牢固性较差，电气可靠性也较低，因此容易出现故障。

（5）冶金、矿业、建筑、机械行业触电事故多。由于这些行业有诸如潮湿、高温、现场情况复杂、移动式设备与携带式设备多和现场金属多等许多不利因素存在，因此触电事故较多。

（6）农村地区触电事故多。据相关人员调查，农村的触电事故约为城市的 3 倍。这主要是由于农村地区用电条件差、设备简陋、人员技术水平低、管理不严、电气安全知识缺乏等，因此发生的触电事故也相对较多。

（7）错误操作和违章作业造成的触电事故多。大量触电事故的统计资料表明，有 85%以上的触电事故是由于错误操作和违章作业造成的。其原因主要是安全教育不够、安全制度不严、安全措施不完善和操作者素质不高（作业时常常疏忽大意、不按照步骤和规章进行）等。

小贴士

触电事故的规律不是一成不变的。在一定的条件下，触电事故的规律也会发生一定的变化。例如，低压触电事故多于高压触电事故的说法在一般情况下是成立的，但对于专业电气工作人员来说，情况往往是相反的。因此，人们应当在实践中不断分析和总结触电事故发生的规律，以便为更好地完成电气安全工作积累一定的经验。

（三）触电事故的分类及伤害

1．按照能量施加方式分类

按照能量施加方式的不同，可分为电击和电伤。

（1）电击。电击是指强大的电流接触人体，人体吸收外部能量受到的伤害。因为电流可通过人体的组织伤及器官，如心脏、中枢神经系统和肺部，使它们的功能发生障碍而造成人身伤亡。电击是全身伤害，当人体遭受数十毫安工频电流电击时，时间稍长即会致命，但一般不在人身表面留下大面积明显的伤痕，绝大多数（约 85%以上）的触电死亡事故都是由电击造成的。按照发生电击时电气设备的状态，电击又可分为直接接触电击和间接接触电击。

① 直接接触电击是指人体触及正常运行的设备和线路的带电体发生的电击（如误触接线端而发生的电击），也称为正常状态下的电击。

② 间接接触电击是指人体触及正常状态下不带电，而当设备或线路故障时意外带电的带电体发生的电击（如触及漏电设备的外壳），也称为故障状态下的电击。

（2）电伤。电伤是电流转变成其他形式的能量造成的人体伤害，包括电能转化成热能造成的电弧烧伤、灼伤和电能转化成化学能或机械能造成的电印记、皮肤金属化及机械损伤、电光眼等。电伤伤害是局部性伤害，在人身表面留有明显的伤痕。

① 电弧烧伤。电弧烧伤是当电气设备的电压较高时产生的强烈电弧或电火花烧

伤人体，甚至击穿人体的某一部位，而使电弧电流直接通过内部组织或器官，造成深部组织烧死，一些部位或四肢烧焦。电弧烧伤一般不会引起心脏纤维性颤动，较为常见的是人体由于呼吸麻痹或人体表面的大范围烧伤而死亡。

② 电烧伤。电烧伤又称电流灼伤，是人体与带电体直接接触，电流通过人体时产生的热效应的结果。在人体与带电体的接触处，接触面积一般较小，电流密度可达到很大数值，又因为皮肤电阻较体内组织电阻大许多倍，所以通常会在接触处产生很大的热量，致使皮肤灼伤。只有在大电流通过人体时才可能使内部组织受到损伤，但高频电流造成的接触灼烧可使内部组织严重损伤，但皮肤却仅有轻度损伤。

③ 电标志。电标志也称电流痕迹或电印记。它是由于电流流过人体时，在皮肤上留下的青色或浅黄色斑痕，常以小伤口、疣、皮下出血、茧和点刺花纹等形式出现，其形状多为圆形或椭圆形，有时与所触及的带电体形状相似。受雷电击伤的电标志图形颇似闪电状。电标志经治愈后皮肤上层坏死部分脱落，皮肤恢复原来的色泽、弹性和知觉。

④ 皮肤金属化。皮肤金属化常发生在带负荷拉断路开关或闸刀开关所形成的弧光短路的情况下。此时，被熔化了的金属微粒随意向四处飞溅，如果撞击到人体裸露部分，则渗入皮肤上层，形成表面粗糙的灼伤。经过一段时间后，损伤的皮肤完全脱落。若在形成皮肤金属化的同时伴有电弧烧伤，情况就会严重些。皮肤金属化的另一种原因是人体某部位长时间紧密接触带电体，使皮肤发生电解作用，一方面电流把金属粒子带入皮肤中，另一方面有机组织液被分解为碱性和酸性离子，金属离子与酸性离子化合成盐，呈现特殊的颜色。所以，根据颜色可以知道皮肤内含有哪种金属。

⑤ 机械损伤。机械损伤是指电流通过人体时产生的机械—电动力效应，使肌肉发生不由自主的剧烈抽搐性收缩，致使肌腱、皮肤、血管及神经组织断裂，甚至使关节脱位或骨折。

⑥ 电光眼。电光眼是指眼球外膜（角膜或结膜）发炎。起因是眼睛受到紫外线或红外线照射，4～8 小时后发作，眼睑皮肤红肿，结膜发炎，严重时角膜透明度受到破坏，瞳孔收缩。

小贴士

虽然把触电事故所造成的伤害分为电击和电伤两种，但事实上触电过程是比较复杂的。虽然在很多情况下，电击和电伤往往是同时发生的，但大多数触电死亡是由于电击造成的。

2．按照触电的方式分类

按照触电的方式的不同，可分为单相触电、双相触电、高压电弧触电和跨步电压触电。

（1）单相触电。当人体站立地面，手部或身体的其他部位直接碰触带电体其中的一相时，电流通过人体流入大地，这种触电现象称为单相触电，也称单线触电。对于高压带电体，人体虽未直接接触，但由于超过了安全距离，高电压对人体放电，造成单相接地而引起的触电，也属于单相触电（图 5.5.1）。

（2）双相触电。当人体的不同部位同时接触带电设备或线路中的两相导体，或者在高压系统中，人体同时接近不同相的两相带电导体时，发生电弧放电，电流从一相导体通过人体流入另一相导体，构成一个闭合回路，这种触电方式称为两相触电，也称两线触电（图 5.5.2）。发生两相触电时，作用于人体上的电压等于线电压，两相触电的危险性大于单相触电。

（3）高压电弧触电。当人体靠近高压线（高压带电体）时，造成弧光放电。电压越高，对人体的危害性越大。

（4）跨步电压触电。当电气设备发生接地故障，接地电流通过接地体或碰地处而向大地流散开去，由此在地面上呈现出不同的电位分布。若人在接地适中点周围行走时，人的两脚会站在带有不同电位的地面上，其两脚之间的电位差就是跨步电压。此时，人体的各部位虽然没有直接接触电线，但由于两脚之间有电位差，人体内便有电流通过，从而引起人体触电，即为跨步电压触电（图 5.5.3）。由于跨步电压随着接地极的距离增加呈衰减趋势，因此超过 20m 时，跨步电压即为零。

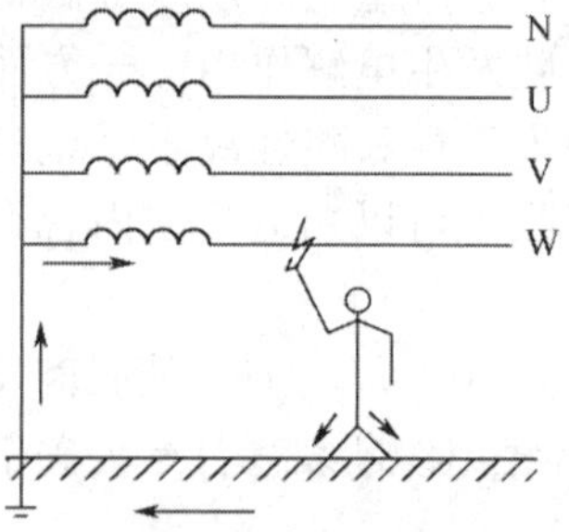

图 5.5.1　单相触电

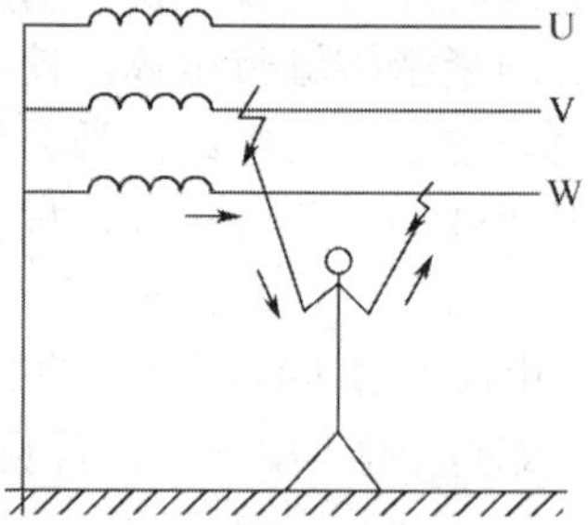

图 5.5.2　双相触电

图 5.5.3　跨步电压触电

（四）影响人体受伤害程度的有关因素

触电事故会对人体造成不同程度的伤害，轻伤的症状如触电部位起水疱，组织受损，损伤重的皮肤烧焦，甚至骨折，肌肉、肌腱断裂，能发现两处伤口；重伤的症状如抽搐、休克、心律不齐、内脏破裂、功能紊乱等，触电者当时也可出现呼吸、心跳停止的症状，危及生命。总体来说，触电者受伤害的程度受到以下各方面因素的影响。

（1）电流的大小。通过人体的电流越大，人体的生理反应越明显，危险就越大。

（2）通电时间。通电时间越长，越容易引起心室颤动，危险性也就越大。

（3）电流途径。电流流经的途径不同，对人体造成的伤害也不同。

（4）电流种类。我国目前使用的交流电流称为工频电流，此外，还有直流电流、高频电流、冲击电流和静电电荷，它们都会对人体产生不同程度的伤害。

（5）人体健康状况。身体的强壮程度与受伤害程度呈反比，即身体越强壮，受电流伤害的程度越轻。因此，触电时，女性往往比男性受伤害更严重，儿童比成年人更危险，患病的人比健康的人遭受电击的危险性更大。

二、触电事故的预防

绝大多数职业的从业者都要接触电气设备，为了防止触电和其他电气事故应注意以下几点。

（一）防止接触带电部件

防止人体与带电部件的直接接触，从而降低触电的可能性。绝缘、屏护和安全间距是最常采用的安全措施。

（1）绝缘。若电线的绝缘皮剥落，要用不导电的绝缘材料把带电体封闭起来，这是防止直接触电的基本保护措施。但要注意绝缘材料的绝缘性能与设备的电压、载流量、周围环境、运行条件相符合，不能用医用胶布代替，更不能用尼龙纸包扎。

（2）屏护。采用遮拦、护罩、护盖、箱闸等把带电体同外界隔离开来。此种屏护用于电气设备不便于绝缘或绝缘不足以保证安全的场合，是防止人体接触带电体的重要措施。

（3）安全间距。为防止人体触及或接近带电体，防止车辆等物体碰撞或过度接近带电体，在带电体与带电体、带电体与地面、带电体与其他设备、设施之间，皆保持一定的安全距离。间距的大小与电压高低、设备类型、安装方式等因素有关。

（二）防止电气设备漏电伤人

电气设备的外壳应该保护性接地或接零，因为保护接地和保护接零是防止间接触电的基本技术措施。

（1）保护接地。将正常运行的电气设备不带电的金属部分和大地紧密连接起来。其原理是通过接地把漏电设备的对地电压限制在安全范围内，防止触电事故。保护接地适用于中性点不接地的电网中，电压高于 1000V 的高压电网中的电气装置外壳，也应采取保护接地。

（2）保护接零。在 380V/220V 三相四线制供电系统中，把用电设备在正常情况下不带电的金属外壳与电网中的中性线紧密连接起来。其原理是在设备漏电时，电流经过设备的外壳和中性线形成单相短路，短路电流烧断熔丝或使自动开关跳闸，从而切断电源，消除触电危险。保护接零适用于电网中性点接地的低压系统中。

（三）采用安全电压

根据生产和作业场所的特点，采用相应等级的安全电压，是防止发生触电伤亡事故的根本性措施。国家标准《安全电压》（GB3805—1983）规定我国安全电压额定值的等级为 42V、36V、24V、12V 和 6V，应根据作业场所、操作员条件、使用方式、供电方式、线路状况等因素选用。安全电压有一定的局限性，适用于小型电气设备，如手持电动工具等。

（四）漏电保护装置

漏电保护装置又称触电保安器，在低压电网中发生电气设备及线路漏电或触电时，它可以立即发出报警信号并迅速自动切断电源，从而保护人身安全。漏电保护装置按动作原理可分为电压型、零序电流型、漏电电流型和中性点型四类，其中电压型和零序电流型应用较为广泛。

（五）合理使用防护用具

在电气作业中，合理匹配和使用绝缘防护用具，对防止触电事故，保障操作人员在生产过程中的安全具有重要意义。绝缘防护用具可分为两类：一类是基本安全防护用具，如绝缘棒、绝缘钳、高压验电笔等；另一类是辅助安全防护用具，如绝缘手套、绝缘鞋、绝缘台、橡胶垫等。

（六）注意安全用电细节

不乱装乱拆电气设备，不乱接导线，不把电线直接插入插座内用电；认识和了解电源总开关；使用电气设备前必须检查线路、插头、插座、漏电保护装置是否完好，电气使用完毕后应拔掉电源插头；电线的绝缘皮剥落，要及时更换新线或用绝缘胶布包好；不要在开关、熔丝盒和电线附近放置油类、棉花、木屑等易燃物品；识别“当心触电”的安全标志，在挂有标志的地方操作时，要加倍注意防止触电；避免在潮湿的环境中使用电气，更不能让电气设备淋湿、受潮或在水中浸泡，以免发生短路和触电事故，造成人身伤亡。

（七）定期检查、维修和保养电气设备

要定期巡查和检修电气设备，消除电气设备内部故障及隐患，对不能修复的设备，应及时更换，不能“带病”运行；在清洁、维修和保养设备的过程中，要及时切断电源，严禁带电作业；电气部位的安装、维修等应由培训合格、持证上岗的专业人员负责。

（八）安全用电组织措施

组织措施包括制定安全用电措施计划和规章制度，进行安全用电检查和培训，组织事故分析，建立安全资料档案等。为了防止触电事故的发生，除了技术方面的措施外，组织管理措施同样必不可少。

知识拓展

保护接地与保护接零的区别

保护接地与保护接零这两种接线方式都为保护人身安全起着重要作用，二者之间的主要区别如下。

（1）保护原理不同。保护接地是限制设备漏电后的对地电压，使之不超过安全范围。在高压系统中，保护接地除限制对地电压外，在某些情况下，还有促使电网保护装置动作的作用；保护接零是借助接零线路使设备漏电形成单相短路，促使线路上的保护装置动作，以及切断故障设备的电源。此外，在保护接零电网中，保护零线和重复接地还可限制设备漏电时的对地电压。

（2）适用范围不同。保护接地既适用于一般不接地的高低压电网，也适用于采取了其他安全措施（如装设漏电保护器）的低压电网；保护接零只适用于中性点直接接地的低压电网。

（3）线路结构不同。如果采取保护接地措施，电网中可以无工作零线，只设保护接地线；如果采取了保护接零措施，则必须设工作零线，利用工作零线作接零保护。保护接零线不应接开关、熔断器，当在工作零线上装设熔断器等开断电气时，还必须另装保护接地线或保护接零线。

三、对触电者的急救

对触电者进行急救的要点是动作迅速、做法得当。如果发现有人触电，首先要帮助触电者尽快脱离电源，然后根据具体情况进行相应的紧急救治。

（一）帮助触电者脱离电源

人体触电以后，可能由于痉挛或失去知觉等原因而抓紧带电体，不能自行摆脱带电体。因此，若发现有人触电，要利用现场的有利条件，尽快采取措施，帮助触电者摆脱带电体并进行保护。

（1）如果开关箱或插头就在附近，应立即拉下闸刀开关或拔掉插头。

（2）如果距离开关箱或插头较远，无法立即切断电源时，应迅速用绝缘良好的电工钳或有干燥木柄的刀、斧等利器砍断电线，或者用干燥的木棒、竹竿、塑料管、橡胶制品、书本、皮带、棉麻、瓷器、绝缘手套等将电线拔离触电者。

（3）如果现场没有合适的绝缘体可以利用，可利用自身的干燥的衣服将手包裹好，站在绝缘垫或干燥的木板上，拉扯触电者的衣服，使其脱离电源。

（4）如果没有多余的衣物，可直接抓住触电者干燥而不贴身的衣服，使其脱离带电体。

小贴士

救护人不可直接用手或其他金属及潮湿的物体作为救护工具，必须使用适当的绝缘工具；救护人最好用一只手操作，以防自己触电；触电者脱离带电体后有可能摔伤，特别是触电者在高处的情况下，应考虑防摔措施，即使触电者在平地，也要注意触电者倒下的方向，注意防摔；对高压触电者，应立即通知有关部门停电，或迅速拉下开关，或由有经验的人采取特殊措施切断电源；如果事故发生在夜间，应迅速解决临时照明问题，以利于抢救，并避免扩大事故；直接拉触电者的衣物时，不能碰到金属物体和触电者裸露的躯体。

（二）对触电者进行触电救护

当通过人体的电流较小时，仅产生麻感，对机体影响不大。当通过人体的电流增大，但小于摆脱电流时，虽可能受到强烈打击，但尚能自己摆脱带电体，伤害可能不严重。当通过人体的电流进一步增大，接近或达到致命电流时，触电人会出现神经麻痹、呼吸中断、心脏跳动停止等征象，呈现昏迷不醒的状态。这时，不应该认为是死亡，而应该看作是假死，并且迅速而持续地进行抢救。

对触电者进行急救的基本原则有两点：一是动作要迅速，二是方法要正确。一般来说，从触电后 3 分钟开始救治者，90%有良好效果；从触电后 6 分钟开始救治者，10%有良好效果；从触电后 12 分钟才开始救治者，救活的可能性很小。但也有触电者经过 4 小时或更长时间的通过施行人工呼吸而获救的事例，所以不要轻易放弃希望，应立即拨打“120”急救电话，并根据触电者的具体情况，迅速对症救护。

1．伤势不重

如果触电者伤势不重，神志清醒，但有些心慌、四肢发麻、全身无力，或者触电者在触电过程中曾一度昏迷，但已清醒过来，应使触电者安静休息，不要走动，安排专人照顾，细心观察，并请医生前来诊治或送往医院。对轻度昏迷或呼吸微弱者，可针刺或掐人中、十宣、涌泉等穴位。

2．伤势较重

如果触电者伤势较重，已失去知觉，但还有心跳和呼吸，应使触电者舒适、安静地平卧，保持空气流通，解开衣服以利于呼吸。若天气寒冷，要注意保暖。每隔5秒钟轻呼触电者的名字或轻拍其肩部，但禁止摇晃头部。

3．伤势严重

如果触电者神志不清，昏迷不醒，要密切关注其呼吸情况。通过观察其胸廓、腹部起伏状况等判断是否存在呼吸。一旦出现呼吸骤停现象，或触电者呼吸困难、微弱，或发生痉挛，应马上对其施行心肺复苏术抢救。具体情况如下。

（1）出现呼吸停止或心跳停止，或者二者均停止，应立即施行心肺复苏术抢救。一般情况下，心脏停跳不超过 4 分钟，有可能恢复功能；若超过 4 分钟，易造成脑组织永久性损伤，甚至导致死亡。

（2）对触电后无呼吸但心脏有跳动者，应立即采用口对口人工呼吸。

（3）对有呼吸但心脏停止跳动者，则应立即进行胸外心脏按压法进行抢救。

（4）如触电者心脏和呼吸都已停止，则要同时采取人工呼吸和胸外心脏按压法交替进行抢救。

小贴士

心肺复苏抢救不能轻易停止。在抢救过程中，如果发现触电者皮肤由紫变红，瞳孔由大变小，则说明抢救收到了效果；如果发现触电者嘴唇稍有开、合，或眼皮活动，或有咽东西的动作，则应注意其是否有自主心脏跳动和自主呼吸。触电者能自主呼吸时，即可停止人工呼吸。如果人工呼吸停止后，触电者仍不能自主呼吸，则应立即再做人工呼吸。急救过程中，如果触电者身上出现尸斑或身体僵冷，经医生做出无法救活的诊断后方可停止抢救。

（三）具体急救方法及外伤的处理

1．人工呼吸

做人工呼吸时压前额、抬下颏，保证气道畅通。一手捏住触电者鼻翼两侧，另一手食指与中指抬起触电者下颏，深吸一口气，用口对准触电者的口吹入，吹气停止后放松鼻孔，让触电者从鼻孔呼气。依照此法反复进行。成人伤者每分钟 14～16 次，儿童每分钟 20 次。最初六七次吹气可快一些，以后转为正常速度。同时要注意观察伤者的胸部，操作正确应该能看到胸部有起伏，并感到有气流逸出。

（2）长游造成疲劳，体力不支。有的游泳爱好者喜欢长游，看看自己到底能游多远、多久。当然这是可以理解的，但是这样也容易发生溺水事故。例如，本来自己只能游 1000m，而非要横渡 1500m 的水域，难免发生溺水事故。

（3）抽筋溺水。游泳前未做好准备活动、身体过于疲劳、出汗后马上下水、水温过低、技术动作过分紧张、用力不当等原因，在水中都会出现肌肉痉挛（抽筋）的现象。如手指、前臂、脚趾、小腿和大腿等部位都容易抽筋，如果在深水中自己不会处理，就会发生溺水事故。

（4）入水方法不当，脚陷入淤泥，或者身体撞到墙壁、石头等硬性物体而受伤所造成的意外事故。

（5）患病期间游泳。对于一些有慢性病的人在医生的指导下是可以游泳的，但对患有心血管疾病、精神病及癫痫病的患者，没有医生的指导是很危险的。例如，有些患心脏病的人，也许平时没有什么不良感觉，但一下水由于受到冷水的刺激或游泳运动量过大，心脏一时不能适应，从而导致发病，进而发生溺水事故。

（三）技术原因

（1）游泳技术不熟练。初学游泳的人，由于技术掌握得不好，在水中遇到大风浪等意外情况时，就会惊慌失措、动作慌乱，导致呛水而造成溺水。

（2）突然呛水，不会调整呼吸，戴在身上的浮具脱离或破裂漏气沉入水中，容易导致溺水。

（3）由于未经过救助训练，或者其营救技术与其勇气不相配，贸然对溺水者进行施救，被溺水者紧抱不放时也会容易溺水。

（4）碰撞打闹。有些人喜欢在水里打闹嬉戏，特别是年轻人喜欢做些有挑战性的动作。如在水中打闹玩耍时，突然滑倒后站立不起来，或者嬉水时被人误压水底时间过长而不能自控的，容易导致溺水。

（四）其他原因

（1）在非游泳区游泳。对水域较深，或者水中可能有暗桩、礁石、急流、漩涡、水草及其他障碍物等，这些都可能对游泳者造成伤害。由于对水域的情况不明，即使会游泳，也可能发生溺水事故。

（2）游泳场所的管理不规范，设施存在安全隐患的，容易导致溺水事故。

（3）遇到洪灾等不可抗拒的、流动性强的大水时，使用不适当的支持物，不能尽量抓住一切可以利用的漂浮物体，也容易发生溺水事故。

（4）常常独来独往，如总是自己一个人到很远的地方游泳、划船、涉水和垂钓，也容易发生溺水事故。

三、溺水事故的预防

游泳是广大学生喜爱的体育锻炼项目之一。然而，若不做好准备、缺少安全防范意识，遇到意外时慌张、不能沉着自救，极易发生溺水伤亡事故。为了确保游泳安全，防止溺水事故的发生，必须要做到以下几点。

（一）不要独自一人外出游泳

图 5.6.1　禁止游泳的标志

最好能和水性较好的人一同前去游泳，不要到被污染的（水质不好）、不知水情和比较危险且易发生溺水伤亡事故的地方去游泳，更不要私自到江、河、湖、水库等地游泳，两条河流的交汇处及落差大的河流、湖泊，容易发生溺水事故。选择好的游泳场所，对场所的环境，如浴场是否卫生，水下是否平坦，水域的深浅等情况要了解清楚。如有标明危险警告的警示牌，则不要在此游泳（图 5.6.1）。

（二）要清楚自己的身体健康状况

平时四肢就容易抽筋的人不宜参加游泳或不要到深水区游泳，身体患病者不要去游泳。中耳炎、心脏病、皮肤病、癫痫、红眼病等慢性疾病患者，以及感冒、发热、精神疲倦、身体无力者都不要去游泳。因为上述人员参加游泳运动，不但容易加重病情，而且还容易发生抽筋、意外昏迷等情况，严重者危及生命。同时，传染病患者还容易把病传染给别人。

（三）要做好下水前的准备

游泳时切勿太饿、太饱，应该饭后一小时再下水，以免抽筋。参加剧烈运动后，也不能立即跳入水中游泳，尤其是在满身大汗、浑身发热的情况下，不可立即下水，否则容易引起抽筋、感冒等症状。下水前先活动身体，若水温太低，应先在浅水处用水淋洗身体，待适应水温后再下水游泳；镶有假牙的人，应将假牙取下，以防呛水时假牙落入食管或气管。

（四）对自己的水性要有自知之明

下水后不能争强好胜，不要贸然跳水和潜泳，更不能互相打闹，以免呛水和溺水。不要在急流和漩涡处游泳，更不要酒后游泳。

（五）注意游泳过程中的身体变化

在游泳中，如果突然觉得身体不舒服，如眩晕、恶心、心慌、气短等，要立即上岸休息或呼救。若小腿或脚部抽筋，千万不要惊慌，可用力蹬腿或做跳跃动作，或者用力按摩、拉扯抽筋部位，同时呼叫同伴救助。

（六）注意水深及其障碍物

跳水前一定要确保水深至少有 3m，并且水下没有杂草、岩石或其他障碍物，以足先入水较为安全。

（七）注意天气变化

恶劣天气如雷雨、刮风、天气突变等情况下，也不宜游泳。

在此特别要求游泳者做到“七不”：不私自下水游泳；不擅自与他人结伴游泳；不在无人带领的情况下游泳；不到无安全设施、无救援人员的水域游泳；不到不熟悉的水域游泳；不熟悉水性者不擅自下水施救；不到河、沟、水塘、水坑等危险水域边玩耍嬉戏。熟悉溺水的预防常识是我们每一个人的职责。同时，这也是对自己负责，对家庭负责，对社会负责。

知识拓展

如何预防游泳时抽筋

游泳时抽筋是比较常见的现象，且多发生于小腿和足趾部位，此外，手指、大腿甚至腹部也会发生抽筋，一旦发作不仅疼痛难忍，而且还不能活动。如果不及时施救，常常因此发生溺水事故。预防游泳时抽筋现象的出现，可以从以下几个方面着手。

（1）食物准备不能少。首先应增加体内热量，以适应游泳时的冷水刺激。可以吃些肉类、鸡蛋等含高蛋白质的食物，还应适当吃些甜食。其次是增加钠、钙、磷的补充。这几种元素对增加神经、肌肉的兴奋性有十分重要的作用。夏天出汗多，抽筋者还应注意补充淡盐水和维生素 B_1。同时，还应考虑自己的身体状况，游泳时间不宜过长，过度疲劳、饥饿或过饱时不宜游泳。

（2）准备活动应充分。游泳前一定要做好热身运动，先用冷水淋浴或用冷水拍打身体及四肢，对易发生抽筋的部位可进行适当的按摩，不要立即下水。如果平时能够坚持冷水浴，就可提高身体对冷水刺激的适应能力，从而有效地避免游泳时发生抽筋。

（3）发生抽筋不要慌。游泳发生小腿抽筋时，要保持镇静，惊恐慌乱会呛水，使抽筋加剧。先深吸一口气，把头潜入水中，使背部浮上水面，两手抓住足尖，用力向自身方向拉，同时双腿用力抻。一次不能缓解抽筋的话，可反复几次，肌肉就会慢慢松弛而恢复原状。上岸后及时擦干身体，注意保暖，对仍觉疼痛的部位可做适当的按摩，使之进一步缓解。

另外，游泳时如胸痛，可用力压胸口，等到稍好时再上岸；腹部疼痛时，应立即上岸，最好喝一些热的饮料或热汤，以保持身体温度。

四、溺水事故的急救措施

在游泳中遇到溺水事故时，现场急救刻不容缓。但遗憾的是，许多人不知道如何进行自救和互救，从而导致悲剧的发生。因此，能够掌握正确的溺水急救技能，从而进行基本的自救和救助他人，这是非常重要的。但是，在营救他人的同时，首先必须保证自己的安全，不盲目下水施救，发现险情时互相提醒并劝阻。

（一）对溺水者的基本救助技能

1．水中营救

（1）当发现有人落水时，救助者若不会游泳，最好不要贸然下水救人，首先应向有人的地方高声呼救，同时尽快找到方便可取的漂浮物抛给溺水者，如救生圈、木块、水桶、充气的塑料袋等。如果实在找不到漂浮物，救助者可迅速脱下长裤在水中浸湿，扎紧裤管后充气再扎紧裤腰后，抛给溺水者。同时告知不要试图爬上去依靠它上岸，只能用手抓住，借以将头浮出水面呼吸，耐心等到救援人员到来；救助者也可找到长竹竿、长绳或腰带、围巾连接后抛给溺水者拉他上岸；如果在冬季发现踩破冰面的溺水者，救助者一定要俯卧在冰面上向前接近，尽量减轻身体局部对冰面的压力，以防压破冰面跌入水中，然后再将围巾、长绳或竹竿抛给溺水者，拉他上岸。

（2）如果救助者会游泳，则要保持镇静，下水前应尽快脱去外衣和鞋子，迅速游到溺水者附近。有条件者应尽可能携带漂浮物下水救人，让溺水者抓住漂浮物，救助者再协助其游向岸边；如果没有漂浮物，救助者向溺水者接近时一定要小心，不要被其抓住，最好从溺水者的背后靠近，一手从溺水者前胸伸至对侧腋下，将其头紧紧夹在自己的胸前拉出水面，另一只手划水，仰泳将其拖向岸边。对于神志清醒的溺水者要大声告知，让其听从指挥。在救助过程中一定要使溺水者的头面部露出水面，既可以保证其顺利呼吸，又可以减轻溺水者的危机感和恐惧感，从而减少挣扎，使救助者能够节省体力、顺利地带其脱离险境。救助者一旦被溺水者抓住将是十分危险的情况，因为在水中与其纠缠将消耗救助者的大量体力，最终将无法实施救助，甚至自身出现危险。所以，救助者在向溺水者接近时要尽量避免与溺水者纠缠。一旦被溺水者抱住，应放手自沉，从而使溺水者手松开，以便再进行救护。

小贴士

每个人的生命都是宝贵的，所以在救助他人的同时一定要确保自己的人身安全。紧急救援时，要遵循 5 个原则：①救援者自身安全永远是首先考虑的，其次是施救同伴的安全，最后才考虑被救者安全。②现场应考虑多种安全、有效的救援方法，如果只能采取一种救援方法，建议谨慎行动，增加安全考虑时间。救援方法选择按低风险至高风险的顺序，以不下水的岸上救援为第一选择，首先考虑危险程度较低的伸手去救，其次才是抛物去救，然后才考虑划船去救、游过去救、空中救援等危险程度较高的方法。③条件允许时，尽量要穿着救生装备，组织救援队伍，增加后备力量。④永远不要指望遇险者能自己把自己救出来。⑤把握黄金 4 分钟抢救溺水者。若发现有溺水者，记住第一时间拨打“110”、“120”等紧急救援电话，在打电话的同时积极进行现场急救。

在海水中遇险或救援时，不要碰触不认识的生物，随时警惕活动水域内有无会主动攻击人类的生物。有害生物可分为能蜇人的水母、珊瑚、海葵等，水母蜇伤重时会让人丧命。另外，还有能刺伤人的石狗公，能割伤皮肤的藤壶、牡蛎，能使人中毒的海蛇、椎螺，以及能咬伤甚至置人于死地的鳗、鲨等。如果遭遇水母蜇伤，可用海水冲，把残留在皮肤上的刺细胞完全清除，再用食用醋涂抹患部可减轻症状，随即送医治疗。

2．岸上急救

溺水者被救助上岸后，及时有效的现场急救对于挽救其生命至关重要。上岸后只顾倒出吞入的水或争分夺秒地转送医院的做法将贻误最有效的抢救时机。所以，将溺水者救出后，需要做好以下工作。

（1）将溺水者抬出水面后，应立即清除其口、鼻腔内的水、泥及污物，用纱布（手帕）裹着手指将溺水者舌头拉出口外，解开衣扣、领口，以保持呼吸道通畅，然后抱起溺水者的腰腹部，使其背朝上、头垂下进行倒水，或者抱起溺水者的双腿，将其腹部放在施救者肩上，快步奔跑使积水倒出，或者施救者取半跪位，将溺水者的腹部放在施救者腿上，使其头部下垂，并用手压平背部进行倒水。

（2）呼吸停止者应立即进行人工呼吸，一般以口对口吹气法为最佳。施救者位于溺水者一侧，托起溺水者下颏，捏住溺水者鼻孔，深吸一口气后，往溺水者嘴里缓缓吹气，待其胸廓稍有鼓起时，放松其鼻孔，并用一只手压其胸部以助呼气。反复并有节奏地（每分钟吹16～20次）进行，直至恢复呼吸为止。

（3）心跳停止者应先进行胸外心脏按压。让溺水者仰卧在平坦处，头稍低后仰。施救者位于溺水者一侧，面对溺水者，右手掌平放在其胸骨下端，左手放在右手背上，借施救者身体缓缓用力，不能用力太猛，以防骨折，将胸骨压下4cm左右，然后松手腕（手不离开胸骨）使胸骨复原，反复有节奏地（每分钟60～80次）进行，直到心跳恢复为止。

（二）溺水时进行自救的方法

游泳中常会遭遇到的意外是抽筋、疲乏、漩涡、急浪等，这时，要沉着冷静，按照一定的方法进行自我救护，同时发出呼救信号。为避免悲剧的发生，务必记住溺水自救五法。

1．水性不熟者自救法

除呼救外，取仰卧位，头部向后，使鼻部可露出水面呼吸。呼气要浅，吸气要深。因为深吸气时，人体比重降到比水略轻，可浮出水面，此时千万不要将手臂上举乱扑乱动，否则会使身体下沉更快。

2．水中抽筋自救法

水上救生，无论是遇险者还是救援者，最怕的就是突发抽筋。抽筋多发生在水冷、肌肉受撞击、疲劳、误食药物等情况下，主要部位是小腿和大腿，有时手指、足趾及胃部等部位也会抽筋。解救的方法也各不相同，通常的原则是“反向行之”。

（1）游泳时发生抽筋，千万不要慌张，一定要保持冷静，停止游动，先吸一口气，仰面浮于水面，并根据不同部位采取不同方法进行自救。

（2）若因水温过低或疲劳产生小腿抽筋时，则可将小腿膝盖向下压，使身体成仰卧姿势，一只手握住抽筋腿的足趾，用力向抽筋的反方向伸展，使抽筋腿伸直。同时用另一条腿踩水，另一只手划水，帮助身体上浮，这样连续多次即可恢复正常。上岸后用中、食指尖掐承山穴或委中穴，进行按摩。

（3）若是大腿抽筋，同样可用拉长抽筋肌肉的方法解决。大腿抽筋分为前面的股四头肌和后面的股二头肌两类。前者抽筋后，用压脚背拉伸法，将抽筋的腿向后弯曲，单手用力压脚背使足跟靠近臀部，使抽筋的大腿肌伸展。后者抽筋后，膝关节伸直，手握小腿或足跟，拉腿靠向身体，使股二头肌伸展，即可恢复。

（4）两手抽筋时，应迅速握紧拳头，再用力伸直，反复多次，直至恢复。如单手抽筋，除做上述动作外，可按摩合谷穴、内关穴、外关穴。

（5）腹部肌肉抽筋，可掐中脘穴（在肚脐上4寸），配合掐足三里穴，还可仰卧水中，把双腿向腹壁弯收，再行伸直，重复几次，即可恢复。如果腹腔内部抽筋，则无法自行缓解，必须要尽量忍耐，把握时机呼叫救援。

（6）抽筋过后，应换一种姿势游回岸边，如果不得不仍用同一游泳姿势时，就要防止再次抽筋。

3．水草缠身自救法

（1）最好不要去陌生水域游泳，以免被水草缠住。一旦遭遇水草缠身，首先要镇定，切不可踩水或手脚乱动，防止肢体被缠住或在淤泥中越陷越深，更难解脱。

（2）用仰泳方式（两腿伸直、用手掌划水）顺原路慢慢返回，或者平卧水面，使两腿分开，用手解脱。

（3）如随身携带小刀，可把水草割断，或者试着把水草踢开，或者像脱袜子那样把水草从脚上捋下来。自己无法摆脱时，应及时呼救。

（4）摆脱水草后，轻轻踢腿而游，并尽快离开水草丛生的水域。

4．身陷漩涡自救法

（1）有漩涡处，水面常有垃圾、树叶杂物在打转，只要注意就可早发现，应尽量避免接近。

（2）如果已经接近漩涡，切勿踩水，应立刻平卧水面，沿着漩涡边，用爬泳快速游过。因为漩涡边缘处吸引力较弱，不容易卷入面积较大的物体，所以身体必须平卧水面，切不可直立踩水或潜入水中。

5．疲劳过度自救法

（1）觉得寒冷或疲劳，应立即游回岸边。如果离岸较远，或者过度疲乏而不能立即游回岸边，就仰浮在水面上保存体力。

（2）举起一只手，尽量放松身体，让施救者救助，但是不要紧抱施救者不放。

（3）如果没有人来，就继续浮在水面，等到体力恢复后再游回岸边。

知识拓展

落水后保持镇定最为重要

万一掉进水里，保持镇定，及时采取措施很重要。①万一掉进水里，要憋住气，用手捏着鼻子，避免呛水。很多河水不一定很深，要试着看能不能站起来。当漂到水浅的地方时，要及时站起，不可错失机会。若站不起来，又离岸边较远，就要努力寻找身边可以抓住的物体。②要及时甩掉鞋子，扔掉口袋里的重物。③水一般是流动的，如果会游泳，可以顺着水流，边漂边游，不要径直游向对岸，方向要稍偏一点。④不会游泳者要边拍水边呼救，但不要狂喊乱叫，这样会耗尽体力。⑤要注意观察水中可以利用的地形地物，只要抓住水中的固定物，就有可能脱险。

思考与探究

1．怎样预防溺水事故的发生？

2．怎样对溺水者进行恰当的施救？

3．怎样进行自救，应注意哪些方面的问题？

模块七

烧伤、烫伤事故的防护与应对

学习目标

1. 认识烧伤、烫伤的伤势判断标准；
2. 掌握正确的烧伤、烫伤事故的急救措施；
3. 了解如何预防烧伤、烫伤事故的发生。

夏季来临，皮肤裸露，所以每年的5～9月是全年中的烧伤、烫伤高峰期。除了日常生活中常见的火焰、电流、开水、蒸汽等高温烧伤、烫伤外，还包括工业上的强酸、强碱等化学烧伤，放射线、核能等物理烧伤、烫伤。许多伤者在受伤之后，往往会直接在创面上涂抹香油、酱油、牙膏等物品，接着便急急忙忙到医院就医，其实这些做法都是不可取的。因为日用品非但没有任何治疗烧、烫伤的作用，而且还会增加医生治疗的困难。比如若涂抹牙膏，牙膏会使皮肤热气无处散发，只能往皮下组织深处扩散，造成更深一层伤害；涂抹紫药水或酱油，会因其色素重、不易洗净而影响医生判断伤情。所以，如果能学会对烧伤、烫伤的伤势进行判断，在短时间内采取正确的应对方式进行急救，不但可以显著减轻创面伤情，甚至可以避免手术植皮之痛。当然，若能够在一定程度上预防烧伤、烫伤事故的发生会更好。

一、关于烧伤

（一）烧伤的伤势判断及其程度的分类

烧伤是日常生活、工作中常见的损伤，一般是指由火焰、电流、化学腐蚀性物质、放射线、易燃物爆炸（煤气、汽油、煤油）等引起的对人体的皮肤或黏膜的损害，严重者也可伤及皮下组织。轻度、小面积的烧伤对人体健康影响不大，只是特别疼痛，但是大面积、程度深的烧伤对全身和局部的影响就比较大，严重者会有休克、感染，甚至死亡。

1．烧伤的伤势判断

烧伤的严重程度取决于受伤组织的范围和深度，按照烧伤的深度估计，一般采用三度四分法，即可分为一度烧伤、二度烧伤和三度烧伤，通过视诊、问诊可以进行确诊。

（1）一度烧伤损伤。表现为烧伤皮肤发红、发热、疼痛、明显触痛、有渗出或水肿。轻压受伤部位时局部变白，但没有水疱。一度烧伤损伤最轻，它是表皮损伤，但生发层（也称基底层）完好，故再生能力活跃，常于短期内（3～5 天）痊愈，不遗留瘢痕。有时有色素沉着，但可于短期内恢复至正常肤色。

（2）二度烧伤损伤。表现为皮肤水疱，水疱底部呈红色或白色，充满了清澈、黏稠的液体，触痛敏感，烧伤区的毛发拔出时可感觉疼痛，压迫时变白。二度烧伤损伤较深，具体又可分为浅二度烧伤和深二度烧伤。

（3）三度烧伤损伤。表现为烧伤表面发白、焦黄或呈黑色、炭化皮革状，皮肤变软、无弹性。由于被烧皮肤变得苍白，在白皮肤人中常被误认为是正常皮肤，但压迫时不再变色。破坏的红细胞可使烧伤局部皮肤呈鲜红色，偶尔有水疱，烧伤区的毛发很容易拔出，感觉减退。三度烧伤区域一般没有痛觉，因为皮肤的神经末梢被破坏。

三度烧伤系皮肤全层损伤，损伤程度最深，有时烧伤可深及皮下脂肪、肌肉甚至骨骼等，故三度烧伤的含义较广，代表的严重程度也不一致。由于皮肤及其附件全部被毁，创面已无再生的来源，创面修复必须有赖于植皮或周围健康皮肤爬行的上皮。烧伤后常常要经过几天，才能区分深二度烧伤与三度烧伤。

2．烧伤严重程度的分类

按照烧伤面积的大小，可将烧伤的严重程度分为以下几类。

（1）轻度烧伤：烧伤总面积在 10%以下的二度烧伤。

（2）中度烧伤：烧伤总面积为 11%～30%。或三度烧伤面积在 10%以下的烧伤。

（3）重度烧伤：烧伤总面积为 31%～50%。或二度烧伤面积为 11%～20%；或者烧伤面积不足 30%，但有下列情况之一者。

① 全身情况较重或已有休克。

② 复合伤。

③ 中、重度吸入性损伤。

（4）特重烧伤：烧伤总面积在 50%以上，或者三度烧伤面积在 20%以上。

（二）烧伤事故的急救

烧伤情况一般有火焰烧伤、化学烧伤、电烧伤等，任何致伤从接触人体到造成损伤，均有一个过程，只是时间的长短不一而已。烧伤后热力已烧坏皮肤，而侵入体内的热量将继续向深层浸透，造成深部组织的迟发性损害。因此，现场抢救要争取时间。烧伤的急救原则是消除烧伤的热源，保护创面，设法使伤员安静止痛。所以应该利用发生烧伤事故的现场设施，对创面进行科学合理的早期处理，以降低烧伤造成的损伤。

1．火焰烧伤的急救

（1）消除致伤原因。迅速脱离热源，将伤员救离致伤现场，立即脱去着火衣服或就地滚压灭火，或者以湿衣被扑盖灭火，也可采用水浇或直接跳入附近水中，不要用手直接扑打火焰。冬天穿棉衣时，有时明火熄灭，暗火易燃，衣服如有冒烟现象应立即脱下或剪去，以免继续烧伤。身上起火时不可惊慌奔跑，以免风助火旺，也不要站立呼叫，免得造成呼吸道烧伤。

（2）保护创面。对已黏着于伤者身上的衣物不要勉强脱掉，避免撕破水疱，已破的水疱也不要轻易扯去其表皮。一般创面不要做特殊处理，只要保持清洁即可；

如果创面较大，可用清洁毛巾、衣服等清洁物将创面简单包扎，防止污染和再次损伤，创面上禁忌乱涂药物或油膏。

（3）减轻疼痛。中小面积的四肢烧伤，应立即用冷水冲淋或浸泡，可减轻疼痛和热力的损害。浸泡时间一般为半小时或不痛为止。严重伤员静卧休息，保持呼吸通畅，并注意伤员的呼吸、脉搏、血压等变化，若呼吸停止，应立即进行人工呼吸，如有出血，应立即止血。

（4）用药。为预防休克，中小面积烧伤伤员，疼痛剧烈时可口服或肌内注射镇静止痛剂。能口服者，可给予适量淡盐水，忌饮大量白开水。大面积烧伤伤员应由静脉注射镇痛药物，但有呼吸道烧伤者须禁用吗啡，同时尽快开始静脉输液补充血容量。

知识拓展

冷　疗

冷疗是在烧伤后将受伤的肢体放在流动的自来水下冲洗或放在大盆中浸泡，若没有自来水，可将肢体浸入井水、河水中。冷疗可降低局部温度，减轻创面疼痛，阻止热力的继续损害及减少渗出和水肿。冷疗持续的时间多以停止冷疗后创面不再有剧痛为准，一般为 0.5～1 小时。水温一般为 15～20℃，有条件者可在水中放些冰块以降低水温。及时冷疗可中和侵入身体内的余热，阻止热力的继续渗透，防止创面继续加深，减轻组织烧伤深度。

冷疗也可减轻水肿，烧伤后皮肤毛细血管急剧扩张，毛细血管通透性增加，大量血浆样物质渗出血管形成水肿或水疱。冷疗可使因高温扩张的毛细血管急剧收缩，减少血浆样物质的渗出，减轻水肿。所以烧伤后的冷疗越早越好，不要担心水中有细菌、烧伤创面接触生水会感染。应毫不犹豫地进行创面早期冷疗处理，使损伤降到最低限度。马上去医院虽然可得到最好的处理，但有时会错过创面处理的黄金时间，造成创面深部的不可逆损伤。

此方法同样适用于烧伤急救。

2．电烧伤的急救

电烧伤可分为两类：一类是电弧引起的烧伤，处理方法与处理一般烧伤的方法相同，另一类是人体与电流接触引起的烧伤，也是真正的电烧伤，这类损伤通常比较严重，在脱离电源后应立即就医。电烧伤最大的危险是体内烧伤，当发现有人触电时，应立即按以下方法进行处理。

（1）先将电源切断，或者用绝缘体（干木棒、树枝、扫帚柄）将电源移开。当电源不明时，切记不要直接用手接触触电者。

（2）在浴室或潮湿的地方，救护人要穿绝缘胶鞋、戴胶皮手套或站在干燥木板上以保护自身安全。

（3）如果伤员无心跳、呼吸，拨打“120”电话呼叫救护车，并立即施行心肺复苏术，不要轻易放弃，一直坚持到医生护士到来为止。

扫一扫，学微课

▲ 烫伤急救

（4）局部烧伤伤员应马上降温，然后就地取材进行创面的简易包扎，再送医院救治。

3．化学烧伤的急救

化学烧伤与一般的烧伤不同，其特殊性在于：即使脱离了致伤源，但如果不立即把污染在人体上的腐蚀物除去，这些物质仍会继续腐蚀皮肤和组织，直至被消耗完为止。化学物质与人体接触时间越长、浓度越高，烧伤也越严重。一旦发生化学烧伤事故，都应在最短的时间内（最好不要超过 2 分钟）进行冲洗。

（1）强碱、强酸烧伤。立即脱去被酸碱沾湿的衣服，迅速以大量清水反复彻底冲洗创面。强碱烧伤一般不用中和剂，强酸烧伤可用 5%碳酸氢钠溶液中和，但中和后仍需再次用清水冲洗，避免产生中和热加重组织损害。生石灰烧伤应先去除沾在皮肤上的石灰粉粒，然后再用清水冲洗，以防石灰遇水产热而加重烧伤。

（2）磷烧伤。迅速脱去染磷的衣服并用大量清水冲洗创面，除去磷颗粒，或者将创面浸泡在水中隔绝空气并洗去磷粒，如果无大量水冲洗，可以用多层湿布包扎创面，使磷与空气隔绝，防止磷继续燃烧加重损伤。对有磷残留者，以 1%～2%的硫酸铜溶液短时湿敷，使其变为黑色磷化铜，便于辨认和去除，再以 5%的碳酸氢钠溶液湿敷中和磷酸。

小贴士

化学烧伤时，冲洗应立足于现场条件，不必强求用消毒液和药水，凉白开、自来水，甚至河水、井水都可应急，冲洗要反复而彻底地进行。创面应湿敷包扎，忌用油质敷料包扎，以防磷溶于油质后被皮肤吸收而引起中毒。在进行急救的同时，一定要尽快拨打“120”急救电话。

二、关于烫伤

（一）烫伤的伤势判断

烫伤是由高温液体（如沸水、热油）、高温固体（烧热的金属、气割产生的高温颗粒等）或高温蒸气等所导致的损伤。烫伤可分为低温烫伤和高温烫伤，生活中以低温烫伤比较常见。低温烫伤是指皮肤长时间接触高于体温的低热物体而造成的烫伤，比如接触 70℃的温度持续 1 分钟，皮肤可能就会被烫伤；而当皮肤接触近 60℃的温度持续 5 分钟以上时，也有可能造成烫伤。烫伤后会形成一种“热毒”，如果不能进行有效的散“热”，随着时间的推移，这种“热毒”会不断由表及里，加重伤者的病情。只要面积稍大的，一般都会产生瘢痕，局部皮肤颜色变深、高低不平。

烫伤有轻重之分，所以其处理方法也有区别。普通人被烫伤，只要掌握以下要点就能判断伤势的程度。一般来说，烫伤与烧伤一样，按伤势由轻到重也可分为一度、二度（浅二度、深二度）和三度。

1．一度烫伤损伤

一度烫伤表现为皮肤发红，火辣辣刺痛，不起水疱，表面干燥，2～3 天后，烫伤皮肤脱屑，3～5 天即可痊愈，不留瘢痕。比如海边日光浴的皮肤损伤即为一度烫伤。

2．二度烫伤损伤

（1）浅二度烫伤。浅二度烫伤是日常最多见的，表现为创面红肿，有水疱，疼痛剧烈，一般 2 周左右愈合。

（2）深二度烫伤。表现为皮肤表皮易撕脱，基底红白相间，痛觉迟钝，3 周以后愈合，但会留有色素及瘢痕。

3．三度烫伤损伤

3 度烫伤表现为皮、肉、骨均受伤，局部蜡白，伤处皮肤、肌肉坏死剥落。在深Ⅱ度烫伤的基础上，如果创面感染化脓，就会成为三度烫伤，需要进行植皮手术治疗，痊愈后留有瘢痕或畸形。

一度烫伤可自行治疗，浅二度烫伤最好由专科医生治疗，深二度烫伤必须由专科医生治疗。有条件者超过 1%的烫伤就应该就医，烫伤者的一只手掌相当于身体面积的 1%；烫伤面积成人达 15%～20%、儿童与老人达 10%～15%，可能会危及生命，一定要尽快送医院治疗。

知识拓展

水疱该不该挑破

不慎被开水烫伤了，双手起了数个大小不一的水疱，这些水疱影响日常生活，那么该不该把水疱挑破呢？烫伤后，局部皮肤出现水疱，一般属于浅二度烫伤。水疱液里主要含电解质、葡萄糖、白蛋白、纤维蛋白等，这些营养物质组合起来，可以说是细菌良好的培养基。因此，若水疱处理不好，往往容易导致创面感染。

一般来说，只有小水疱能在短时间内自行吸收、愈合；大水疱（大于 1cm）由于液体较多，通过自身吸收干净比较困难。因此，大水疱常需要挑破，把水疱液引流出来。具体操作是：用医用酒精消毒创面后，在水疱最低位用消毒针刺破表皮，并用无菌棉签轻轻挤压，使水疱液在低位充分流出，同时保留水疱表皮，然后用无菌敷料包扎。期间每天换药一次，每次都应用无菌棉签把水疱中的液体尽量挤出。一周左右，水疱就会结痂、干燥而自愈。烧伤所引起的水疱也可用同样的做法。

（二）烫伤事故的急救

生活中的热水、热油等液体的温度相对来说较低，但工业中的钢水、铁水、钢渣、高压蒸气等温度达 1250～1670℃，热辐射很强，易于喷溅，非常容易造成作业人员的烫伤事故。如果发生严重的烫伤，应立即采取急救措施，这就要牢记“冲、脱、泡、盖、送”五字要诀，如图 5.7.1 所示。

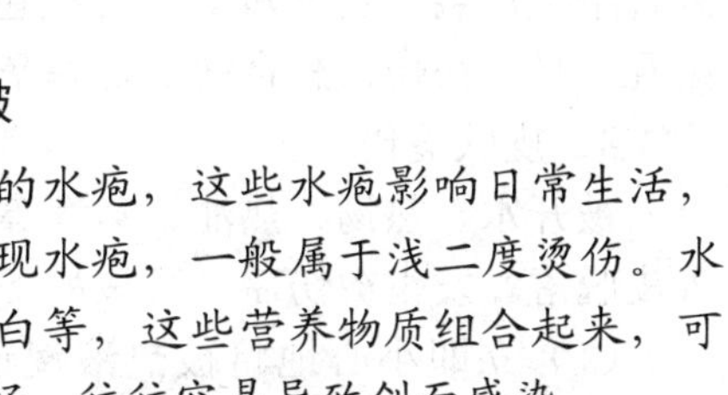

图 5.7.1　急救步骤

① 冲——用清水冲洗烧伤创面。

② 脱——边冲边用轻柔的动作脱掉烧伤者的外衣，如果衣服粘住皮肉，不能强扯，可以用剪刀剪开。

③ 泡——用冷水浸泡创面。

④ 盖——用干净的布单、衣物盖住或包扎伤处。

⑤ 送——尽快送到具有救治烧伤经验的医院治疗。

常见的几种烫伤处理方法如下。

1．开水烫伤

被开水烫伤后，最简单有效的方法就是用大量的流水持续冲洗降温，持续 20 分钟左右，让患处温度与周边正常皮肤温度一致。在冲洗的过程中应该注意流水冲力不应过大，要尽量保持烫伤后水疱的完整性。如有衣物，应于降温后予以剪除，但不能强行剥离，以免撕破水疱。经过上述简单处理后，可以一边使用冰袋冷敷创面止痛，一边到专科医院或整形科就诊。

2．滚油烫伤

被热油烫到时应立即用柔软的棉布轻轻擦去溅到的油，若患处没有破损，再用干净毛巾蘸冷水湿敷烫伤处。去除高温的油用冷水敷，这样做的目的是起降温作用，可以减轻疼痛，尽量减轻烫伤的深度。烫伤程度浅，一般不会留有瘢痕，但在创面愈合干燥后会有色素沉着。这些色素沉着完全消退需要一定的时间，短则数天，长则几个月。在伤口愈合前最好忌辛辣刺激性食物，忌烟酒。

3．皮肤烫伤

被开水、热汤、热油、蒸汽等烫伤时，轻者皮肤潮红、疼痛，重者皮肤起水疱，表皮脱落。发生烫伤后，可按如下方法处理。

（1）立即小心地将被热液浸透的衣裤、鞋袜脱掉，用清洁的冷水喷洒伤处或将伤处浸入清洁的冷水中，也可用湿冷毛巾敷患处，还可以用食醋浇到被烫伤的皮肤上。

（2）尽可能不要弄破水疱或表皮，以免引起细菌感染。为了防止烫伤处起水疱，可用食醋洗涂患处，也可以用鸡蛋清擦患处。如果水疱已经被擦破，可用消毒过的纱布覆盖伤处，然后送医院治疗。

（3）轻度烫伤或烫伤面积较小，可用鸡蛋油涂患处。鸡蛋油的做法是：取鸡蛋一个，去掉蛋清，将蛋黄放在锅里不加油炒到发焦，最后慢慢熬出鸡蛋油来，待鸡蛋油冷却后，即可使用。

4．眼睛烫伤

人体通常都有一种特有的自然保护性反应，譬如在灼热的致伤物突然溅起的瞬间，眼睛就会自然产生一种迅速的反射性闭眼动作，所以眼睛烫伤多半在眼皮上，烫伤时眼皮发红、肿胀，有时起水疱。由于开水、水蒸气或沸油油滴都是高温无菌的，因此处理这类烫伤时不必进行冲洗，一般只需在烫伤处抹点金霉素眼膏或红霉素眼膏。如果有小水疱，尽量不要挑破。烫伤处不必包扎，可任其暴露，经 3～5 天就会渐渐愈合。如果伤者眼内摩擦感很重，流泪极多，并且角膜（黑眼球）上可看到有白点，说明角膜已经被烫伤，这时一定要去医院治疗。

5．喉咙烫伤

喝开水烫伤，患者剧烈咳嗽，会出现声嘶；同时伴有咽痛、吞咽困难等症状，属于轻度损伤。若发生咽喉烧烫伤，可以马上慢慢吞咽凉开水，减轻疼痛，避免刺激，不要吃硬的、热的或辛辣食物，而以流质食物为主。对咽喉水肿严重，已明显影响呼吸者，应立即送医院诊治。

知识拓展

人们在饮食方面将鸡、鸭、鱼、虾等食品称为“发物”列入禁食之列，这是一种认识误区。被烧伤、烫伤后，机体会调动自身的能力去修复创伤，尽可能使受伤皮肤复原，在修复创伤过程中需要许多生物原料，最重要的是蛋白质，其次是糖、脂肪、维生素、微量元素等，而这些物质大多存在于猪、牛、羊、鱼等动物的瘦肉中。因为烧伤后创面丢失了大量的营养物质急需进行补充，所以，应该适量摄取对创面修复有利的优质蛋白质，如鱼、瘦肉等。还有人担心食用姜会长“姜疙瘩”，食用酱油、醋会促使皮肤变黑等。从现代医学的角度考虑，这些都是缺乏科学根据的。但是，西医虽然在烧、烫伤病者的饮食方面没有严格的忌口，但辛辣、油腻、刺激食品应尽量减少食用。

三、烧伤、烫伤事故的预防

烧伤、烫伤事故会对人的身心健康造成不同程度的伤害。对于遭遇烧伤、烫伤的患者，要采取紧急措施对其进行救助，但凡事还是要防患于未然，尽量减少此类事故的发生。

（一）生活方面的预防

（1）加强对防烧伤、防烫伤知识的系统学习与了解。

（2）平时要将暖水瓶、热水壶、热汤盆放在安全、不易碰到的地方。

（3）洗澡时一定要测试水温，避免水温过高造成烫伤。

（4）煤气泄漏时千万不能打电话或使用电扇、排风扇，应立即开窗通风。

（5）不要使用打火机或明火看油箱中的油量。

（6）雷雨天不要在树下或电线杆附近避雨，以防被雷电击中，发生电烧伤。

（二）工作方面的预防

（1）注意当心烫伤的警示标志（图 5.7.2），严格按照规章制度做事。

（2）工厂中要正确安装电气设备，避免乱接电话和插座。

（3）对强酸、强碱等腐蚀性液体要严格管理，不能随意放置和使用。

（4）加油站等工作场所严禁携带、使用打火机、火柴及其他易燃品。

（5）对煤窑、钢铁厂、水泥厂、石灰厂等的相关

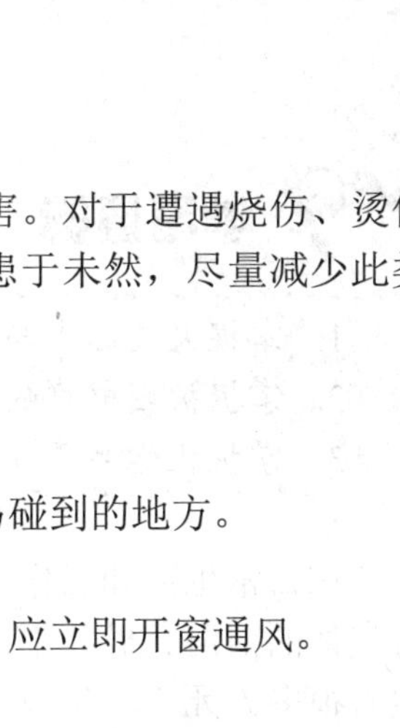

图 5.7.2　当心烫伤标志

设备进行定期检查，做好安全防护措施。

思考与探究

烧伤、烫伤事故是生活和工作中常见的，我们能做到的就是学会对伤势进行判断，认识到错误处理所带来的危害，从而对伤者采取正确的急救措施，同时尽量减少此类事故的发生。

1. 怎样对烧伤、烫伤的伤势进行判断？
2. 怎样对烧伤、烫伤的患者进行急救？
3. 错误的急救处理方式会带来哪些危害？
4. 在日常生活和工作中，怎样预防烧伤、烫伤事故的发生？

模块八

逃生与自救

学习目标

1. 掌握火灾逃生与自救的基本技能与方法；
2. 掌握被困电梯的自救与逃生方法；
3. 掌握化学品毒气泄漏的逃生与自救方法。

在日常生活和工作中，人们总会遇到各种突发情况。比如火灾、被困电梯、有毒气体的泄漏、矿井中瓦斯的爆炸等。在生死存亡的关头，有人得以安全逃离，但也有很多人死亡。生或死，安全或受伤，这与突发事件的发生时间、地点等条件是分不开的，但也与个人在事故面前的表现及有无逃生与自救的意识和技能有关。了解相关常识，能够采用正确的方式进行安全逃离与自救，这样生还的可能性就会大大提高。相反，若是对如何逃生与自救一无所知，惊慌失措、盲目冒险，就有可能酿成不可挽回的严重后果。

一、火场逃生与自救方法

一场大火降临时，由于种种原因，总会有人被困火场，情况危急。有的人因无路可逃而丧失生命；有的人想跳楼求生却不得生还或造成终身残疾；也有的人化险为夷，死里逃生。诚然，起火的时间、地点、火势大小、建筑内消防设施等诸多因素影响着人们是否能够成功逃脱，但被火围困的人员在危急关头有无正确的逃生技能也是有很大影响的。因此，学习火场逃生的相关知识，能够掌握一定的逃生和自救技能，在火灾发生时保持沉着冷静，选择最佳的时机、路线和方法，这样逃出危险区域、保证自身安全的可能性就会很大。

（一）火场逃生与自救的正确方法

1．熟悉环境，留意路线

熟悉自己的工作环境，记住疏散通道、楼梯方位、安全出口和灭火器位置。当走进商场、宾馆、酒店、歌舞厅等公共场所，也要留意墙上、顶棚上、门上和转弯处的安全门、紧急出口、安全通道、火警电话和逃生方向箭头等标志，以便发生意外时能及时按照指示方向顺利逃离和进行灭火。

2．及时报警，扑灭小火

当发生火灾时，如果发现火势并不大，且尚未对人造成很大威胁时，应充分利用周围的消防器材，奋力将小火控制、扑灭，并尽快拨打“119”火警电话呼救；千万不要惊慌失措地乱叫乱窜，置小火于不顾而酿成大灾。

3．讲究方法，低层跳离

看清楼下地势情况，跳前先向地面扔一些棉被、枕头、床垫、大衣等柔软的物品，以便“软着陆”，然后用手扒着窗户，身体下垂，自然下滑，以缩短跳落高度，减少受伤的可能性。此方法适用于低楼层。

4．迅速判断，尽快撤离

突遇火灾，面对烈火和浓烟，首先要保持镇静，迅速判断危险地点和安全地点，决定逃生的办法，尽快撤离险地。火势不大时要当机立断，披上浸湿的衣服或裹上湿毛毯、湿被褥勇敢地冲出去。撤离时要注意，朝明亮处或外面空旷地方跑，要尽量往楼层下面跑，若通道已被烟火封阻，则应背向烟火方向离开，通过阳台、气窗、天台等往室外逃生。

5．趴地探路，捂严口鼻

浓烟滚滚，视线不清时，应迅速趴在地上或蹲着，将身体高度降到最低。因为靠地面的烟相对较小，便于观察和寻找逃生出路。为了避免烟雾呛人，防止中毒和被热空气灼伤呼吸系统软组织窒息致死的危险，要用湿毛巾、餐巾布、口罩、衣服等将口鼻捂严。逃生时要紧贴墙壁、弯腰，头尽量往下低。

6．暂退房内，关门隔火

如果有烟火从门缝进入，说明外面的通道已被封锁，逃生之路已被切断，此时应关闭通向火区的门窗，打开背火的门窗。在无法找到合适的逃离火海路线的情况下，就要寻找临时避难场所。避难时要用水喷淋迎火门窗，把房间内一切可燃物体淋湿，用湿毛巾、湿布塞堵门缝，防止浓烟进入，固守在房内，延长时间。

7．缓晃轻抛，及时求救

尽量待在阳台、窗口等易于被人发现和能暂时避免烟火近身的地方，及时发出求救信号。若在白天，可以向窗外晃动鲜艳衣物，或外抛轻型晃眼的东西；在晚上，可以用手电筒不停地在窗口闪动或敲击东西，及时发出有效的求救信号，引起救援者的注意。在被烟气窒息而失去知觉、没有自救能力时，应努力爬到墙边或门边，因为消防人员进入室内都是沿着墙壁摸索前进，所以这样做便于消防人员寻找、营救；此外，爬到墙边也可防止房屋结构塌落砸伤自己。

8．火已烧身，就地打滚

火场上的人如果发现身上着了火，千万不可惊跑、乱跑或用手拍打，因为奔跑或拍打时会形成风势，加速氧气的补充，促旺火势。当身上衣服着火时，应赶紧设法脱掉衣服或就地打滚，压灭火苗；能及时跳入水中或让人向自己身上浇水、喷灭火剂，效果更为有效。

9．借助器材，缓降逃生

高层、多层公共建筑内一般都设有高空缓降器、救生袋（网、气垫、软梯、滑竿、滑台、导向绳）或救生舷梯等，人员可以通过这些设施安全地离开危险楼层。如果没有这些专门设施，而安全通道又已被堵，救援人员不能及时赶到的情况下，可以迅速利用身边的绳索或床单、窗帘、衣服等自制简易救生绳，并用水打湿，从窗台或阳台沿绳缓滑到下面楼层或地面，安全逃生。救生绳逃生法有 6 种，分别为腰结、双套腰结、三套腰结、卷结、“8”字结和双平结。

10．有序逃生，利人利己

只有有序地迅速疏散，才能最大限度地减少伤亡，遇到不顾人死活的行为和前拥后挤现象，要坚决制止。在逃生过程中如果看见前面的人倒下去了，应立即扶起，对拥挤的人群给予疏导或选择其他疏散方向，以减少单一疏散通道的压力，竭尽全力保护疏散通道畅通，以最大限度减少人员伤亡，保护自身安全。

知识拓展

灭火器的类型

手提式灭火器按充装灭火剂的不同可分为六类，即干粉灭火器（碳酸氢钠和磷酸铵盐灭火剂）、二氧化碳灭火器、泡沫型灭火器、水型灭火器、四氯化碳灭火器和卤代烷型灭火器（俗称“1211”灭火器或“1301”灭火器）。可以使用干粉灭火器扑救石油、石油产品、有机溶剂、天然气和天然气设备火灾、物质火灾；使用二氧化碳灭火器扑救电气、精密仪器、油类和酸类火灾；使用泡沫型灭火器扑灭木材、棉麻等有机物火灾和油类、醇类引起的火灾；使用水型灭火器扑灭纸张、毛织物等有机物燃烧引起的火灾；使用四氯化碳灭火器扑救电气火灾；使用卤代烷型灭火器扑救带电火灾、油类火灾和固体有机物火灾。

（二）火场逃生与自救的误区

面对大火等危急情况，人们会不由自主地失去理智而慌神，从而做出错误行为，造成严重后果。为了顺利逃生谨记以下逃生误区。

1．忘记报警

在有时间和有机会报警的情况下却不报警，也许有人觉得不可思议，但事实上有很多这样的案例存在，结果延误了救人和灭火的最佳时机，造成人员伤亡和财产损失。

2．大声呼救

由于现代建筑室内使用了大量的木材、塑料、化学纤维等易燃可燃材料装修，且装修材料表面常用漆类粉刷，燃烧时会散发大量的烟雾和有毒气体，容易造成毒气窒息死亡。因此，在逃生时，可用湿毛巾折叠，捂住口鼻，过滤烟雾。此时若是大声呼救，就可能会吸入大量烟雾，影响呼吸。

3．贪恋财物

火灾来势较快，并常常伴有“爆燃”和建筑物坍塌等紧急情况发生。因此，遇上火灾、身处险境时，必须迅速疏散逃生，不要因害羞或顾及贵重物品，而把宝贵的逃生时间浪费在穿衣或寻找、搬离贵重物品上。已经逃离险境的人员，切莫重返险地。

4．室内家具躲避

退守室内时，千万不可钻到床底下、衣橱内躲避火焰或烟雾。因为这些都是火灾现场中最危险的地方，而且又不易被消防人员发觉，难以获得及时的营救。

5．盲目从众

当人们面对突发情况时，往往会因惊慌失措而失去正常的判断思维能力，第一反应就是盲目跟着别人逃生。比如他们会跟从人流、相互拥挤、乱冲乱窜。克服盲目追随的方法是平时要多了解与掌握一定的消防自救与逃生知识，避免事到临头没有主见。

6．往上逃生

因为火焰是自下而上地燃烧，经过装修的楼层火灾向上蔓延的速度一般比人向上逃生的速度快，所以当人们还没跑到楼顶时，火势已经发展到了楼顶。在不得已的情况下可登上房顶平台，但是要站在上风方向。

7．原路逃生

原路逃生是人们最常见的火灾逃生行为。因为大多数建筑物内部的道路出口一般不为人所熟悉，一旦发生火灾，人们总习惯沿着进来的出入口和楼道进行逃生，当发现此路被封死时，已失去最佳逃生时间。

8．乘坐电梯

按规范标准设计建造的建筑物，都会有两条以上逃生楼梯、通道或安全出口。发生火灾时，要根据情况选择进入相对较为安全的楼梯通道。除可以利用楼梯外，还可以利用建筑物的阳台、窗台等攀到周围的安全地点，沿着落水管、避雷线等建筑结构中凸出物滑下楼也可脱险。所以，发生火灾时，千万不能利用电梯作为疏散通道，这是因为在高层建筑中，电梯的供电系统在火灾时随时会断电或因热的作用导致电梯变形而使人们被困在电梯内，这样反而会使人们处于更危险的境地。同时，由于电梯井犹如贯通的烟囱般直通各楼层，有毒的烟雾会直接威胁被困人员的生命，因此，千万不要乘普通的电梯逃生。

9．跳楼逃生

身处火灾烟气中的人，精神上往往陷于极端恐惧和接近崩溃的状态，所以惊慌的心理极易导致不顾一切的伤害性行为，常见的行为就是跳窗、跳楼逃生。但应该注意的是，只有消防队员准备好救生气垫并指挥跳楼时或楼层不高（一般3层以下），非跳楼即烧死的情况下，才可采取跳楼的方法。即使已没有任何退路，若生命还未受到严重威胁，也要冷静地等待消防人员的救援。跳楼也要讲究技巧，比如应尽量往救生气垫中部跳或选择有水池、软雨篷、草地等方向跳；如有可能，要尽量抱些棉被、沙发垫等松软物品或打开大雨伞跳下，以减缓冲击力。如果徒手跳楼，一定要扒窗台或阳台使身体自然下垂跳下，以尽量降低垂直距离，落地前要双手抱紧头部身体弯曲卷成一团，以减少伤害。跳楼虽可求生，但会对身体造成一定的伤害，所以要慎之又慎。

二、电梯事故的逃离与自救方法

近年来，由于各种原因，电梯事故时有发生。当被困电梯时，受困者需要掌握以下自救方法，以确保安全，获得自救。

（一）关于电梯的误传

1. 电梯快速坠落摔到底

现代电梯有多级安全保障措施：电梯一般装有多根钢缆，每一根部的承重能力都是电梯额定载重的数倍；另外还有限速装置和紧急卡死装置，在电梯井最顶和最底部还都装有缓冲器。也就是说，假如出现钢缆断裂、快速下降的情况，电梯也会强制抱闸制动；如果还未有效降速，就会弹出安全钳卡死导轨，使电梯不再下坠。总之，电梯几乎不可能出现长距离快速下落，甚至自由落体。

不过需要注意的是，虽然电梯故障基本不可能导致持续下坠，但一段距离的下落或上升之后触发电梯紧急制动的瞬间，会因惯性让人们的姿势难以保持，所以应采取恰当和相对安全的姿势进行防护。

2. 封闭空间，会让人窒息

许多人认为，当被困在电梯内时，应尽量保持安静，千万不要情绪失控、大喊大叫甚至踢打电梯，以免过度消耗封闭空间内有限的氧气。但实际上，电梯并不是一个封闭空间，而是装有专门的通风孔，不会造成窒息。回想一下自己乘电梯的经验，有时快速升降的过程中，是不是偶尔能感到有微风吹过。

但是，“不过分消耗体力”则是正确的建议。如果不幸被困在电梯内，在一时联系不到外界而又需要长时间等待救援的情况下，就必须要减少活动、控制呼救频率，以免发生脱水或体力不支。

（二）被困电梯的逃生与自救方法

1. 迅速按下按键

将每一楼层的按键都按下，如遇到电梯下坠或电梯冲顶，无论有多少层楼，迅速将所有楼层的按键全部按下。当紧急电源启动时，电梯可马上停止继续下坠或上升。

2. 保持冷静

若突然被困在电梯中，千万不要慌张，保持镇定，并且安慰困在一起的人，向大家解释电梯槽有防坠落安全装置，它会牢牢夹住电梯两旁的钢轨，安全装置也不会失灵，电梯不会掉下去，消除大家的慌乱心理。

3．警铃求援

利用电梯内的电话、警铃或对讲机、手机等一切可能的求援方式求助，但如果无警铃、求救电话或对讲机，手机又失灵时，可拍门叫喊，也可脱下鞋子敲打，请求外面的人立刻找人营救，但切忌自行扳动电梯设备。如无人回应，需耐心等待，观察动静，不要不停地呼喊，要保持体力，等待营救。

4．切忌从安全窗爬出

电梯顶部均设有安全窗，该安全窗仅供电梯维修人员使用，勿扒撬电梯轿厢上的安全窗，否则从安全窗爬出电梯会更危险。因为出口板一旦打开，安全开关就使电梯刹住不动。若出口板意外关上，电梯会重新开动，这样会使在电梯槽内的人失去平衡，容易被电梯缆索绊倒，或者因踩到油垢而滑倒掉下电梯，造成二次伤害。

5．飞坠时蹲地背贴内墙

如果电梯内有把手，一只手紧握把手，这样可固定自己所在的位置，不至于因重心不稳而摔伤。电梯下坠时要使整个背部跟头部紧贴电梯内墙，呈一直线。因为韧带是人体唯一富含弹性的一个组织，借用膝盖弯曲来承受重击压力，会比骨头能承受的压力更大。

6．最安全的方法是等待救援

如果不能立刻联系到电梯技工，可请外面的人打电话叫消防队。消防人员会把电梯绞上或是绞下到最接近的一层，然后打开门。就算停电，消防人员也会用手动器，把电梯门打开。

小贴士

电梯急救口诀

电梯突停莫害怕，电梯急救门拍打；
配合救援要听话，层层按键快按下；
头背紧贴电梯壁，头抱脖颈半蹲下。

三、化学品毒气泄漏的逃生与自救

有毒气体（氟气、氯气、氰气、一氧化碳、硫化氢、氟化氢、甲醛）属于危险化学品的类别。化学品毒气泄漏的特点是发生突然、扩散迅速、持续时间长和涉及面广。一旦发生泄漏事故，往往会引起人们的恐慌，此时若处理不当则会产生严重的后果。而且，由于不同的化学毒气及在不同情况下出现泄漏事故，其自救与逃生的方法都有很大差异，如果逃生方法选择不当，不仅不能安全逃出，反而会使自己受到更严重的伤害。因此，发生毒气泄漏事故后，如果现场人员无法控制泄漏，则应迅速报警并选择安全有效的方法逃生与自救。

（一）做好准备工作，提高避险逃生能力

（1）了解工作企业中化学危险品的危害，熟悉厂区建筑物、道路等位置。

（2）正确识别化学安全标签，了解所接触的化学品对人体的危害和防护急救措施。

（3）配合企业制定的毒气泄漏事故应急预案，并定期参加组织演练。

（二）进行安全防护，防止吸入有毒气体

1．呼吸防护

在确认发生毒气泄漏，发现自己正处于毒气环境中后，应立即屏住呼吸，用手帕、毛巾、餐巾纸、衣物等随手可及的简易物品捂住口鼻。手边如有水或饮料，最好能把手帕、衣物等浸湿。若有防护装备，能及时戴上防毒面具、防毒口罩会更好，这样可以阻止继续吸入毒气。

2．皮肤防护

尽可能戴上手套，穿上雨衣、雨鞋等，或者用床单、衣物等遮住裸露的皮肤。如备有防化服等专配防护装备，应及时、迅速地穿戴好。

3．眼睛防护

尽可能戴上各种防毒眼镜、防护镜或游泳用的护目镜等。

（三）安全撤离毒气泄漏事故现场

（1）发生毒气泄漏事故时，现场人员不能恐慌、不能叫喊或乱跑，应按照平时应急预案的演习步骤，尽量选择一条染毒轻、距离近、路面硬、不扬尘的路段，井然有序地快速撤离。

（2）逃生时要沉着冷静判断风向，根据毒气泄漏的位置，沿着上风方向或侧风方向转移，也就是要逆风逃生。若有条件，可使用交通工具帮助逃离。

（3）如果泄漏物质的密度比空气大，则选择往高处逃生；如果泄漏物质的密度比空气小，则要选择往低处逃生，但切忌在低洼处滞留。

（4）徒步穿越染毒区时，要快步行走、不坐靠，避开染毒草丛、泥坑。

（5）假如事故现场有救护消防人员或专人引导，应服从他们的引导和安排。

（四）清洗身上的有毒物质

（1）通过染毒区边界，到达空气新鲜的安全环境中后，应迅速脱去染毒衣物，防止用手直接触摸染毒衣物造成二次染毒。

（2）当皮肤上不慎沾到液态毒物时，应设法用柔软干净的衣服或纸巾将其擦去。擦拭时要快吸快擦，由斑点外向内擦，以免扩大面积。

（3）对怀疑有毒剂的皮肤，应及时进行消毒；用大量温水淋洗身体，特别是曾经裸露的部分。

思考与探究

在面对各种突发事件时，首先要保持镇静，是否能够进行逃离与自救，决定着人们是否能获得安全。

1．在面对各种事故时，你认为最重要的是什么？

2．如果化学品厂房中发生火灾，你该怎样逃离？